Kalle Kniivilä

Idoj de la imperio
La rusoj en Baltio

Sovetio ne plu ekzistas, sed la sovetiaj homoj restas. Iasence ni ĉiuj estas sovetiaj homoj, ankaŭ mi mem.

Aleksej Grigorjev, ruslingva veterano de la Latvia Popola Fronto

Se ni loĝus en Usono same longe, mi supozeble nun jam povus diri, ke mi estas usonano. Oni permesus al mi diri tion, oni opinius tion natura, eĉ bona. Eble mi povus diri ke mi estas svedo, se mi loĝus en Svedio tiel longe. Sed ĉi tie oni ne donas al mi la ŝancon, ĉi tie mi daŭre aŭdas ke mi estas ruso.

Jelena Lazarjanc, ruslingva ĵurnalisto en Rigo

Kalle Kniivilä

Idoj de la imperio
La rusoj en Baltio

Mondial
Novjorko

Mondial
Novjorko

Kalle Kniivilä
Idoj de la imperio
La rusoj en Baltio

© Kalle Kniivilä kaj Mondial, 2016.
Ĉiuj rajtoj rezervitaj.

Kovrilfoto: La aŭtoro.

Tiu ĉi libro aperas samtempe en la sveda, finna kaj en Esperanto.

ISBN 9781595693198

www.librejo.com

Enhavo

La projekto de la jarcento 7
Estonio 13
Gardantoj de la limo 15
Infanoj de la milito 24
La afgano 38
La konstruinto de Narva 43
Brulanta ŝtono 50
La olimpika vilaĝo 62
La Bronza Soldato kaj la eŭropano 71
Latvio 81
Veteranoj de la Popola Fronto 83
Memoroj de Sovetio 98
Serĉante la liberan vorton 103
Du urboj 118
Kion vi lernis hodiaŭ? 123
Mi ja estas homo! 130
La rusa? Ne, dankon! 136
Litovio 141
La sovetia urbo 143
Post la falo de la imperio 155
La rajta batalanto 164
La enmigrinto 170
La buso al la estonteco 177
Danko 185

La projekto de la jarcento

La sovetia nuklea centralo kun siaj altaj, futurisme kurbaj, ruĝblanke striaj ellastuboj aspektas kiel giganta fremda spacveturilo kiu surteriĝis meze de la pingloarbaro, apud la plej granda lago de Litovio. La reaktoroj de ĉernobila modelo estis bezonataj por doni energion al la nordokcidentaj partoj de la Sovetia imperio.

La decido pri la projekto de la jarcento estis farita sur alta nivelo en la partia aparato en Moskvo. Neniu demandis, kion opinias la loĝantoj de Litova Socialisma Soveta Respubliko. Krome ja preskaŭ neniu loĝis ĉi tie, en la nordorienta angulo de Litovio, ne antaŭ ol granda ŝtono en aŭgusto 1975 estis starigita inter la altaj pinoj por inaŭguri la urbon. "Ĉi tie estos konstruita urbo por la energetikistoj de la nuklea centralo", estas skribite sur ĝi, en la litova kaj en la rusa.

La peza, elfandita metala plato sur la ŝtonego estas unu el la malmultaj lokoj en la urbo de la sovetiaj energetikistoj, kie oni daŭre povas vidi rusajn literojn. La plej multaj publikaj ŝildoj ĉi tie nun surhavas nur latinajn literojn kaj estas skribitaj en la sola oficiala lingvo de la lando, la litova. Sed daŭre oni aŭdas ĉefe la rusan inter la sovetiaj paneldomoj. La konstrulaboristoj kaj la specialistoj pri nuklea energio venis al la urbo de la estonteco, Sniečkus, el la tuta Sovetio. La rusa iĝis la komuna lingvo de la atomurbo, kaj tiel restis.

Inter la unuaj loĝantoj de la urbo estis la tiam 18-jara Jelena, kiu kreskis en Kirgizio en sovetia Centra Azio, 4 000 kilometrojn sudoriente de Sniečkus.

– Preskaŭ ĉiuj ĉi tie estis junaj tiam, la urbo kreskis rapide, kaj havis tute specialan spiriton, dinamisman senton de io nova kio estis kreata ĉi tie en la arbaro, apud la lagoj, ŝi rakontas kun revo en la rigardo.

Poste ĉio disfalis.

En aprilo 1986 eksplodis la kvara reaktora bloko en la nuklea centralo de Ĉernobilo, iom pli ol 600 kilometrojn sude de Sniečkus. Centoj da tunoj da nukleaj substancoj disvastiĝis en la atmosfero, enorma radioaktiva nubo moviĝis norden, kaj centoj da specialistoj pri nuklea energio de ĉi tie estis senditaj al la centro de la katastrofo por provi savi tion kio saveblis.

Post kvin jaroj disfalis la tuta sovetia konstruo. Ĉi tie en Baltio ne tre multaj pereis en la lastaj provoj de la sovetia centra registaro haltigi la disfalon, sed la vivo en la sovetia urbo de la estonteco jam neniam iĝis tia, kia ĝi iam estis.

La urbo origine ricevis sian nomon laŭ la komunista estro Antanas Sniečkus, kiu ekhavis la potencon en Litovio en 1940, post kiam la sovetia armeo akorde kun la pakto Molotov–Ribbentrop okupaciis la tutan Baltion, faligis la leĝajn registarojn kaj aneksis Estonion, Latvion kaj Litovion. Post la milito li revenis kaj daŭrigis kiel loka vasalo de Kremlo, ĝis sia morto la 22-an de januaro 1974.

La jaron post la disfalo de Sovetio la nomo de la sangomakulita diktatoreto estis forviŝita el la mapo de la sendependa Litovio. La iama urbo de la estonteco iĝis ĝena memoraĵo de la sovetia epoko, kaj estis renomita Visaginas. La eksponaĵoj en la muzeo de Sniečkus en la urba biblioteko estis pakitaj en kestoj, forportitaj, kaj malaperis senspure. Sur la muro en la malvasta salono restas la origina urboplano, utopia revo pri urbo kun la formo de papilio. Sed la utopio disfalis kiam estis konstruita nur duono de la papilio.

Meze de la urbo de estonteco nun leviĝas la ruino de enorma, duonpreta brika konstruaĵo, kie arbetoj ekkreskis sur la balkonoj, sur la tegmento kaj en la malplenaj fenestraj truoj. La konstruado ĉesis, kiam malaperis Sovetio, rakontas la lokanoj.

Kiam Litovio dek jarojn poste volis aliĝi al Eŭropa Unio, unu el la kondiĉoj estis, ke la nuklea centralo ĉi tie estu fermita. La reaktoroj de ĉernobila modelo sen sekura hermeta ŝelo ne plenumis la postulojn de EU. En la lasta tago de la jaro 2009 la lasta reaktoro estis malŝaltita por ĉiam.

Granda parto de la loĝantoj de la sovetia nuklea urbo tamen plu troviĝas ĉi tie. Ok el dek parolas ruse hejme. Kaj ili tute ne estas la solaj ruslingvanoj en Litovio.

Kune kalkulite la ruslingvanoj en Baltio estas pli ol miliono. Sed fakte tute ne ĉiuj estas rusoj – pri tio multaj el ili tuj atentigas, kiam oni ekparolas pri la temo. Kelkaj komprenebie venis el Rusio. Sed multaj havas radikojn en aliaj partoj de la falinta imperio, praparencojn kiujn trafis la persekutoj – kaj aliajn, kiuj eble estis ekzekutistoj. Tion ili mem ne povas influi.

La projekto de la jarcento

Ĉiam loĝis rusoj en Baltio. Kiam mi somere kaj aŭtune de 2015 veturis tra la tri landoj, de la rusia limo en Narva en nordorienta Estonio ĝis la limo kontraŭ la rusia enklavo Kaliningrado en sudokcidenta Litovio, mi renkontis kelkajn ruslingvanojn, kiuj povis rakonti, ke ilia parencaro ĉiam loĝis en la sama loko. Tamen multe pli oftis tiuj, kies radikoj en Baltio etendiĝas nur ĝis la grandaj migradoj de la 1960-aj kaj 1970-aj jaroj, kiam peza ŝtata industrio estis konstruata en la konkeritaj baltiaj respublikoj, kiuj devis esti integritaj en la grandan sovetian projekton.

Dum jardekoj la landoj de Baltio estis okupaciataj de Sovetio. Pli ol cent mil loĝantoj de Estonio, Latvio kaj Litovio estis malliberigitaj kaj deportitaj orienten dum la unua jardeko de la sovetia regado. La posta kreskigo de la ruslingva loĝantaro estis parto en la plano de la okupacia potenco, kiu celis igi Estonion, Latvion kaj Litovion obeemaj radetoj en la totalisma maŝino. Sed ekstreme malmultaj el la nunaj ruslingvaj loĝantoj de Baltio havas ajnan personan kulpon pri la okazaĵoj.

La pli junaj el ili naskiĝis kaj kreskis en Estonio, Latvio aŭ Litovio. La pli aĝaj plej ofte translokiĝis ĉi tien por labori – al alia parto de sia propra lando, tiel ili kredis. Ke oni povus vidi la baltiajn sovetajn respublikojn kiel okupaciatan teritorion, tion neniu diris al la novalvenintoj – en la lernejo oni instruis al ili, ke la tri landoj libervole kaj demokratie aliĝis al la progresema Sovetio, kaj ke Sovetio poste liberigis la respublikojn de nazia okupado.

Tamen oni povas facile kompreni, ke multaj estonoj, latvoj kaj litovoj ekvidis la ruslingvanojn kiel okupaciantojn kaj komplicojn de la soveta potenco. Altaj postenoj en la administra aparato, sekurservoj kaj en la grandaj ŝtataj entreprenoj estis plenumataj laŭ ukazoj el Moskvo kaj ofte donataj al ruslingvanoj. Bonaj scioj de la rusa lingvo estis nepra antaŭkondiĉo por ĉiuj, kiuj volis atingi ion en la socio, dum tute ne estis same evidente, ke oni ĉiam povu prizorgi eĉ ordinarajn ĉiutagaĵojn en la loka lingvo – la ruslingvanoj malofte opiniis necesa lerni la estonan, latvan aŭ litovan, speciale ne en urboj, kie la kvanto de ruslingvanoj estis granda. Kaj ekzemple en Rigo, la ĉefurbo de Latvio, la enmigrado el aliaj partoj de Sovetio kaŭzis, ke la proporcio de latvaj loĝantoj laŭ la oficiala censo de 1989 malkreskis ĝis 36,5 procentoj. Sed ne estis saĝe esprimi malkontenton pri tiu stato de la aferoj, se oni ne volis esti stampita kiel "burĝa naciisto".

Se konsideri la fonon, ne malfacilas kompreni, ke la neruslingva plimulto en Estonio, Latvio kaj Litovio post la falo de Sovetio volis fari ĉion por altigi la statuson de la lokaj lingvoj kaj laŭeble rapide malaperigi la truditan rusan. La rusa lingvo sekve ekhavis nenian oficialan statuson.

En Estonio kaj Latvio, kie la ruslingva parto de la loĝantaro estis la plej granda, oni krome enkondukis striktajn kriteriojn por la civitaniĝo de ĉiuj, kies prauloj ne loĝis en la lando antaŭ la dua mondmilito. Tio en la praktiko trafis nur la ruslingvanojn. Eĉ nun, kvaronan jarcenton post la disfalo de Sovetio, 14 procentoj el la loĝantoj de Latvio estas tiel nomataj necivitanoj – ili loĝas en Latvio, ili ne estas civitanoj de alia lando, sed ankaŭ ne sukcesis iĝi civitanoj de Latvio, kaj sekve ne povas ekzemple voĉdoni en elektoj aŭ okupi certajn postenojn. Ankaŭ en Estonio multaj el la ruslingvaj loĝantoj plu malhavas civitanecon.

"Bonfarta meza klaso" eble ne estas koncepto tre kongrua kun la sovetiaj realaĵoj, sed multaj el la ruslingvaj loĝantoj en la sovetie regata Baltio estis alte edukitaj kaj havis prestiĝajn postenojn en burokratio, administrado kaj gvidado de entreprenoj. Kiam Sovetio falis, multaj perdis siajn postenojn kaj sekve ankaŭ sian socian statuson. Civitaneco kaj bonaj scioj de la sola oficiala lingvo iĝis ĉefaj kriterioj por tiuj, kiuj volis grimpi laŭ la kariera ŝtuparo en la nova publika administrado, dum sperto pri la sovetia aparato, regita de la komunisma partio, prefere malutilis.

Alia, signife pli granda grupo de ruslingvanoj laboris sur malpli altaj niveloj en la grandaj ŝtataj entreprenoj – kiuj unu post la alia kolapsis, kiam montriĝis, ke iliaj produktoj ne estas postulataj sur la libera merkato.

La unuaj jaroj post la kompleta kolapso de la sovetia sistemo en 1991 estis peza tempo por ĉiuj loĝantoj en la dek kvin nove sendependaj ŝtatoj. En Baltio la vivo estis speciale malfacila por la ruslingvanoj, kiuj spertis, ke ili subite iĝis nedezirata, diskriminaciata minoritato. Ili estis "okupaciantoj" kaj prefere devus reveturi hejmen, ili de tempo al tempo aŭdis. Sed ilia hejmlando estis Sovetio, kaj tien ili ne povis veturi, ĉar ĝi ne plu ekzistis. Krome multaj ja naskiĝis kaj kreskis en Baltio. Sed la novaj hejmlandoj ofte vidis "la rusojn" kiel sekurecriskon, kiel grupon kun dubinda lojaleco, kiun facile povus uzi fremda potenco.

Spite la timojn, la ruslingvanoj en Baltio ĉefe restis trankvilaj, laŭeble adaptiĝis al la nova situacio, iĝis funkcianta parto de la nova socio – kaj estis tute forgesitaj de la ĉirkaŭa mondo. En la okcidento oni ekparolas pri la miliono da baltiaj ruslingvanoj – preskaŭ tiom, kiom la

La projekto de la jarcento

tuta loĝantaro de Estonio – nur kiam la rilatoj inter la okcidento kaj Rusio estas streĉitaj. Tiam ĵurnalistoj pilgrimas al la plej ruslingva urbo de Eŭropa Unio, Narva, maltrankvile gvatas la mezepokan rusian fortikaĵon de Ivangorod transe de la lima rivero, puŝas siajn mikrofonojn en la vizaĝojn de preterpasantoj kaj volas scii, ĉu Narva kun sia 95-procente rusa loĝantaro iĝos la sekva Krimeo. Ĉu la loĝantoj de Narva bonvenigus la enmarŝon de rusiaj trupoj?

Ne, ili respondas. Inter si la Narva-anoj ŝercas, ke apenaŭ restas iu en la urbo, kiu ne jam ricevis tian demandon de eksterlanda ĵurnalisto.

Jes ja, la opinisondadoj montras, ke multaj el la ruslingvanoj en Baltio multe pli skeptike sin tenas al NATO – kaj multe pli kompreneme al la rusia priskribo de la realo – ol la cetero de la loĝantaro. Sed tio ne validas por ĉiuj. Kaj antaŭ ĉio tio ne signifas, ke ili volus esti konkeritaj de Rusio.

Sed se la rusia agreso disvastiĝus de Ukrainio al Baltio, la ruslingvanoj estus entiritaj en la konflikton sendepende de tio, kion ili mem volas. La okazaĵoj en Ukrainio krome signifas, ke la eblo de ia milita enmiksiĝo de Rusio en Baltio, kun la celo malfortigi NATO-n, subite estas risko kiun necesas serioze konsideri. Laŭ ampleksa studo, kiun la usona esplorcentro Rand Corporation publikigis komence de 2016, rusiaj fortoj kapablus preni Talinon aŭ Rigon ene de maksimume 60 horoj. Kaze de granda rusia ofensivo la nuna ĉeesto de NATO en la regiono ne sufiĉus por longedaŭra rezisto, eĉ se la alianco povus uzi flugbazojn en Svedio, Rand konkludas.

Kelkajn semajnojn post la publikigo de la analizo, la brita televidkompanio BBC dissendis realisman simuladon por demonstri, kiel NATO povus agi, se separistoj subtenataj de Rusio akaparus la potencon en la regiono ĉirkaŭ Daugavpils en sudorienta Latvio. En tiu scenaro tre proksimis tria mondmilito.

Tamen el la dekoj da ruslingvanoj en Baltio, kiujn mi intervjuis, preskaŭ neniu proprainiciate ekparolis pri la milito en Ukrainio, pri Krimeo, aŭ pri la konflikto inter Rusio kaj Okcidento. Ili havas aliajn zorgojn – ĉu la mono sufiĉos por la luo? Ĉu mi devos translokiĝi al Britio por trovi bone pagatan laboron?

La konflikto inter Oriento kaj Okcidento aperas unuavice ne en diskutoj pri monda politiko, sed en la ĉiutaga vivo, rakontas la televida ĵurnalisto Olga Dragiljova, kiun mi renkontas en la ĉefurbo de Latvio, Rigo.

– Ni junaj ruslingvanoj devas daŭre ekvilibri inter ĉi tiuj du mondoj. Ni scipovas la latvan, ni eble parolas latve en la laborejo, ni vojaĝadis en la mondo kaj sin tenas kritike al rusia propagando. Sed ni devas konsideri ankaŭ nian fonon, niajn parencojn kiuj eble solenas la sovetian tagon de venko la 9-an de majo. Foje ni sentas, ke neniu flanko vere akceptas nin. Iel ni devas daŭre aktive elekti sintenon al tiuj demandoj kaj trovi nian propran vojon. Kaj ĝuste ni devos eduki la sekvan generacion.

Sovetio estis giganta, dekomence misa projekto, proksimume kiel la ĉernobilaj nukleaj reaktoroj en Visaginas. Nun la elektro en la projekto de la jarcento estas malŝaltita kaj la vivdanĝera koloso estas malmuntata, pecon post peco. Inter la malkonstruistoj estas infanoj kaj nepoj de tiuj, kiujn oni iam logis al la urbo de la estonteco. Idoj de la imperio.

ESTONIO

Kiam la sendependeco de Estonio estis restarigita en 1991, la civitanecon de Estonio ricevis aŭtomate nur tiuj, kies prauloj estis civitanoj de Estonio antaŭ la sovetia okupacio de la jaro 1940. Aliaj devis trapasi lingvoekzamenon, antaŭ ol ili povis peti civitanecon. Sekve de tio preskaŭ duono de la ruslingvanoj en Estonio daŭre malhavas civitanecon aŭ iĝis civitanoj de Rusio.

Gardantoj de la limo

Ĉi tie en Narva troviĝas la limo inter Oriento kaj Okcidento. La blankblu-ruĝa flago de Rusio videblas malantaŭ la muroj de la fortikaĵo de Ivangorod, kiun fine de la 15-a jarcento konstruigis Ivano la Granda, la grandprinco de Moskvo kaj la avo de Ivano la Terura. Sur nia flanko de la rivero, apud la lima ponto, staras la kastelo de Narva, kiun la danoj komencis konstrui jam ducent jarojn pli frue.

Ĝis la jaro 1991 ambaŭ flankoj de la rivero apartenis al Sovetio. Nun ĉe la ponto flirtas la stela flago de alia unio – dekstre de la flago de Estonio, apud la alta retbarilo, kies supron kronas kruda pikdrato. Neniu, kiu venas de la rusia flanko, povu salti suben al la bela, EU-financita riverborda promenejo, kaj tiamaniere preteriri la pasportan kontrolon. Sur la rusia flanko mankas barilo sur la ponto – tiuflanke ne estas strandpromenejo sur kiun salti, kaj krome malpli multaj emas kaŝe transiri la limon en tiu direkto.

Estas lunda antaŭtagmezo, kaj nur kelkaj aŭtoj vicatendas sur la ponto por eniri Rusion. La plej multaj apartenas al Narva-anoj, kiuj vizitas la alian flankon por aĉeti la multe malpli kostan rusian benzinon. Kelkaj el la malmultaj piedirantoj sur la ponto tiras post si butikumsakojn kun radoj. Ankaŭ ili ŝajnas esti loĝantoj de Narva, kiuj vizitis la rusian flankon por aĉetumi. Nun, en bela somera tago komence de junio, la transirantoj malmultas. Sed kutime la trafiko estas vigla, diras la limgardisto Aleksandr Kazmin.

– Du trionoj de ĉiuj limtransiroj en Estonio okazas ĉi tie en Narva, ĉi tiu estas nia plej granda limstacio.

Aleksandr Kazmin estas ruso, sed lian bluan uniforman ĉemizon kaj lian malhelan kravaton ornamas la leono de Estonio. Sur la epoletoj li havas tri orajn rombojn – tio signifas, ke li estas leŭtenanto. Kiam Aleksandr post la militservo komencis siajn studojn por iĝi limgardisto, la limservo ankoraŭ estis parto de la armeo, sed ekde 2010 ĝi anstataŭe apartenas al la organizaĵo de la polico.

— 15 —

Ni staras sur la freŝe asfaltumita vojo apud novega, moderna limstacio, konstruita el ruĝaj brikoj. Ĝi malfermiĝos post du semajnoj. Ĝis tiam la pasportoj estas kontrolataj en provizora budo. Kiam ni eniras la oficejon de la limpolico, ni preteriras kontrolejon kun amaseto da ekranoj, montrantaj bildojn de kameraoj lokitaj proksime al la limstacio.

– Tio estas iom sekreta, ilin vi ne rajtas foti, Aleksandr diras.

Anstataŭe li montras la arestejon – senfenestran, grize farbitan ĉambron kun ligna kuŝejo fiksita ĉe la muro. Ĝi ne estas bezonata ofte, sed foje okazas, ke homoj, kiuj ne rajtas eniri Estonion sovaĝe reagas, precipe se ili estas influataj de alkoholo.

– El Rusio oni plej ofte venas al Estonio, kiam ĉe ili estas festotagoj. Ili venas al Narva, al la maro ĉe Narva-Jõesuu, aŭ turismumas en Talino, kiam ili havas liberan tempon. Foje ili aĉetumas manĝaĵojn sur ĉi tiu flanko – oni opinias, ke la kvalito ĉi tie pli bonas. De ĉi tie oni aŭtas al Rusio por aĉeti varojn, kiuj malpli kostas tie, antaŭ ĉio karburaĵon – la prezo en Rusio estas duona kompare kun Estonio. Krome multaj aĉetas senreceptajn medikamentojn sur la rusia flanko, tuj post la pasporta kontrolo tie troviĝas pluraj butikoj kaj apotekoj, diras Aleksandr Kazmin.

Li mem vizitis Rusion nur malmultajn fojojn, krom kiam li pro la laboro renkontas siajn rusiajn kolegojn.

– Eble du-trifoje mi estis sur la alia flanko de la ponto ĉi tie. Kaj kiam mi estis en la sepa klaso, ni faris lernejan vojaĝon al Sankt-Peterburgo. Sed tio estis antaŭ longa tempo.

Kiel do estis en Rusio? Aleksandr Kazmin iom pripensas. La vizitoj ne vere faris profundan impreson.

– Almenaŭ nenio malbona okazis al mi tie. Mi ne multon memoras, sed la homoj tie estas ja la samaj kiel ĉi tie. Eble ĉe ni estas malpli da ruboj dise en la urbo, ni havas pli da ordo. Ĉi tie mi sentas min hejme, tie mi estas vizitanta gasto.

La homoj ambaŭflanke kompreneble estas samaj. Ankaŭ en Narva la plej multaj ja estas rusoj, samkiel Aleksandr Kazmin mem. Sed li kreskis en Outokumpu, li subite rakontas, iom surprize por mi. Mi ja mem same kreskis en Outokumpu.

Li tamen celas ne la minejan urbon Outokumpu en orienta Finnlando, sed urboparton kun la sama nomo en la tute ruslingva mineja urbo Kohtla-Järve, kvindek kilometrojn okcidente de Narva. La kvar-

Estonio

talo kun la ruĝaj sovetiaj brikaj domoj ricevis sian nomon laŭ la ĝemelurbo en Finnlando.
Aleksandr naskiĝis en Kohtla-Järve, samkiel liaj gepatroj. Lia patrino laboras en sancentrejo en Kohtla-Järve, lia patro estas gardisto. Li ne tuj povas diri, kie naskiĝis ĉiuj liaj geavoj, sed ili kompreneble ĉiuj estas ruslingvanoj.
– Povas esti ke ili havas radikojn aliloke, sed ĉiuj miaj parencoj nun loĝas ĉi tie. Kaj mem mi ne volus loĝi aliloke. Kion mi farus en Rusio? Mi kreskis ĉi tie, mi scias, kiel ĉio funkcias, ĉi tie mi volas konstrui mian vivon.

Kiam Aleksandr naskiĝis 1987, Sovetio ankoraŭ ekzistis, sed li havas neniujn memorojn de tiu tempo. Civitano de Estonio li iĝis, kiam liaj gepatroj civitaniĝis, kaj la estonan li lernis bone jam dum la gimnazia tempo, kvankam en lia hejmurbo preskaŭ neniu parolas la lingvon.
– Post la naŭa klaso mi ekstudis en lernejo, kie duono de la instruado estis en la estona. Oni ja devas lerni la estonan, se oni volas progresi en la vivo.

Same memklare kiel lerni la estonan estis por Aleksandr Kazmin ankaŭ militservi, kaj tuj post la armeo li kune kun ruslingva lerneja kamarado pluiris al la limgardista kurso.
– Estas ja ŝtata, stabila laboro. Kaj krome mi ŝatis la militistan vivon.

Bone scipovi la rusan kompreneble estas granda avantaĝo por limgardisto en Narva – preskaŭ ĉiuj, kiuj transiras la limon en ajna direkto estas ruslingvanoj. Kaj la kunlaboro kun la kolegoj sur la rusia flanko okazas nur en la rusa.
– Ni havas regulajn renkontiĝojn kun ili, ni interŝanĝas informojn pri la kvanto de transiroj, kiel multajn ni resendis, kaj pro kiuj kialoj. Ili raportas pri siaj ciferoj, poste ni skribas protokolon. La lingvo neniam estas problemo, ĉiuj oficiroj sur nia flanko parolas la rusan flue.

La kreskinta politika streĉiteco inter Rusio kaj NATO lige kun la anekso de Krimeo kaj la milito en Ukrainio estis unu el la kialoj, pro kiuj la prezidento de Usono, Barack Obama, la 3-an de septembro 2014 vizitis la ĉefurbon de Estonio, Talinon. Li volis certigi la loĝantojn de la baltiaj landoj, ke NATO efektive defendos ilin, se ili estos atakataj.

"Landoj kiel Estonio, Latvio kaj Litovio ne estas ia 'postsovetia teritorio'. Vi estas suverenaj kaj sendependaj ŝtatoj kun la rajto fari

— 17 —

viajn proprajn decidojn. Neniu alia ŝtato havas la rajton vetoi viajn decidojn pri sekureco", diris Obama.

Li poste aldonis, ke estas precize same grave defendi Talinon, Rigon kaj Vilnon kiel defendi Berlinon, Parizon kaj Londonon.

Post du tagoj, kiam Obama ĵus forlasis Estonion, la rusiaj sekurservoj logis la estonian sekurpolicanon Eston Kohver en kaptilon en arbara, malbone markita parto de la limo inter Estonio kaj Rusio. Kohver malaperis preskaŭ senspure – kaj baldaŭ estis montrata en la rusiaj televidnovaĵoj, en mankateno, dum la parolisto en la fono klarigis pri "kaptita estonia spiono". La precizaj okazaĵoj ne estas tute konataj, sed ĉio ŝajnas indiki, ke la rusiaj agentoj, kiuj logis Kohver al la loko, poste transiris la limon kaj perforte forrabis lin de estonia teritorio al Rusio. La operacio aspektas kiel planita respondo al la parolado de Obama, por pruvi ke Estonio ja estas "postsovetia teritorio", griza zono kie Rusio povas agi libere.

En Rusio Kohver estis kondamnita al 15 jaroj en malliberejo pro spionado, kaj fine, post unu jaro en kaptiteco, interŝanĝita kontraŭ rusia spiono kiu estis pli frue juĝita en Estonio.

Kelkajn monatojn post la forrabo de Kohver, en la estonia tago de sendependeco, la 24-an de februaro 2015, kirasveturiloj kaj trupoj el aliaj landoj de NATO partoprenis militistan paradon en Narva por ankoraŭfoje demonstri la pretecon de la alianco defendi la baltiajn membrolandojn. La parado ricevis bruan kritikon en rusiaj amaskomunikiloj, kiuj asertis, ke la ĉeesto de usonaj militveturiloj nur kelkcent metrojn de la rusia limo ankoraŭfoje pruvis, ke NATO minacas la nacian sekurecon de Rusio.

Sed la akra tono inter NATO kaj Rusio neniel influis la kunlaboron inter la estoniaj limgardistoj kaj la kolegoj sur la rusia flanko, diras Aleksandr Kazmin.

– Kiam ni renkontiĝas, neniam temas pri politiko. Pri tiaj aferoj ni ne parolas. Politikistoj havas sian laboron, ni la nian. Ni parolas nur pri tio, kio apartenas al nia profesio, kaj la etoso neniam estas streĉita, ĉio okazas sur profesia nivelo. La politikistoj prizorgu la politikon, ni prizorgas la limon.

Por iĝi estonia limgardisto oni nature devas esti civitano de Estonio. Tio estas unu el la kialoj, pro kiuj klara majoritato de la limgardistoj ankaŭ en la ruslingva Narva estas estonlingvanoj. El la 62 000 loĝantoj de Narva iom malpli ol duono estas civitanoj de Estonio. Iom pli ol

Estonio

triono elektis iĝi civitanoj de Rusio. La ceteraj, iom pli ol 9 000 loĝantoj de Narva, malhavas ajnan civitanecon. Multaj eble volis iĝi civitanoj de Estonio, sed ne sukcesis trapasi la ekzamenon pri la estona lingvo kaj pri kono de la konstitucio. Alia eĉ ne volas, kaj daŭre subtenas Rusion, kvankam ili loĝas ĉi-flanke de la rivero. Tion Aleksandr Kazmin malfacile povas kompreni.

– Mi opinias tion stranga. Ekzistas homoj, kiuj loĝas en Estonio, sed parolas nur pri tio, kiel bona ĉio estas en Rusio. Tamen ili mem ne volas tien. Kiel oni komprenu tion? Ili loĝas ĉi tie, ĉar ili pli bone sentas sin ĉi tie, ilia hejmo estas ĉi tie, kaj ni ja eĉ apartenas al Eŭropa Unio. Malgraŭ tio ili subtenas Rusion, kvankam mi estas tute certa, ke ili mem ne volas loĝi tie.

Fanatikuloj de Rusio troveblas ne nur en la ĉelima urbo Narva, sed ankaŭ en la hejmurbo de Aleksandr Kazmin, Kohtla-Järve, kiu estas preskaŭ same ruslingva kiel Narva.

– Ne tiom temas pri la loĝloko, mi kredas ke pli influas kion oni lernis hejme en la infanaĝo.

Kaj homoj kiuj multe babilas pri Rusio troveblas eĉ inter la konatoj de Aleksandr Kazmin, li kapjesas. Sed ne tiaj, kiuj malbone sin tenus al lia laboro pro tio.

– Ĉiu ja rajtas je sia propra opinio, iu eble laboras ie aliloke kaj havas tiajn pli... porrusiajn opiniojn. Sed mi ŝatas labori ĉe la limgarda polico, tio taŭgas por mi. Kaj ni tamen interrilatas, ĉiu restas ĉe sia opinio, kaj povas ja okazi ke oni foje ankaŭ ĉikanetas unu la alian.

Precipe dum la akra fazo de la milito en Ukrainio diskutoj pri la rolo de Rusio en la tuto kaŭzis seriozajn kverelojn inter multaj ruslingvanoj en Baltio. Ĵurnalisto ĉe la ruslingva redakcio de Estonia radio en Narva ĵus rakontis al mi, ke li de du monatoj ne parolas kun sia patro, post kiam ili kverelis pri Ukrainio. Sed tiajn seriozajn malakordojn Aleksandr Kazmin ne havis kun siaj amikoj.

– Mi klopodas eviti tiaspecajn kverelojn, ĉar mi ne vidas la sencon. Mi aŭskultas, kion la homo volas diri, mi konstatas, ke tio estas lia opinio, kaj ke mi restas ĉe mia propra. Poste ni ŝanĝas la temon. Estas sensence daŭrigi tiajn disputojn – se la ulo mem ne komprenas, mi ja ne sukcesos ŝanĝi lian opinion.

La rondeta, ridetanta Aleksandr Kazmin ellasas min el la ĉefa oficejo de la limgardistaro, kaj mi ekiras reen, direkte al la ĉefstrato de Narva, Strato Puŝkin. Mallonga vico de aŭtoj atendas la eniron al Rusio

— 19 —

sur Tuleviku tänav, Strato Estonteco. Cent metrojn de la lasta aŭto en la vico la strato kruciĝas kun Strato Libereco.

Lenino ne plu estas laŭmoda en Estonio, sed iam lia statuo staris ĉi tie, sur Petra placo, nur kelkcent metrojn de la Strato Estonteco kaj la novkonstruita limstacio. Nun la statuo troviĝas en pli diskreta loko, la interna korto de la kastelo, kie ĝi ŝajnas sopire levi la manon en la direkto al Rusio. En la loko kie Lenino pli frue staris, la supera komandanto de la defendfortoj de Estonio, Riho Terras, akceptis la paradon de la tago de sendependeco en 2014. La supera komandanto naskiĝis en Kohtla-Järve, precize kiel Aleksandr Kazmin, kaj antaŭ la parado li faris emocian paroladon, en kiu li memorigis, ke multaj el la herooj de la estonia milito de sendependo antaŭ cent jaroj estis lokaj ruslingvanoj.

"Al veraj herooj de la milito de sendependo ni sentroige povas kalkuli ĉeflejtenanton Konstantin Troickij kaj kapitanon Pjotr Feofanov, kiuj igis la vivon malfacila por la bolŝevika armeo kaj por la latviaj ruĝaj fusilistoj. La historio instruas nin, ke se ni ne defendas nin mem, neniu defendos nin, kaj se ni permesos ke estiĝu sekurecvakuo, ĝin plenigos iu alia", diris Terras.

Unu el la partoprenantoj en la parado estis Oleg Svetlišenko, membro de la libervola estonia defendligo Kaitseliit en Narva. Lin mi renkontas sur la freŝe novigita riverborda promenejo, kie ni sidiĝas sur benko financita de EU, por admiri la vidaĵon al la lima ponto kaj al la fortikaĵo de Ivangorod sur la rusia flanko de la rivero Narva.

– Jes, komprenebie ni anoj de la defendligo estis tie, tio ja estas memklara!

Oleg ridas, kiam mi demandas, kion li opinias pri la rusiaj plendoj rilate la eksterlandan partoprenon en parado.

– Mi apenaŭ kredas, ke du malpezaj kirasveturiloj el Usono povus iel minaci Rusion. Kaj ĉiu lando ja rajtas mem decidi, kiuj veturiloj partoprenu en parado.

Sed kiel okazis ke Oleg loĝas en Narva, estas estonia civitano, kaj eĉ ano de la defendligo? Sur la tuta kontinento de Eŭrazio ja estas malfacile trovi lokon pli distancan de Estonio ol tiun kie li naskiĝis – Petropavlovsk sur la rusia duoninsulo Kamĉatka, duonvoje inter Japanio kaj Alasko.

Estonio

– Nu jes, estas distance. Miaj gepatroj laboris tie kiel kuracistoj, kaj ili volis trovi alian lokon. Ne ili mem decidis veni ĝuste ĉi tien, oni invitis ilin.

La familio de Oleg venis al Narva en 1971, kiam multaj transloĝiĝis al la urbo. La grandaj sovetiaj entreprenoj, antaŭ ĉio la teksejo kaj la elektrocentraloj, bezonis pli da laborantoj.

– Mi komencis la lernejon ĉi tie. Sed tiutempe ni tute ne havis instruadon de la estona, do ĝin mi devis lerni multe pli malfrue. Mi daŭre ne parolas la estonan aparte bone, kaj tiel estas por multaj.

Ankaŭ dum la ekzercoj de la defendoligo oni plej ofte parolas ĉefe ruse.

– Ni ja klopodas esti politike ĝustaj, do unue oni diskonigas la informojn kaj instrukciojn en la estona, poste tio estas ripetata en la rusa. Sed ni kompreneble parolas ruse inter ni, almenaŭ ni, kiuj estas iom pli aĝaj. Alikaze daŭrus eterne, mi tiel malrapide parolas la estonan, Oleg ridas.

Paroli ruse simple estas pli praktike, li opinias.

– Sed la junuloj, ili jam parolas ambaŭ lingvojn flue. En mia familio mi estas tiu, kiu scias la estonan plej malbone. Mia filino loĝas en Talino, mia filo ankoraŭ studas en la gimnazio. Kiam mi devis fari la civitaniĝan ekzamenon meze de la 1990-aj jaroj, mia edzino helpis pri la lingvo. Ŝi mem scipovas la estonan sufiĉe bone, sed ne tre ŝatas paroli ĝin, ŝi hontas pro sia akĉento. Ĉi tie en Narva ja preskaŭ mankas homoj kun kiuj ekzerciĝi pri la estona.

La ŝanco eniri la defendligon kaj povi defendi la novan hejmlandon estis grava kialo por Oleg iĝi civitano de Estonio.

– Mi ja militservis en la sovetia armeo, mi faris la ĵuron. Sed Sovetio disfalis, kaj mi ne opinias, ke la ĵuro plu devigis min je io. Kaj se mi jam loĝas ĉi tie preskaŭ mian tutan vivon, se miaj infanoj loĝas ĉi tie, kiel mi povus ne defendi ĉi tiun landon, se tio necesus? Por mi tio estas evidenta.

Sed ne ĉiuj ruslingvanoj pensas same kiel Oleg. Kaj se el la estonlingvanoj 88 procentoj volus, ke trupoj el aliaj landoj de NATO estu konstante lokitaj en Estonio por fortigi la defendon, el la ruslingvanoj nur 24 procentoj subtenas la ideon. Ĉi tie en Narva multaj preferas soleni la sovetian tagon de la venko, la 9-an de majo, ol la estonian tagon de sendependo. Almenaŭ unu loĝanto de Narva eĉ eliris kun rusia flago por renkonti la paradon en la tago de sendependeco. Kaj dum la festado de la sovetia tago de la venko, la 9-an de majo, oni svingis ne nur rusiajn flagojn, sed ankaŭ la ruĝan, serpmartelan flagon de Estonia Soveta Socialisma Respubliko, kaj eĉ flagon de la tiel nomata Donecka Popola Respubliko, la orientukrainia separisma regiono, kiun Rusio subtenas.

Ankaŭ por Oleg la 9-a de majo estas grava tago, kvankam li kompreneble neniam ekhavus la ideon eliri svingi rusian flagon.

– Por mi ĝi estas memortago. Ambaŭ miaj avoj partoprenis a militon. Sed mi ne povas kompreni, kial homoj, kiuj loĝas ĉi tie kaj manĝas estonian buteron, tamen daŭre rigardas en la direkto al Rusio. Kial ili ne ekloĝas kaj laboras tie por subteni sian propran ŝtaton, kiun ili tiel respektas? Ĉar ja ne mankas aferoj por plibonigi tie, kaj la loĝantaro ŝrumpas. Mi kutimas demandi ilin: kial vi do plu loĝas ĉi tie? Mi ne ŝatas homojn, kiuj estas nek ĉi tie nek tie.

Oleg laboras en la rafinejo en Auvere, dudekon da kilometroj okcidente de Narva, kie naftoardezo el la regiono de Kohtla-Järve estas transformata en nafton. La sovetia rafinejo estis konstruita fine de la 1970-aj jaroj, por produkti brulaĵon por la du grandaj energiejoj en la regiono de Narva, kaj estas unu el la plej grandaj labordonantoj en ĉi tiu parto de Estonio. Ĝuste en la laborejo li de tempo al tempo renkontas homojn, kiuj subtenas Rusion.

– Inter miaj proksimaj amikoj tiaj apenaŭ estas, sed en la laborejo okazas, ke ili provas iriti min. Baldaŭ venos la niaj, ili diras. Mi respondas, ke se ĉi tie iĝos kiel en Rusio, baldaŭ vi mem restos sen laboro. Ĉiuj certe scias, ke mi membras en la defendoligo, pri tio mi ne sekretumas, ja ne estas hontinde, ĉu? Kaj ni lastatempe havis grandan ekzercon, en kiu mi partoprenis, tiam mi forestis de la laborejo.

Oleg parolas pri la granda ekzerco Siil, "Erinaco", dum kiu la estonia armeo kaj la defendoligo trejnis sin kune kun trupoj el kelkaj aliaj landoj de NATO. La ekzerco estis la plej granda en la historio de Estonio, kaj Oleg partoprenis ĝin kun sia grupo de la defendoligo el Narva. Laŭ li neniu miris pri la ruslingva grupo en estoniaj uniformoj.

– Ne, ili certe komprenis, ke ni venas de Ida-Virumaa, ĉi tie ja la plej multaj parolas ruse. Ni ne multe interrilatis kun homoj inter nia propra grupo, sed kiam ni renkontis estonlingvanojn ni havis neniajn problemojn, ni interparolis kiom ni kapablis.

Estonio

Tuj post la granda ekzerco la konata estonia filmreĝisoro kaj defendligano Ilmar Raag verkis akran debatartikolon en la bulvarda gazeto *Õhtuleht* kun la titolo "La vero pri niaj rusoj". Raag platigis alian verkinton, kiu asertis ke la "vera hejmlando" de la estoniaj rusoj estas Rusia imperio, kaj rakontis pri siaj bonaj spertoj kun la ruslingvaj defendliganoj el Narva. "Ĉu la estonoj vere estas tiel potencaj kaj aŭdacaj, ke ili kuraĝu forpuŝi ĉi tiujn rusojn, kiuj dividas nian komunan zorgon pri fortigado de la sendependa Estonio?" Raag skribis ankaŭ, ke li mem absolute ne volas perdi siajn novajn amikojn inter la saĝaj, demokratie pensantaj rusoj, kiujn li renkontis dum la ekzerco.

Sed tre baldaŭ altranga dungito de la estonia defendligo faris ion ĝuste por forpuŝi ĉiujn ruslingvanojn, kiuj pripensas aliĝon. Urmas Reitelmann, dungito en la informada sekcio de la defendligo, en oktobro 2015 en Facebook donis sian kontribuon al la sovaĝa diskuto pri la kelkaj centoj da rifuĝintoj, kiujn Estonio laŭ tiama propono devis akcepti por faciligi la situacion en Eŭropo: "Tiuj, kiuj klopodas veni ĉi tien, estas nura homrubo, kies vojon oni baru per ajnaj rimedoj. En Estonio jam parazitas 300 000 rusaĉoj, kiuj ne adaptiĝis ĉi tie, kiel oni povus igi homojn el tiuj milionoj da komfortemaj blatoj, kiuj strebas al ni?"

La vortoturnoj en lia teksto donas sufiĉe bonan bildon pri la nivelo de la diskuto pri rifuĝintoj en Estonio – kaj pri tio, kiel multaj en Estonio daŭre sin tenas al la ruslingvaj loĝantoj de la lando, eĉ se oni plej ofte ne aprobas la publikan esprimadon de tiaj opinioj. La erupcio de Reitelmann ĉiukaze ricevis fortan kritikon, kaj multaj postulis, ke li estu eksigita. Ĉefministro Taavi Rõivas kaj defendministro Sven Mikser ambaŭ deklaris, ke la eldiraĵo estis maltaŭga, kaj post longa meditado la defendligo fine decidis formovi Reitelmann el la informada sekcio al aliaj taskoj.

Li ricevis postenon en la evoluiga sekcio.

Infanoj de la milito

Tricent mil parazitantaj rusaĉoj. Tiu estis la opinio de gazetara informisto ĉe la estonia defendligo pri la ruslingva loĝantaro de la lando. Sed sendepende de tio, kion diras Urmas Reitelmann, la rusoj ne nur pigrumis en Estonio. "Ni ja konstruis ĉi tiun urbon", diras multaj ruslingvanoj, kiujn mi renkontas en Narva. Kaj ili pravas – post la dua mondmilito ne multo restis de la urbo. Aliflanke ĝuste la sovetia aerarmeo en la fina fazo de la milito disbombis la urbon, por forpeli la germanojn kaj ĉiujn aliajn.

Unu el tiuj, kiuj partoprenis la konstruadon de la unua granda naftoardeza elektrocentralo en Narva estas la nun 77-jara Olga Lisova. Ŝin mi trovas ĉe kabaneto ekster la urbo, en distrikto kie oni disdonis al urbanoj parceletojn por kultivado. Mi veturas kun Roger, unu el la lokaj estroj de la defendligo, kaj lia amiko, eksa policestro. Ambaŭ apartenas al la estonlingva minoritato de Narva. Ili fingromontras al la plej oblikvaj kabanetoj sur la parceloj kaj asertas, ke oni bone vidas, kiuj apartenas al rusoj. Aliflanke multaj el la kabanoj estas en perfekta stato, kaj ankaŭ plejmulto el tiuj devas aparteni al rusoj, ĉar proksimume 95 procentoj el la loĝantoj en Narva estas ruslingvanoj.

Ekster la defendoligo Roger estas grocisto. Li ricevis sian katon de la filino de Olga Lisova, kiu laboras en ŝuvendejo. Nun la kato kunveturas al la kamparo por viziti la avinon. Por ke ĝi ne fuĝu, ĝi surhavas jungileton kun surkudrita flago de Estonio. Olga tenas la ŝnuron dum la kato esploras la herbejon, kaj ambaŭ ŝajnas ĝui la ekzercon. Roger elprenas kradrostilon el la kofrujo de la aŭto kaj komencas prepari ŝaŝlikojn kun la eksa policestro.

– Vi ja memoras, kion mi diris pri rusaj kabanoj, diras Roger en la angla, por ke Olga ne komprenu, kaj montras al ŝia brika dometo, kiu efektive aspektas ne tute finkonstruita.

Kiam mi komencas paroli kun Olga, ŝi mem tuj bedaŭras pri la kabano.

Estonio

– Ĝi estas tia kia ĝi estas, mia edzo ne finis ĝin antaŭ ol li mortis. Sed kial vi do volas paroli kun mi, mi ja estas tute ordinara homo. Neniam iu volis scii ion pri mi, ŝi diras iom timide.

Ni sidiĝas en la sunbrilo, sur du taburetoj meze de la herbejeto. Olga rakontas, ke ŝi loĝis sian tutan plenkreskan vivon en la regiono de Narva. Sed infanaĝe ŝi loĝis en Rusio, kie ŝi ankaŭ naskiĝis.

– Mi naskiĝis en 1938, kaj ja estis en Rusio? Aŭ eble tio nun estas Ukrainio? Kio estas pri mia memoro nun subite...
Ŝi reiras en la kabanon, fosas en kestetoj kaj revenas kun sia pasporto. Rusia pasporto.

– Jes, jen estas skribite. En la distrikto de Kursk en Rusio, jes. Mia patro estis milicano, policano, en la distrikto de Kursk kiam la milito komenciĝis. Tiam ni estis unue movitaj al Leningrado. Tie ni daŭre havas parencojn, kiuj travivis la blokadon. Sed nin oni ĝustatempe evakuis al Uralo. Post la milito ni revenis al la distrikto de Leningrado, mi memoras, ke mi vidis germanojn en Svir, kie ni loĝis. Tio estis en 1945. Mi ja pensis, ke la germanoj estis iaspecaj rabobestoj, sed ili estis ordinaraj homoj, ili parolis kun ni. Estis ege malvarme. Ili komprenebie estis militkaptitoj, do ili ne povis fari al ni malbonon. Oni sendis ilin hejmen, kiam ni ankoraŭ loĝis tie. Ili rajtis veturi, ĉar ili laboris bone – ili ĝojis kiam ili ekmarŝis, kaj ili bele kantis. Sed tiam multaj jam frostmortis. Ili ne havis bonajn vestaĵojn, ili almozpetis vestaĵojn kaj surmetis ĉiujn ĉifonojn, kiujn ili povis ricevi.

En la aĝo de 18 jaroj Olga unue translokiĝis al sia onklino, kiu loĝis en Ivangorod, sur la alia flanko de la rivero Narva. En 1959 komenciĝis la konstruado de la granda elektrocentralo en Narva, kaj Olga partoprenis, kiam oni fosis la kavegon por la fundamento.

– Estis enormaj fosaparatoj, mi laboris tie. Poste ni ricevis apartamenton, tio estis en 1960. Tie mi daŭre loĝas. Mia edzo neniam plu volis foriri de tie, post kiam ni fine ricevis la apartamenton. Mi laboris en la elektrocentralo ĝis 1967, sed la laboro estis peza. Poste mi transiris al la teksejo de Kreenholm, tie mi restis ĝis la pensio. Mi ja loĝas ĉi tie de pli ol kvindek jaroj, do Narva estas mia hejmurbo.

Sed vi tamen havas rusian pasporton, kial?

– Ni ja volis havigi estoniajn pasportojn, mi kaj mia edzo, sed ni ne sukcesis. Ni ricevis tiajn grizajn fremdulajn pasportojn. Ili diris, ke ni devas unue lerni la estonan, sed ni estis tro aĝaj, ni ne havis la energion por tio. Kaj kie mi povis lerni la estonan, mi ja vizitadis la lernejon nur dum sep jaroj, kaj ne ĉi tie en Estonio. Krome ĉiuj parolas la rusan en Narva. Mi opinias, ke ili devis doni al ni estoniajn pasportojn, ni ja vivis ĉi tie la tutan vivon. Sed kiam mia edzo mortis, de tiam pasis jam multaj jaroj, tiam mi devis ŝanĝi pasporton denove. Kial mi prenu ankoraŭ unu grizan pasporton? Mi iris al la konsulejo kaj havigis al mi la rusian. Multaj faras tiel, kaj kelkaj el tiuj, kiuj havigis estonian pasporton pentas, ĉar kun ĝi estas pli komplike veturi al Rusio, kaj multaj havas tie parencojn. Ankaŭ mi, ja daŭre loĝas miaj parencoj en Leningrado, tiuj kiuj travivis la blokadon. Sed multaj jam forpasis.

Eble do finfine estis bonŝanco, ke Olga ne sukcesis plenumi la postulojn pri lingvoscio por iĝi civitano de Estonio, ŝi nun pensas.

– Sed tiam, dum la malordo, kiam ĉio estis ŝanĝiĝanta, tiam homoj timis. Oni pensis, ke oni eble ne ricevos la pension, se oni ne havos la civitanecon de Estonio.

La disfalo de Sovetio estis skua travivaĵo por ĉiuj en Narva. Sed ĉu vere la vivo estis pli bona antaŭe? Olga rigardas foren kaj ŝiaj okuloj malsekiĝas.

– Ĉu vi scias, nun mi baldaŭ ploros, kaj mi ja ne volas plendi, sed nun en alta aĝo mi komencis kompreni, kiom da maljustaĵoj ni spertis. Multe! Ni estis multaj infanoj en la familio, kaj mi memoras, kiel malfacila la vivo de panjo estis, kiel malmulte da spaco ni havis kaj kiel multe ŝi laboris. Ni havis du ĉambrojn, sed tiu Vanja, li havis edzinon kiu estis flegistino, kaj oni donis la alian ĉambron al ili. Oni fermis la pordon per najloj, kaj ni ĉiuj devis loĝi en la sola ĉambro. Ĉu vi povas imagi? Estis neniu loko por dormi, neniu loko por fari la hejmtaskojn. Jen kiel oni prizorgis familiojn kun multaj infanoj post la milito.

Olga memoras, ke ŝia patrino ricevis medalon, supozeble ĉar ŝi havis multajn infanojn. Sed neniun bonan loĝejon ŝi ricevis. Tial Olga forlasis la hejmon tuj kiam ŝi povis, kaj en Narva ŝi kaj ŝia edzo ja efektive ricevis propran apartamenton en novkonstruita domo. Sed ankaŭ en Narva la vivo ne ĉiam estis facila.

– Mi foje kuŝas sendorma nokte kaj pensas pri ĉiuj maljustaĵoj.

Plej ŝi pensas pri la malfacila vivo de sia patrino. Ŝiaj okuloj denove malsekiĝas, kiam ŝi rakontas, ke eĉ mankis bonaj vestaĵoj por ĉiuj infanoj. Sed ŝi absolute ne volas kalumnii la sovetian tempon, ŝi poste aldonas – ankaŭ nun ne ĉio estas bona.

Rusia televido estas la plej grava fonto de novaĵoj por Olga, samkiel por tri el kvar ruslingvanoj en Estonio. Sed ŝi spektas ankaŭ la ruslingvajn novaĵojn en estonia televido.

Estonio

— Kaj kiam mi estas ĉe Helvi, ŝi tradukas por mi tion, kion oni ne rakontas al ni en la rusa. Mi ja ne sciis, ke Putin divorcis kaj kuniĝis kun iu sportulino, kaj ke ili havas filon kaj ĉion tian, sed tiel oni diris en estonia televido, tion mi eksciis de Helvi.

Tamen eble ne indas kredi precize ĉion, kion oni aŭdas, mi kontraŭdiras, kaj demandas, kiu estas Helvi. Ja, ŝi estas estona amikino kiun Olga konas delonge.

— Kaj oni same ne kredu ĉion malbonan, kion homoj diras pri estonoj, Olga atentigas.

Olga kaj Helvi estas amikoj de dudek jaroj, de kiam mortis Kalev, la edzo de Helvi. En la teksejo laboris ne nur rusoj, tie estis ankaŭ kelkaj estonoj. Sed proksime al la fino de la sovetia tempo la estonoj komencis pensi, ke ili estas pli bonaj ol la aliaj, Olga diras. Ŝi speciale memoras virinon, kun kiu ŝi ĉiam babiletis kiam ili renkontiĝis.

— Unu tagon ŝi subite ne plu volis koni min, ŝi nur rigardis en alia direkto. Mi haltis por demandi, kio estas, sed ŝi ŝajnigis, ke ŝi eĉ ne vidas min. Tamen nun ŝi denove parolas kun mi, mi renkontis ŝin antaŭ nur kelkaj semajnoj, kaj ni parolis certe dum pli ol horo.

Sed kiam temas pri politiko, ne ĉiam facilas akordiĝi kun la estonoj, Olga aldonas.

— Jes, kun Helvi ja, ĉar ŝi diris al mi, ke tiu Putin estas bona ulo. Mi ne scias, ĉu ŝi diris tion nur por ĝojigi min, sed tion ŝi ĉiukaze diris. Tiu alia ino, ŝi ĉiam diras, ke oni nur mensogas en la rusia televido — kiel vi povas kredi al Putin, ŝi diras. Mi ja estas ruso, mi ja devas kredi lin. Sed mi loĝas en Estonio, do mi devas obei la leĝojn ĉi tie. Ĉu vi do fidas al via Ilves, mi demandas al ŝi. Ŝi silentas. Kial vi silentas? mi demandas. Ne, kiam oni ekparolas pri politiko kun ŝi, tiam estas facile ekkvereli. Ili kredas, ke Rusio estas la radiko de ĉio malbona.

La estonaj kuracistoj kaj flegistoj en Talino ĉiukaze estas tre bonaj kaj afablaj, tute malsamaj ol la ruslingvaj ĉi tie en Narva, Olga poste diras. Ŝi estis operaciita tie dufoje, kaj ŝi daŭre memoras, ke la estona kuracisto en Talino manpremis ŝin, ridetis, kaj parolis afable. Kaj tion faris ankaŭ la flegistoj.

Olga ĝoje ridas kiam ŝi memoras la modernan hospitalon en Talino, kie ŝi estis operaciita. Ĉu estis koste? Ne, kompreneble la asekurkaso pagis ĉion, Olga eĉ ne pensis ke koperacio povus kosti monon.

— Mi estis tie ankaŭ alian fojon, en Talino, mi havis renŝtonojn kiujn oni devis erigi. Kaj ĉio funkciis tiel bone, ĉiuj estonoj estis afablaj, tute ne tiaj, kiel en nia malsanulejo. Ĉi tie supozeble la soveta potenco trodorlotis ilin, ili estas tiel malafablaj ke mi eĉ ne havas vortojn por tio. Sed ankaŭ en Talino estis unu tute rusa flegistino, kiu devis ŝanĝi iun bandaĝon al mi, kaj ŝi estis ege malafabla. Needukita, tion diris mia estona samĉambrano tie. Oni diras ke ili havas malbonajn salajrojn, sed al tiuj aciduloj oni devus pagi ankoraŭ malpli. Kaj ne pensu, ke ili estas malafablaj nur al mi, se vi demandos aliajn, ili diros la samon.

Krom la hospitalaj vizitoj Olga ne multfoje estis en Talino, kvankam la urbo estas bela. Tion ŝi memoras de sia junaĝo, kiam ŝi veturis tien kun sia edzo, iam en la 1960-aj jaroj.

— Tiam mi pensis, ke ĉi tien mi volas reveni. Estis tiel bele, kiam ni promenis tie, ni estis junaj, kaj mi neniam volis ĉesi marŝi, mi volis vidi ĉion. Ni iĝis malsataj, sed mi diris al mia edzo, ke mi volas vidi pli, kaj nur vespere ni iris al la manĝejo. Tiam mi estis tiel malsata, ke miaj manoj tremis. Sed unue ni grimpis la tutan vojon al la malnova urbo, ni marŝadis ekde la frua mateno, estis tiel interese en Talino. Sed tio estis antaŭ multaj jaroj, nun mi ja apenaŭ havas dentojn, mi estas 77-jara kaj tiel facile iĝas laca. Pasis jam dek kvar jaroj de kiam mia edzo mortis, estas solece nun, kaj ankaŭ la filino ne tiel ofte vizitas.

Olga rakontis sian tutan vivhistorion. Ŝi leviĝas de sur la tabureto kaj donas al mi freŝan akvon el la propra puto. Kiam ni estas forveturontaj, mi brakumas ŝin adiaŭe. Ŝia tuta vizaĝo ekradias ĝojon.

— Delonge mi ne rajtis brakumi tian junan viron!

Survoje reen ni preterveturas du enormajn, forlasitajn brikajn konstruaĵojn de la 19-a jarcento. Kun siaj turoj kaj muroj la tuto aspektas kiel kombinita preĝejo kaj prizono. Estas la iama laborejo de Olga, la manufakturo de Kreenholm, la giganta tekstejo, kiu estis la fundamento de la kresko kaj du floradoj de Narva — la unua en la fino de la 19-a jarcento, kiam la nuna Estonio apartenis al Rusia Imperio, kaj poste en la 1960-aj kaj 1970-aj jaroj, kiam miloj da ruslingvaj laboristoj el ĉiuj anguloj de la sovetia imperio ekloĝis ĉi tie. Dum la viroj laboris en la elektrocentraloj, la virinoj ofte trovis postenojn en la teksejo. En la pinta periodo la teksejo havis 12 000 dungitojn. Tiam la urbo havis 80 000 loĝantojn. Post la disfalo de Sovetio la entrepreno estis privatigita kaj poste aĉetita de la svedia firmao Borås Wäferi, kiu tamen ne sukcesis igi la fabrikadon profita. Nun ĉio estas fermita, la fabrika tereno estas senhoma, kaj oni povas eniri nur por gvidata montrado.

Estonio

La ruslingvanojn en Baltio oni ofte nomas rusoj, sed tute ne ĉiam ili efektive estas etnaj rusoj. Multaj el tiuj, kiuj ekloĝis en Narva, venas ne el Rusio, sed el aliaj partoj de Sovetio – kaj ankaŭ en Rusio ja loĝas ne nur rusoj. Tion diras Natalja Belocerkovskaja, prezidanto de la kunordiga konsilio de la etnaj kulturasocioj en Narva, kiam ni renkontiĝas en kafejo apud la sveda leono – monumento de la batalo de Narva, starigita dum la sendependeco de Estonio en 1936 kaj disbombita dum la dua mondmilito. La nova leono estis inaŭgurita en 2000 de la sveda vicĉefministro Lena Hjelm-Wallén.

Natalja Belocerkovskaja, kiu krome estas la prezidanto de la pola asocio, montros al mi la vojon al la komuna ejo de la kulturasocioj. Sed kiel malnovaj estas ŝiaj propraj polaj radikoj?

– Mi devenas de polaj komunistoj, kiuj ekloĝis en Sankt-Peterburgo kelkajn jarojn post la revolucio. Mia patrino naskiĝis en Sankt-Peterburgo. En la familio estis kvar filinoj, mia patrino estis la plej juna. La patrino de mia panjo estis lingvoinstruisto en la kursoj de la ruĝaj komandantoj, kaj la patro de panjo estis militisto. Sed post la murdo de Kirov en 1934 ili estis arestitaj. Unue ili prenis la avon. Li neniam revenis. Poste ili prenis ankaŭ la avinon. Ŝia patrino estis nobelino, kaj ŝi pli frue membris en la Socialista Revolucia partio, kiu estis malpermesita. Ŝi pensis, ke ŝi povus savi la familion, se ŝi ne plu ekzistus, kaj ŝi mortpafis sin. Tiam oni liberigis mian avinon, ĉar la infanoj restis sen prizorgo, sed poste oni sendis ilin ĉiujn al ekzilo en Siberio, kaj ĉiuj ili mortis tie, krom mia patrino. Ŝi estis sesjara, kiam ŝi restis tute sola tie en la kapitteco.

La murdo de Sergej Kirov, la populara partiestro de Leningrado en decembro 1934, estis la komenco de la granda teroro de Stalino, kiu kulminis en la Moskvaj procesoj. Stalin ekzekutigis preskaŭ ĉiujn gvidajn partianojn, kiuj partoprenis en la revolucio. El la 1 966 delegitoj de la partia kongreso de 1934 estis arestitaj 1 108. El la 139 membroj en la centra komitato de la komunista partio estis malliberigitaj 98. Multaj el tiuj, kiuj ne estis ekzekutitaj per pafo en la malsupro de la kranio, tamen pereis en la punlaborejoj.

La patrinon de Natalja Belocerkovskaja savis la solidareco inter la politikaj malliberuloj, ŝi diras.

– Ili havis sian propran barakan konsilantaron, kie ili interkonsentis, ke ili helpu la malfortulojn. "La aĝuloj estas nia memoro, la infanoj estas nia estonteco, neniu estas fremda", tion ili diris. Kaj ili decidis, ke

— 29 —

ili laŭvice prizorgos la sengepatrajn infanojn kaj donos al ili manĝaĵojn. "Neniu estas fremda", tiu principo kaŭzis, ke mia patrino travivis, kaj poste ŝi mem aplikis ĝin.

La patrino de Natalja Belocerkovskaja estis fine liberigita el la koncentrejo post la morto de Stalino, ŝi studis en la universitato de la tiama ĉefurbo de Kazaĥio, Almato, reveturis al Leningrado – kaj estis denuncita de najbaroj, ĉar ŝi revenis de sia ekzilo en Kazaĥio sen permeso. Sed fine ĉio aranĝiĝis, ŝi eklaboris en orfejo, kaj post kelkaj jaroj ŝi estis sendita el Leningrado al Narva por iĝi la ĉefo de la tiea orfejo.

– Ĉi tie estis tre peza situacio, la infanoj ne bone fartis, la orfejo bezonis rekonstruon, estis tre multe da laboro, sed ŝi konsentis. Tiam mi jam studis en la universitato de Moskvo, kaj ŝi jam estis vidvino – mia patro mortis, kiam ŝi estis nur 27-jara. Sed ŝi adoptis du pliajn infanojn de la orfejo, ili estis miaj gefratoj, sed pli aĝaj, do nun ili jam ne plu vivas.

Ni eliras surstraten kaj Natalja Belocerkovskaja daŭrigas la rakonton pri sia patrino, kiu spite ĉiujn malfacilaĵojn, kaj kvankam ŝia tuta familio pereis en la malliberejoj de Stalino, ne forlasis la komunisman ideon.

– Kiam mi venis al Narva post la universitato, panjo jam membris en la urba registaro. Post ŝia forpaso mi trovis inter ŝiaj paperoj la promeson, kiun ŝi subskribis en 1962, kiam ŝi petis membriĝon en la partio. "Mia tuta vivo estos servado al la popolo", tie estis skribite. Do se nun homoj komencas plendi kaj diri, kiel malbona ĉio estis en la sovetia tempo, mi diras: aŭskultu, trinku glason da akvo kaj trankviliĝu. Ankaŭ en tiu tempo la homoj estis diversaj. Mi memoras, kia estis panjo.

Nun ni jam preskaŭ atingis la renovigitan sportejon, la gimnazion, kaj la flankan konstruaĵon, kiu dum la sovetia tempo estis komunloĝejo por lernejanoj el pli distancaj partoj de la regiono. Natalja Belocerkovskaja premas butonon kaj plendas pri la nova semaforo, kiu neniam volas montri verdan lumon.

– Mi vere ne komprenas ĉi tion.

Efektive daŭras tre longe, antaŭ ol la verda lumo por piedirantoj ŝaltiĝas. Kaj tiam subite estas verde por piedirantoj en ĉiuj direktoj.

Promenado en Narva povas esti konfuza sperto por aliurbanoj. Ĉiuj ja parolas ruse, sed estas evidente, ke ni troviĝas en Estonio, ĉar ĉiuj publikaj signoj estas skribitaj en la estona. Plej ofte nur en la estona.

Estonio

Sed ĉi tie, sur la malantaŭa flanko de la eksa gimnaziana loĝdomo, la ŝildoj ja estas dulingvaj. "Sociala lernocentro", estas skribite, kaj "La domo de la popoloj".

La domo de la popoloj estas etaĝo en la eksa komunloĝejo, kiun la municipo riparigis por doni po ĉambreton al ĉiu minoritata asocio. Krome troviĝas ĉi tie klasĉambro por prelegoj kaj kursoj, kaj pli granda salono, kiun la tatara asocio dum grandaj festotagoj uzas kiel moskeon. Ankaŭ la ukraina asocio havas sian ejon ĉi tie, sed ili ne havas tempon renkonti min – ili estas okupitaj de internaj kvereloj pri la milito.

Ni sidiĝas ĉirkaŭ tablo en la bele ordigita ĉambro de la ĉuvaŝa asocio, kie la murojn ornamas broditaj bildoj kaj sur bretoj staras pupetoj en naciaj kostumoj. La prezidanto, Lidija Grigorjeva, verŝas teon. Multaj el la membroj en la minoritataj asocioj jam estas pensiuloj, kaj la prezidanto de la tatara asocio, Marjam Maliŝeva, diras ke pli ol 90 procentoj el la membroj en ŝia asocio estas civitanoj de Rusio.

Tio ja estas komprenebla, diras Natalja Belocerkovskaja, multaj sentas, ke ili perdis sian hejmlandon post la disfalo de Sovetio, ili volas apogi sin al io. Ĝuste tial la etnaj kulturasocioj tiam rapide estiĝis, ŝi aldonas.

– Se oni diradas al vi, ke vi estas okupacianto, kiam vi subite iĝas homo sen civitaneco, sen propra lando, kaj vi krome parolas malĝustan lingvon, ĉu ne tio donas strangan senton? Tial oni komencas pensi pri siaj radikoj.

Tiuj, kiuj volis iĝi civitanoj de Estonio, devis unue lerni la estonan, kaj la kursoj okazis en ĉi tiu sama konstruaĵo, rakontas Marjam Maliŝeva. Ŝi mem naskiĝis en Narva, sed en ŝia hejmo oni parolis tatare. Kun sia maljuna patrino ŝi daŭre parolas tatare, kaj la estonan ŝi neniam lernis bone.

– Mi naskiĝis en Estonio, mi loĝas en Estonio, sed bedaŭrinde mi ne scipovas la estonan. Kaj se mi ne scipovas lingvon bone, tiam mi tro hontas por eĉ provi paroli. Tiel estas ankaŭ pri mia filino, ŝi daŭre timas ke ŝi misdiros. Mi provas konvinki ŝin, ke ŝi ne ripetu mian eraron. Oni sentas sin tute stulta, kiam oni ĉeestas iun kunsidon, sed povas diri nenion, oni nur sidas tie. Sed por mi estas jam tro malfrue, kaj krome mi malbone aŭdas per unu orelo, tio igas la lernadon eĉ pli malfacila.

Sed kiel okazis, ke la nun 78-jara patrino de Marjam Maliŝeva ekloĝis ĉi tie en Narva? Tio estas longa rakonto, kiu komenciĝas kiam la patrino en sia hejma vilaĝo fore en la rusia Tatario en la jaro 1945 estis vendita kiel fianĉino al viro kiun ŝi ne amis.

— 31 —

— Ŝi ne havis doton, do ŝi konsentis pri tio, ŝi pensis, ke tio helpos la familion. Ili ricevis sakon da greno por ŝi. Mia frato naskiĝis en tiu geedzeco, sed la rilato ne funkciis. Kaj mia patrino ne estas persono, kiu lasas subigi sin. Ŝi forlasis la viron kaj reiris al siaj gepatroj, kvankam tio estis tute kontraŭa al la kutimoj, precipe ĉar ŝi jam havis infanon. Kaj tial la gepatroj diris al ŝi, ke ŝi devas trovi iun solvon.

La solvo estis Narva. En Estonio jam loĝis tataroj, kelkaj el ili havis ĉi tie radikojn ekde la cara tempo. Post la milito la tataroj sendis kurierojn al Tatario por peti pli da tataraj laboristoj, ĉar oni bezonis homojn por la rekonstruado, Marjam Maliŝeva rakontas.

— Ili venis ankaŭ al nia vilaĝo kaj demandis la prezidanton de la kolĥozo, ĉu li povas doni iujn. La vilaĝo estis granda, kun pli ol mil domoj, tri moskeoj kaj preĝejo, tolerema vilaĝo, kie loĝis kaj tataroj kaj rusoj. Jes, la kolĥozestro donis sian permeson, laŭdire la homoj devis foresti unu jaron, ili ne havis enlandan pasporton aŭ ion ajn, nur atestilon de la kolĥozo. Mia patrino kunprenis sian fratinon, kiu estis 15-jara, mem ŝi estis 21-jara, kaj la filon, mian fraton, mi supozas ke li estis unu kaj duonan jarojn aĝa. Ili estis kiel almozuloj, ili posedis nenion, bone se vestaĵojn por surhavi.

La unua tempo en Narva estis peza, ĉiuj devis loĝi en barakoj, kie la familiojn dividis nur kurtenoj. La urbo estis komplete detruita, kaj tie loĝis neniuj estonoj, sed en la kamparo la patrino de Marjam Maliŝeva rekontis homojn, kun kiuj ŝi ne povis paroli.

— Se oni iris al la vilaĝa butiko, tie estis bastono, per kiu oni montris la varojn kiujn oni volis havi. Sed la bienuloj estis afablaj al ili. Kvankam estis ankaŭ tiuj, kiuj sendis la hundojn ĉasi ilin, kiam ili kolektis frostajn terpomojn en la kampo por havi ion por manĝi. Kaj krome ŝi vidis, kiam oni plenigis trajnvagnojn per estonaj vilaĝanoj, kiuj estis sendataj al Siberio. Ankaŭ tio okazis. Oni forsendis tutajn familiojn.

La patrino de Marjam venis al Narva en 1948. Tio, kion ŝi vidis, devis esti la granda marta deportado en 1949 – aŭ "operaco Ondofrapo", kiel ĝi oficiale nomiĝis. Laŭ sovetiaj dokumentoj en Estonio estis dum kvar tagoj en la fino de marto arestitaj pli ol 20 000 homoj, kaj deportitaj al Siberio. La elektitoj estis "kulakoj, familioj de banditoj kaj naciistoj, familianoj de punitaj helpantoj de banditoj". La ĉefa parto de la deportitoj estis virinoj kaj infanoj. Similaj operacoj okazis samtempe ankaŭ en Latvio, kie pli ol 40 000 homoj estis deportitaj, kaj en Litovio, kie la kvanto de deportitoj estis pli ol 30 000. Tre granda

Estonio

parto de la deportitoj apartenis al la kategorio "kulakoj" – bonfartaj bienposedantoj, kiuj laŭsupoze kontraŭus la devigan kolektivigon de la terkulturo. Privataj malgrandaj entreprenoj estis likviditaj en ĉiuj tri landoj plej malfrue en 1947. Post la deportadoj la restantaj bienuloj rapidis "libervole" aliĝi al la kolĥozoj. Sed estis ankaŭ armita rezistado kontraŭ la sovetiaj okupaciaj fortoj en ĉiuj tri baltiaj landoj. La rezistantoj – la tiel nomataj arbaraj fratoj, aŭ laŭ la sovetia terminologio "banditoj" – estis plej multaj en Litovio, kie oni taksas, ke 20 000 estis mortigitaj en bataloj jam post la militfino. En Latvio oni laŭtakse mortigis du mil arbarajn fratojn, kaj en Estonio proksimume same multe. Sed pri ĉio ĉi en tiu tempo estis plej saĝe nenion scii, se oni ne volis mem kunveturi al Siberio aŭ sperti eĉ pli aĉan sorton.

– Poste oni komencis rekonstrui ĉion ĉi tie en Narva, kaj ĉi tien venis multege da homoj. Tiam panjo renkontis mian patron.

Ankaŭ la patro de Marjam Maliŝeva estis tataro, militisto, kiu servis en Narva. Sed tiu rilato estis same nesukcesa kiel la unua.

– Kiam li finservis kaj estis veturonta al sia hejmvilaĝo, li diris al panjo, ke li volis kunpreni nur ŝin kaj min. Ne la filon, ĉar la filo ne estis lia. Alikaze, kion dirus la homoj en la vilaĝo? Ne, vi devas lasi la filon ĉe viaj gepatroj dum iom da tempo, poste ni elpensos ion, li diris. Sed panjo ne konsentis. Nur kun ambaŭ infanoj, ŝi diris. Do ŝi restis ĉi tie, kaj tial mi kreskis ĉi tie, diras Marjam Maliŝeva.

Ŝi estis nur okmonata, kiam ŝia patro malaperis, do ŝi havas neniajn infanaĝajn memorojn pri li. La patro edziĝis al alia virino fore en Rusio, kaj Marjam renkontis lin nur en 1969, kiam li venis viziti kaj volis religi la familiajn kontaktojn.

– Mi sentis nenion por li, mi ja estis tiel malgranda, kiam li malaperis, kaj jen li subite reaperas. Do mi ne tenis la kontakton kun li, mi tute ne scias, kiel statas liaj aferoj. Mi krome havas duonfraton tie en Rusio, sed ankaŭ pri li mi nenion scias. Panjo havis pezan vivon, ŝi neniam reedziniĝis kaj ŝi prizorgis nin sola, min kaj mian fraton. Ŝi ĉiam parolis kun ni tatare. Sed poste okazis, ke mi edziniĝis al ruso, tial mi havas rusan familian nomon.

La familiaj nomoj havas grandan signifon en Estonio, ĉar la nomo ofte donas indikon pri la grupa aparteno. Se la nomo estas tute estona, estas pli facile progresi en la socio kaj trovi bonan postenon, multaj diras. Sed ne estu tiel, tio estas tute maljusta, opinias Marjam Maliŝeva.

— Tio devus havi nenian signifon. Mi naskiĝis ĉi tie, mi loĝas ĉi tie, ĉi tio estas mia hejmo. Tiel estas. Kiam iuj dividas homojn laŭ grupoj kaj diras, ke vi ne apartenas al ni, tiam mi fartas malbone. Mi loĝas kaj laboris ĉi tie mian tutan vivon, ĉi tie mi kreis mian familion. Mi estas estonia tataro, tion mi diras al ĉiuj, kiuj demandas.

Sekvatage mi reveturas al la manufakturo de Kreenholm, la nun fermita teksejo, kiu dum jardekoj estis la plej grava labordonanto en la urbo. Multaj en Narva havas monmankon, kaj tio influis la prezon de taksioj. Kien ajn oni veturas ene de la urba limo, la prezo ĉiam estas tri eŭroj – nek pli nek malpli, sendepende de tio, kiun firmaon oni uzas. Kaj denove ŝoforas virino, Ljudmila. En Talino virinaj taksiŝoforoj estas ne same oftaj – kial do en Narva, mi demandas ŝin.

— Tio estas, ĉar la viroj komencis mortadi, aŭ ili forveturis de ĉi tie por trovi laboron. Aŭ ili drinkegas. Ne multaj bonordaj viroj restas ĉi tie, ŝi diras kaj ridas.

Kien oni do forveturas, mi demandas. Multaj ja venis el diversaj partoj de la eksa Sovetio, ĉu homoj reveturas tien? Ne vere, oni preferas veturi okcidenten, al Talino kaj al Eŭropo, opinias Ljudmila.

— Cetere ankaŭ mi ja mem estas aliurbano, mi venas de Debalcevo. Sed ĉi tie mi loĝas jam de kvardek jaroj, mi jam havas neniun tie.

Debalcevo – aŭ Debalceve, en la ukraina – estas urbo en la milita zono en orienta Ukrainio. Preskaŭ ducent ukrainiaj registaraj soldatoj estis mortigitaj dum la kaosa retiriĝo en februaro 2015, kiam la separistoj, kiujn subtenas Rusio, konkeris la urbon.

Mi vizitos ne la baritan ĉefkonstruaĵon de Kreenholm, sed pli etan, bele rekonstruitan, duetaĝan domon el ruĝaj brikoj, kun ankoraŭ unu impona horloĝturo. Ĉi tie, tuj apud la rivero Narva, la merkatada sekcio de Kreenholm troviĝis dum la lastaj jaroj antaŭ la bankrotiĝo. Restas preskaŭ duonhoro ĝis la interkonsentita tempo, do mi kaptas la okazon kaj iom rigardas la ĉirkaŭaĵon.

La tegmento kaj la defluiloj estas ŝanĝitaj, sed la stukaĵo de la trietaĝa konstruaĵo bezonas urĝan renovigon. La loĝdomo estas elstara specimeno de Stalina klasikismo, ŝajne konstruita ĉirkaŭ la jaro 1950, kaj certe iam estis impona, sed nun la disfalantaj sovetiaj grenfaskoj kaj la malrapide pulvoriĝanta komunisma stelo sur la frontono impresas ĉefe kompatinde. Transe de la strato, plej proksime al la rivero, staras du lignaj, duetaĝaj domoj. Unu el la longaj domoj estas loĝata, kaj bezonas

Estonio

refarbadon. Eliras virino kiu pendigas lavitaĵojn sur ŝnuro ekster la iom oblikva, vitrita verandeto. La apuda, simila domo estas renovigita kaj ŝajnas esti iaspeca oficejo. Je pli proksima inspekto montriĝas, ke ĝi estas limstacio. Malantaŭ la domo oni povas vidi longan, betonan ponton por piedirantoj. La ponto staras sur altaj kolonoj, kiuj levas sin el preskaŭ seka parto de la rivera fluejo. Rondeta viro en kepo kaj blua jako survojas el Rusio direkte al la ekstera limo de Eŭropa Unio. Virino en nigra jako iras en la mala direkto, al Rusio.

Ĉi tio estas la limstacio Narva 2, mi eksciis, kiam mi post kvaronhoro renkontas la pensiulon Nadeĵda Sinjakova kaj ŝian filon, la entrepreniston Dmitrij Loĥmatov, en la konstraĵo kiu iam apartenis al la merkatada sekcio de Kreenholm. La ponteto al Rusio estas parto de la vidaĵo el la bele riparita kunvenĉambro. Ĝin nun uzas la eduka entrepreno, kiun Dmitrij gvidas kune kun sia edzino.

– Kiam miaj geavoj ankoraŭ vivis, ili loĝis tie, sur la alia flanko de la ponto. Do mi ja transiris ĝin multegajn fojojn, Dmitrij rakontas.

Iam ekzistis plia ponto por piedirantoj pli distance, rekte de la rusia flanko al la ĉefa konstruaĵo de Kreenholm. Tie Nadeĵda Sinjakova kutimis transiri fine de la 1960-aj jaroj, kiam ŝi ankoraŭ loĝis en Kingisepp sur la rusia flanko, kaj busveturadis al la laboro en Narva. Ŝi ĵus finis siajn studojn ĉe la teksa instituto en Leningrado, kiam nova sekcio estis malfermita en la teksejo en Narva. Ĉar ŝi havis la plej altajn notojn, ŝi rajtis mem proponi, kie ŝi volas labori, kaj ŝi elektis la fabrikon en Narva – ĝi situis proksime kaj ŝajnis interesa. Sed ŝi ja ne povis komenci tuj, ŝi atendis sian unuan filon.

– Mi devis komenci la 1-an de februaro, sed tio ja ne eblis, li naskiĝis en februaro. Ni interkonsentis, ke mi anstataŭe komencu en julio.

Kelkajn monatojn Nadeĵda Sinjakova laboris en la posteno de praktikanto, sed baldaŭ iu alia ekhavis infanon – ja en tiu tempo naskiĝis multaj infanoj – kaj Nadeĵda Sinjakova ricevis postenon kiu konformis al ŝia inĝeniera eduko.

– Ni estis verŝajne 1 500 homoj, kiuj veturadis ĉi tien el Kingisepp en tiu tempo, ni laboris en tri skipoj. La distanco estas proksimume 30 kilometroj, la busveturo daŭris 45 minutojn, kaj la buso haltis tie sur la alia flanko, en Ivangorod. Poste ni transiris tiun alian ponteton. En tiu tempo ja ne estis limo.

Ŝia kariero rapide progresis, ŝi estis sendita al Talino kaj poste al Moskvo por pluaj studoj, kaj baldaŭ ŝi estis estro sur meza nivelo. La familio plu loĝis en Kingisepp sur la rusia flanko, sed en 1975 ŝi ricevis la rajton aĉeti aŭton. Kelkajn jarojn ŝi veturadis al la laboro per la aŭto, ĝis la familio ricevis propran apartamenton, tri ĉambrojn sur la dua etaĝo en naŭetaĝa domo. En 1978 ili translokiĝis al Narva.

Ĉio iris antaŭen kiel trajno sur reloj, kaj baldaŭ la tuta familio laboris ĉe Kreenholm. Sed la perestrojko, kiun meze de la 1980-aj jaroj enkondukis la nova estro de Sovetio, Miĥail Gorbaĉov, ebligis la fondon de la Estonia Popola Fronto en 1988, la postuloj pri la sendependiĝo de Estonio ĉiam pli fortiĝis, kaj subite la vivo ekŝajnis malpli sekura.

– Tiam mi jam sidis en la urba konsilantaro. Kompreneble ni ĉiuj estis maltrankvilaj – kio do okazos kun ni rusoj? La tuta lando estis dividita kaj disfalanta. Homoj timis, estis malfacila tempo, kaj multaj opiniis, ke ni devus aparteni al Rusio. Sed nun la plej multaj ja vidas, ke estis plej bone ĉi tiel, ke ni iĝis parto de Estonio kaj ke neniu faris stultaĵojn. Ja povis esti dua Ukrainio ĉi tie. Kaj se oni nun demandus al homoj, certe ne multaj volus reen al Rusio.

– Ne, eble ne al Rusio. Sed ne malmultaj volus rehavi Sovetion, diras Dmitrij.

Li mem ĝojas esti civitano de Estonio, malferma lando de Eŭropa Unio kun multaj ebloj. Li malfacile komprenas loĝantojn de Narva kiuj sopiras al Rusio.

– Se mi estus rusia patrioto, tiam mi ja volus loĝi en Rusio. Sed mi opinias, ke ni Narva-anoj estas iom aliaj. Jes ja, ni parolas ruse, same kiel ili tie sur la alia flanko, sed ni ne estas kiel ili. Aliflanke, ni loĝas en Estonio, ni estas civitanoj de Estonio, sed ni ja ankaŭ ne estas estonoj. Ni estas nek tio nek la alia, ni estas niaspecaj.

Dmitrij ne sopiras al la rusia flanko de la rivero Narva, sed li havas lumajn memorojn de la sovetia tempo.

– Ĉefe pro tio, ke mi tiam estis infano. Mi estis dekkvarjara kiam Sovetio disfalis, kaj mi ne vere komprenis, kio okazis. Nur kiam ni ekhavis propran monon, estoniajn kronojn, kaj kiam oni komencis fermi la limon, tiam mi ekkomprenis, ke Estonio efektive iĝis sendependa.

La granda katastrofo, kiu konkrete trafis multajn homojn en Narva, estis la fermo de la teksejo, kiu iam estis la plej granda en la mondo. Dek mil laborpostenoj iĝis kvin mil, poste du mil, poste kelkaj centoj, ĝis la lastaj perdis sian laboron lige kun la bankroto en 2010. Tiam Dimitrij jam de kelkaj jaroj laboris pri internacia enmerkatigo de la produktoj de Kreenholm, kaj lin la bankroto ne forte surprizis.

Estonio

– Mi havis konstantan kontakton kun la klientoj kaj sciis, ke niaj prezoj estas preskaŭ 25 procentojn pli altaj ol ĉe la konkurantoj en Pakistano, Hindio kaj Ĉinio. Ĉe ni oni klopodis aserti, ke nia kvalito estas multe pli bona, sed la vero estas, ke nia teknologio estis eksmoda. Do mi ja antaŭvidis, kio okazos. Sed por multaj tio estis vera tragedio, mi scias ke kelkaj iĝis deprimitaj kaj komencis drinki. Speciale forta bato tio estis por la pli aĝa generacio. Neniu imagis, ke Kreenholm povus esti fermita, ĝi ja troviĝis ĉi tie ekde 1857.

La patrino de Dmitrij, Nadejda Sinjakova, pensiiĝis tri jarojn antaŭ la bankroto. Tiam ŝi jam longe estis la estro de granda sekcio en la fabriko. Ŝi alportas du dikajn fotoalbumojn kun fotoj de siaj iamaj kolegoj.

– En la kudrosekcio mi havis mil ducent dungitojn kiuj laboris en tri skipoj, ĉu vi povas imagi? Sed subite restis nur ducent, kaj la produktado daŭre ŝrumpis. Mi havis la rajton pensiiĝi en la aĝo de 59 jaroj, sed mi laboris kvar pliajn jarojn. En 2007 mi opiniis, ke mi povas foriri kun bona konscienco, tiam mi jam estis laborinta ĉi tie kvardek jarojn. Do aliaj fermis la fabrikon. Sed mi jam sentis, ke tio proksimiĝas. Kaj kiam mi pensiiĝis, mi ploris. Mi pensiiĝis samtempe kun mia vicestro. Al la aliaj ni diris, ke ili espereble ankoraŭ longe laboros. Kaj ĉiuj ploris.

Multaj aferoj statas pli bone nun ol en la sovetia epoko. Sed ne ĉio. Tiam Narva estis aktiva, kreskanta industria urbo. Nun multaj forloĝiĝas de ĉi tie, ĉar mankas laboro. Iuj veturas eĉ al Afganio.

La afgano

Aleksej Sonin militis en Afganio. Ni atendas lin ĉe la stratpordo de la domo kie loĝas lia avino. Ni planas veturi al ŝia somerdometo, sed Aleksej devas unue prizorgi iun taskon.

Mi pasigas la tempon, pridemandante la avinon Aleksandra Ŝormikova pri tio, kiel okazis, ke ŝi ekloĝis ĉi tie en Narva.

– Nu, en la bona, malnova sovetia epoko la reguloj estis tiaj, ke oni post la studoj ne rajtis mem decidi, kien veturi. Miaj gepatroj loĝis en Krimeo, ni trovis laboron tie kaj petis, ke oni lasu nin resti. Tio estus ja proksime al miaj gepatroj, kaj ni jam havis infanon. Sed ne, tio ne estis permesita al ni. Unue oni volis, ke ni veturu aŭ al Uljanovsk ĉe Volgo, aŭ al Krasnojarsk en Siberio. Sed tie oni ne garantiis al ni apartamenton. La frato de mia edzo laboris ĉi tie ĉe la elektrocentralo, kaj li sukcesis aranĝi por ni inviton ĉi tien. Ni venis en 1966, unue ni loĝis provizore en komunloĝejo, kaj poste ni ricevis apartamenton. Mia edzo ricevis postenon kiel elektroinĝeniero, mi okupiĝis pri metrologio ĉe la teksejo de Kreenholm.

Kion oni opiniis pri la disfalo de Sovetio?

– La etoso estis eŭforia. Do, inter la estonoj. Mi memoras, kiam ni veturis al Talino por viziti la metrologian buroon kaj manĝis en ilia manĝejo. Tie mi rimarkis, ke subite ekestis klara divido. La estonoj staris en unu grupo kaj parolis estone, kun laŭtaj voĉoj. Mi bone komprenas ilin, en ilia loko mi certe kondutus same fiere kaj laŭte parolus mian lingvon. Ni rusoj estis pli rezervitaj, ni ja ne sciis, kiel estos pri civitaneco kaj tiaj aferoj. Kaj Krimeo estis Ukrainio, mi devenas de tie, kaj mia edzo de Ĵitomir, okcidente de Kievo, do ni pli interesis Ukrainio ol Rusio, se ni ja iĝu civitanoj de iu alia lando ol Estonio. Ni abonis la gazeton *Sovetskaja Estonija*, en kiu aperis granda artikolo pri Ukrainio. Tie ni legis, ke por iĝi civitano de Ukrainio necesas loĝi tie. Do tiu alternativo ne taŭgis por ni.

Estonio

Rusian pasporton oni ja povis ricevi, sed ankaŭ tiu alternativo ne logis, diras Aleksandra.

— Kiucele ni ĝin petu? Ĉiuj niaj parencoj loĝis en Ukrainio – se ni veturu ien, do tien. Sed feliĉe estis lingvokursoj por ni, la meznivelaj ĉefoj, ĉe Kreenholm. Pli frue oni ja tute ne bezonis la estonan ĉi tie en Narva, ĉio estis en la rusa. Kaj la estona ne estas aparte facile lernebla lingvo, tion oni devas diri, speciale ne, kiam oni jam estas iom aĝa. Sed mi pagis por kompletiga kurso, kaj iel-tiel ni sukcesis trapasi, mi kaj mia edzo, kaj la infanoj. Post tio ni estis pli trankvilaj, kompreneble estas pli bone esti civitano de la lando en kiu oni loĝas.

La nepo de Aleksandra, Aleksej Sonin, parkumas sian luksetan, tri jarojn aĝan aŭton ĉe la stratpordo kaj malfermas la kofrujon. Li estas korpe trejnita juna viro en nigra t-ĉemizo, kun mallonge tonditaj hararo kaj barbo kaj kun trankvilaj okuloj. Sur unu brako videblas tatuaĵo kun komplika ornamaĵo. La aŭton li aĉetis per la mono kiun li gajnis en Afganio.

Dum la milito en Afganio 1979–1989 pli ol 14 000 sovetiaj militservantoj perdis la vivon "plenumante sian internaciistan devon". Entute pli ol 600 000 sovetiaj civitanoj servis en Afganio dum la 1980-aj jaroj, multaj el ili el Estonio. Sed Aleksej Sonin ne apartenas al ili. Li estis nur sesjara, kiam la lastaj sovetiaj trupoj estis retiritaj el Afganio, kaj li apenaŭ memoras ion ajn de la sovetia tempo.

— Estas nur iuj belaj infanaĝaj memoroj. Kaj la sovetia tempo ne vere estas temo, pri kiu ni multe parolus en la familio, sed mi ja kredas, ke miaj gepatroj havis pli bonan situacion tiam. Ni estis bonfarta familio. La diferencoj ne estis same grandaj tiam, sed tamen kelkaj gajnis pli ol aliaj, avino havis bonan postenon, kaj panjo estis rektoro de artlernejo. Jes, ĉiuj en nia familio havas altlernejan edukon, krom mi do, kaj mi kredas ke la vivo almenaŭ estis pli trankvila tiam. Mi scias, ke miaj gepatroj perdis multon el siaj ŝparaĵoj, kiam Sovetio disfalis, kaj ekde tiam ili devis vivi de salajro al salajro. Tiel estas ankaŭ por mi, mi jam estas 29-jara, sed ne sukcesis ŝpari sufiĉe da mono por esti libera kelkajn monatojn por serĉi pli bonan postenon. Ĉiumonate oni devas gajni monon por manĝaĵoj kaj ĉio alia. Eble homoj pli bone fartis tiutempe, mi ne scias.

Nun Aleksej laboras kiel konstruisto diversloke en suda Finnlando, tie la salajroj estas multe pli bonaj ol en Narva. Sed la distanco estas longa.

– Mi preferas labori ses tagojn en unu semajno, dimanĉe mi devas esti libera, alie mi ne havus fortojn. Kaj la duan semajnon mi laboras de lundo ĝis ĵaŭdo, poste mi prenas la vesperan pramon ĵaŭde. Tiel mi almenaŭ estas hejme tri tagojn ĉiun duan semajnon.

Post la militservo li vere volis iĝi kariera oficiro en la estonia armeo. Sed tio ne sukcesis – la sekurecpolico ne aprobis lin. Tial li decidis veturi al Afganio en 2011, li rakontas.

Ni venis al la parceloj, sur kiuj staras kabanetoj, kaj parkumas ekster bone prizorgita somerdometo kun stukitaj muroj. Aleksandra elprenas iom da manĝaĵoj, ni sidiĝas ĉe la tablo, kaj Aleksej rakontas, kio okazis.

– Mi ŝatis la militistan vivon, ĝi tre bone taŭgis por mi, do mi sendis miajn paperojn al la milita altlernejo, kaj mi studis tie dum unu kaj duona jaro. Sed ili tre longe esploris, ĉu oni povas permesi al mi aliron al ŝtataj sekretoj. Ili vokis min al intervjuo kelkfoje, kaj fine venis la respondo: oni rifuzis al mi la permeson. Tio signifis, ke mi ne povas iĝi oficiro. Sed mi ja volis plu labori kaj kreski ene de la armeo, do mi parolis kun oficiroj en la personara sekcio, kaj ni konkludis, ke misio en Afganio eble helpus, ke eble mi sukcesus pluiri en la milita altlernejo post tio. Do mi decidis veturi tien.

La partopreno de Estonio en ISAF – la internacia armea misio en Afganio sub gvido de NATO – ekde printempo 2003 estis simbole grava paŝo por montri, ke la lando nun definitive iĝis parto de Okcidento kaj ke Estonio pretos preni sur sin respondecon ene de NATO kiam la lando iĝos plenvalora membro en 2004. La unuaj estoniaj trupoj estis senminigistoj, kiuj estis senditaj al Kabulo. En 2005 la ĉefa parto de la estoniaj trupoj estis sendita al Mazar-i Ŝarif en la norda parto de la lando, kaj ekde 2006 la estoniaj militistoj servis en la maltrankvila provinco Helmand en la sudokcidento de la lando. Dum la ĉefa parto de la misio la kvanto de la estoniaj militistoj estis proksimume 150. Tiel estis ankaŭ kiam Aleksej alveturis en 2011.

Ĉu estis multaj rusoj en la trupo? Aleksej pripensas dum momento.

– Rusoj? Nu, ne multegaj. Sed inter profesiaj militistoj oni ne vere diferencigas, al neniu gravas, ĉu vi estas estono aŭ ruso. Estas ja homoj kiuj batalas kune. Sed estis iom da rusoj, eble dek kvin procentoj. Tamen, tie la afero ne gravas. Aŭ nu, jes, por ruso pli malfacilas iĝi kariera oficiro.

La avino de Aleksej, Aleksandra, staras ĉe la fajrujo kiun masonis ŝia forpasinta edzo, kaj ekrigardas al ni.

Estonio

- Vi ja estis la sola en via kurso, kiu ne ricevis tiun permeson. Kaj vi estis la sola ruso.
- Eble jes. Sed tiu ne estis la kialo, almenaŭ ne formale. Ili diris, ke mi ne taŭgas, ĉar iu el miaj iamaj amikoj estis punita pro krimo. Sed pri tio mi ja povas nenion fari. Ajnakaze ja ekzistas oficiroj kiuj estas rusoj, sed mi ne konas iun kun rango pli alta ol tiu de kolonelo.

Tre bona scio de la estona lingvo kompreneble estas baza postulo en la estonia armeo, sed ĝuste tio neniam estis problemo por Aleksej. Diference de multaj el siaj klaskamaradoj li lernis la estonan bone jam en la aĝo de dek kvin jaroj.

- Temis pri tio, ke mi ĉiujare veturis al somera tendaro, jam kiel infano. Kaj poste mi laboris kiel tendarestro. Sed ĉiukaze, mi partoprenis grandan miksitan tendaron ĉe la lago Peipsi, ĝi estis preskaŭ kiel sovetia pionira tendaro, kun estonoj kaj rusoj, kaj mi renkontis estonan knabinon tie. Tio multe helpis. Kaj poste mi laboris kiel helpanto en infana tendaro en la aĝo de dek ses, ankaŭ tie mi multon lernis. La infanoj ja estas tiaj, ili korektas se oni misdiras. Tiam oni rapide lernas. Sed se oni ja volas lerni, tiam oni ĉiam trovas manieron. Se oni ne volas, do oni ne lernas. Ĉi tie en Narva multaj preskaŭ ne scias la estonan. Sed kompreneble, por lerni lingvon oni ja devas paroli ĝin kun iu, kaj ĉi tie ne estas multaj kun kiuj paroli.

Malsame ol en Afganio. Tie ĉiuj en la trupo parolis estone. Kaj estis ĝusta decido veturi tien, tion Aleksej daŭre opinias, kvankam li vundiĝis, kaj kvankam li tamen ne trairis la sekureckontrolon.

- Tiu estis la plej intensa travivaĵo en mia vivo. Estas malfacile priskribi tion, oni estas komplete koncentrita, tute ĉeesta. Sed al la avino mi ne rakontis, ke mi veturos al Afganio, ŝi iĝus tro maltrankvila. Mi diris, ke mi veturos al trejnado. Al panjo mi rakontis, ĉar mi sciis, ke ŝi eltenos. Ŝi estas artisto kaj ŝi pensas iom alimaniere. "Se vi sentas ke vi devas veturi, do vi devas, kaj ĉio pasos bone", ŝi diris.

Kaj la misio ja pasis sufiĉe bone, finfine Aleksej ne ekhavis nekuraceblajn lezojn, kiam la kirasaŭto, en kiu li sidis, trafis minon.

- La tuta mino ne eksplodis, parto de ĝi estis malseka. La veturilo flugis en la aeron, sed mi estis la sola vundito, nur mi sidis tie malantaŭe, la aliaj estis ekstere. Mi trafis la plafonon kaj krevis intervertebra disko. Tion oni tamen ne tuj malkovris. Mi ekhavis fortan dorsodoloron, sed oni donis al mi dolormedikamenton, kaj ĝi helpis. Mi servis pliajn tri monatojn, kaj la lezo estis malkovrita nur kiam mi revenis hejmen.

Poste ĝi estis operaciita, kaj kun la tempopaso iĝis sufiĉe bone. La ŝtato faris ĉion kion ĝi devis, mi havas neniun plendon.

Sed aliron al la ŝtataj sekretoj Aleksej ne ricevis ankaŭ post la misio en Afganio, kaj kiam li komprenis, ke li neniam rajtos iĝi oficiro, li ne plu volis daŭrigi en la armeo.

— Krome mi unue estis libera pro malsano dum tuta jaro post la operacio. En la unua tempo mi nur kuŝis en la lito ĉi tie hejme en Narva. Estis longa tempo. Poste, kiam mi povis ekmoviĝi, mi ekserĉis laboron. Mi gajnis iom da mono per tradukoj el la estona al la rusa, sed ne multon. Kiam la ŝparmono post Afganio estis for, mi komencis serĉi laboron por kiu oni pagas iom pli.

— Li estas bona knabo, Aleksej, li ja ankaŭ renovigis la apartamenton de sia fratino, interrompas avino Aleksandra.

— Jes, tion mi faris, sed nun ŝi studas en Talino. Ŝi okupiĝas pri dancado, ŝi veturadas en la tuta mondo kaj dancas salson. Certe ŝi sukcesos en la vivo, ŝi tre bone moviĝas, kaj ŝi estas bela virino, por ŝi estos pli facile en ĉi tiu mondo. Krome ŝi tre bone parolas la anglan. La estonan malpli bone, ŝi ja povas butikumi, sed ŝi ne parolas sufiĉe bone por povi labori en la estona.

En Narva estas malmulte da laboro, kaj granda parto el la klaskamaradoj de Aleksej forlasis la urbon. Precipe la viroj, multaj el la virinoj restas en Narva, kie ili akceptis ne tre bone pagatajn postenojn, li diras.

— La knabinoj en mia klaso fakte preskaŭ ĉiuj restas ĉi tie. Multaj iĝis instruistoj aŭ laboras en infanvartejoj. Kelkaj veturis al Talino. Sed la knaboj, ili grandparte veturis al eksterlando, al Germanio, al Anglio...

Kaj Rusio? Multaj en Narva ja volas esti rusaj patriotoj, ĉu ili ne translokiĝas al Rusio?

— Ne, almenaŭ el miaj klaskamaradoj neniu veturis al Rusio. Ja estas multaj, kiuj babilegas pri tio ke ili estas rusaj patriotoj, ili plendas, ke oni ne observas iliajn rajtojn, ĉar ni estas rusoj. Sed mi ŝatas Estonion. Kiam mi volis ekstudi en la militista altlernejo, oni demandis, ĉu mi opinias min patrioto. Mi iom pripensis, kaj respondis honeste. Estis aĝaj generaloj tie, tre gravaj personoj, kaj mi diris al ili, ke mi ja ne povas aserti, ke mi estus centprocenta patrioto. Ĉar mi ne estas sufiĉe profunde informita pri la estona kulturo, kaj ĉar mia estona lingvo eble ne estas tute perfekta, eĉ se mi bone parolas. Tion mi diris. Sed ke mi amas ĉi tiun landon, kaj ke ĉiuj miaj parencoj kaj amikoj estas ĉi tie. Do se mi defendu iun landon, estas ĉi tiu lando. Mi defendos Estonion, ĉar ĝi estas mia lando.

La konstruinto de Narva

Kiam oni trairas la vitrajn pordojn de la altlernejo oni kvazaŭ transportiĝas el la griza, postsovetia Narva al ia mojosa ejo en la centro de Talino. La helan enirhalon regas enorma ligna ŝtuparo, kiu ne taŭgas por suprenirado, la ŝtupoj estas tute tro altaj. Ili estas sidlokoj por studentoj kiuj volas malstreĉiĝi kaj interrilati dum paŭzoj. Preskaŭ ĉiuj grandaj sidkusenoj estas liberaj, ĉar la printempa semestro jam finiĝis. Ĉi tiu estas la plej estona loko en Narva. Foje oni nomas ĝin la ambasadejo de Estonio.

La universitata filialo en Narva, aŭ Tartu Ülikooli Narva kolledž, kiel ĝi oficiale nomiĝas en la estona, estas supermoderna konstruaĵo, kvazaŭ negativo aŭ muldilo de la apuda, malnova urbodomo. Plej alte en la fortikaĵo el vitro kaj brikoj mi trovas la bibliotekon kun komfortaj foteloj, komputiloj de la lasta modelo kaj impona vidaĵo super la tuta Narva. Rekte antaŭe videblas la kastelo kaj la rusia limo, iom pli dekstre la fermita teksejo de Kreenholm kaj pli da Rusio, poste la ronda kupolo de la ortodoksa Voskresenskij-katedralo, kaj plej dekstre la granda hospitalo, kie la rusaj flegistoj laŭ Olga Lisova estas malafablaj, tute ne kiel la estonaj flegistoj en Talino.

En la kela etaĝo mi trovas la kafejon de la altlernejo, kiu ial havas la nomon Muna, "La Ovo". Kelkaj gastoj de la kafejo parolas estone, kaj tuta buspleno da finnaj turistoj ĵus alvenis por viziti la modernan vidindaĵon. Kiam la finna grupo invadas la kafejon, oni vere povas ekpensi, ke ĉi tio estas Talino. Sed oni povas tamen senprobleme mendi laktokafon en la rusa, ni ja finfine estas en Narva.

En la kafejo Muna mi rekontas la 20-jaran Artjom Poljak, kiu intencas ekstudi ĉi tie post la gimnazio. La instruado estas ĉefe en la estona, sed li ne kredas, ke tio estos problemo por li. Jam en la gimnazio duono de la instruado ja estas en la estona.

Mi rakontas pri la taksio, en kiu mi ĵus sidis, kie la juna ŝoforino pendigis ruspatriotan, nigra-oranĝan Georgan rubandon sur la retrospegulon. Ĉu tio signifas, ke ĉiuj pasaĝeroj laŭsupoze pozitive sin tenas al la Georga rubando, kaj al la solenado de la sovetia venkotago la 9-an de majo, al kiu rilatas la rubando?

– La plej multaj, kiuj pendigas tiajn rubandojn, faras tion simple por spiti. Iuj ja eĉ ligas Georgajn rubandojn sur la glacoviŝilojn. Kion tio signifu, ke ili lavas la fenestron per la venko, ĉu? Sed en la venkotago ankaŭ mi aĉetis tian rubandon, por memori mian praavinon. Ŝi estis en germania koncentrejo dum la milito. Ŝi mortis antaŭ nelonge, ŝi loĝis ĉi tie sur la alia flanko de la ponto, en Ivangorod. Sed post la solenado mi forprenis la rubandon antaŭ ol mi iris viziti mian amikinon, ĉar ŝi estas estono. Tiam ŝi parolis pri tio, ke la rusoj okupaciis Estonion. Mi klopodis diri, ke tio ja estis antaŭ longa tempo, ke ni jam fajfu pri tio. Sed ŝi ne povas, ĉar ŝia avo estis sendita al Siberio.

Artjom estas estonia civitano, li estas tiel juna ke li mem naskiĝis en la sendependa Estonio, sed liaj gepatroj havas grizajn fremdulajn pasportojn de necivitanoj. Kun sia patro Artjom foje konfliktas, kiam temas pri politiko.

– Tiel estas pri la gepatroj de multaj, ili ja naskiĝis en Sovetio kaj ofte negative sin tenas al Estonio.

Unu kialo de la oftaj kvereloj pri politiko eble estas, ke la gepatra generacio spektas ĉefe rusian televidon. Sed ankaŭ tio, kion montras estonia televido, ne estas senpartia, Artjom opinias.

– Miaj gepatroj daŭre spektas rusian televidon. Mi provas kompari kun tio, kion montras estonia televido. Tie oni daŭre havas nur negativajn aferojn pri Rusio. Sed kompreneble ja estas grandega diferenco inter tio, kian vivon homoj havas tie kaj ĉi tie. Mi ŝatas Estonion. Mi havas rusian vizon, mia avino loĝas tie sur la alia flanko de la ponto, kaj kompreneble mi vizitadas ŝin. Sed mi havas senton de danĝero sur tiu flanko, oni daŭre timas ke oni estos priŝtelita aŭ io alia okazos. Ĉi tie mi sentas min hejme.

La vitra muro de la kafejo rigardas al la interna korto. La studentoj, kiuj sidas tie ĉirkaŭ rondaj, oranĝkoloraj tabloj en kombino kun la geometria formo de la konstruaĵo kreas la iluzion, ke oni troviĝas ie aliloke, eble ĉe unu el la novaj konstruaĵoj de la universitato de Lund en Svedio. Sed kiam mi eliras sur la placon antaŭ la altlernejo mi denove trovas min en la griza, postsovetia realo de Narva kaj ĝiaj paneldomoj.

Estonio

Preskaŭ la sola ero kiu restas de la iam ĉarma, malnova urbocentro de Narva estas la urbodomo, kiu najbaras la universitatan filion. Mi grimpas la krutan ŝtuparon ĝis la peza, brune farbita pordo, kaj premas la manilon. Ŝlosita. Mi sonorigas, kaj post tempeto aŭdiĝas klaka bruo. Severa, proksimume sesdekjara virino gvatas min tra la pordofendo.
– Jes?
– Mi interkonsentis pri renkontiĝo kun Fjodor Ŝancin.
– Eniru. La dua etaĝo.

Mi paŝas en la konstruaĵon, kiu interne montriĝas stranga mikso de nederlanda klasikismo de la 17-a jarcento kaj disfalanta sovetia konstrulaboro. La urbodomo estis konstruita dum la sveda tempo, en la fino de la 17-a jarcento, funde detruita en la fina fazo de la dua mondmilito, kaj rekonstruita komence de la 1960-aj jaroj. Dum la sovetia tempo la urbodomo estis uzata kiel junpionira palaco. Nun ĝi atendas ankoraŭfojan renovigon. En unu angulo de la enirhalo staras bonstata, blua vira biciklo. Verŝajne ĝi apartenas al Fjodor Ŝancin, la rekonstruinto de la malnova Narva.

Mi grimpas al la dua etaĝo laŭ la knaranta, pompa ŝtuparo, kaj trovas lin kun alia vizitanto. Ŝancin havas arĝentkoloran hararan kronon ĉirkaŭ la kalva verto, bone prizorgitajn lipharojn kaj malhele bluan laborjakon, kiu atingas ĝis la genuoj. Malantaŭ li mi ekvidas la modelon de la centro de la malnova Narva, al kiu li dediĉis multajn jarojn.

Li komencis la laboron printempe de 2007. La modelon li konstruas en centona skalo, kaj ĝi ankoraŭ ne pretas, sed jam okupas la ĉefan parton de la festohalo de la malnova junpionira palaco.

– Mi mem bone memoras, kiam ĉi tie estis junpionira palaco, mi estis ĉi tie plurfoje en novjarabia festo kiam mi estis infano. La biletoj estis malfacile troveblaj, sed ni kutime ricevis ilin, ĉar mia patrino laboris en infanvartejo.

Fjodor Ŝancin naskiĝis kaj kreskis en Narva. Liajn gepatrojn invitis ĉi tien parencoj, kiuj venis tuj post la milito.

– Ĉi tie mi havas miajn radikojn, ambaŭ miaj gepatroj estas enterigitaj ĉi tie, same mia avo sur la patrina flanko.

Fjodor Ŝancin longe revis konstrui modelon de la detruita malnova Narva, kaj kiam li ekhavis tempon, li komencis.

– Pli frue mi laboris en infanvartejo, mi iomete komencis jam tie, sed tiutempe estis malfacile trovi informojn, estis tre malmultaj fotoj.

— 45 —

Nun la fotojn multe pli facilas trovi, sed ne plu restas multaj malnovaj Narva-anoj, kiuj memoras, kiel ĉio aspektis. Plej agrable estas, kiam venas ĉi tien malnovaj Narva-anoj, kiuj rekonas la urbon en la modelo. Estis kelkaj ĉi tie antaŭ iom da tagoj, kiam ni solenis la tagon de la urbo, ili venis la tutan vojon el Talino. Inter ili estis unu virino, kiu diris al siaj amikoj: "Vidu, tie ja estas la fenestro de mia ĉambro!" Kaj alia diris, ke ŝi akompanis sian patron al la laborejo laŭ ĉi tiu strato. Tria montris sian muziklernejon. Do ian valoron la modelo evidente havas.

Fjodor Ŝancin montras en la modelo gravajn konstruaĵojn, kiuj ne plu ekzistas. La urbodomo mem staras meze de la modelo, kaj ĝi ja plu ekzistas. Kiam ni rigardas eksteren tra la fenestro, la urbodoman placon regas la modernega universitatata filio kaj du grizaj, sovetiaj paneldomoj. En la modelo, kiu montras la urbon tia kia ĝi estis antaŭ la jaro 1944, la placon anstataŭe randas la klasika borso, kies angulo kaŝas parton de la urbodomo. La mallarĝaj stratetoj elvokas pensojn pri partoj de la malnovaj urbcentroj en Talino aŭ Visby. Preskaŭ nenio el ĉi tiu malnova Narva restas en la mondo ekster la fenestroj de la urbodomo.

En la apuda ĉambro Fjodor Ŝancin ekspozicias modelojn de ĉiuj malnovaj preĝejoj de Narva, kiujn li konstruis en pli granda skalo.

– Nun mia revo estas konstrui modelon de la manufakturo Kreenholm kun la ĉirkaŭaĵo. Mi jam komencis kolekti materialon. Sed ĝi estos tute aparta modelo, ĝi ja origine situas en alia municipo, kaj la modelo devos stari surloke. La penso ja estas, ke la homoj povu veni tien kaj kompari la modelon kun la ĉirkaŭaĵo, por vidi kiel ĉio aspektas hodiaŭ.

Ne multaj Narva-anoj tamen interesiĝas pri la modelo. Sed venadas vizitantoj el aliaj partoj de Estonio kaj el eksterlando, studentoj de la universitata filio kaj sportaj teamoj, kiuj hazarde estas en la urbo. Nur en ĉi tiu sama tago Fjodor Ŝancin jam akceptis kvar grupojn, sume pli ol 120 vizitantojn, li rakontas.

Li ricevas salajron de la urboplana oficejo por sia laboro kun la modelo – tion aranĝis la urba arkitekto mem, post kiam li vidis la modelon. Ja ĝuste pri tiaĵoj devus okupiĝi lia oficejo, la urba arkitekto opiniis. Sed baldaŭ la malnova urbodomo estos renovigita interne. Kien oni tiam metu la modelon de Fjodor Ŝancin, tion neniu scias.

Kaj kial la Narva-anoj do ne venas rigardi la modelon? Al tiu demando Fjodor Ŝancin ne havas respondon.

Estonio

— Pri tio mi mem miras. Ili ja eĉ ne legas la gazetojn, ili volas scii nenion. Sed cetere, tiel estas ankaŭ pri mi mem, mi ne plu volas legi gazetojn aŭ spekti televidon, estas tiom da mensogoj, ĉiuj volas nur trompi nin.

Sed pleje tamen mensogas la rusia televido, ĉu ne, mi provas kontraŭdiri. Kaj mi ja cetere mem apenaŭ plu kapablas spekti rusian televidon pro tio, mi aldonas. Sed Fjodor Ŝancin ne konsentas.

— La rusia televido mensogas, kaj ĉi tie oni mensogas, kaj ankaŭ ĉe vi. Ĉio estas nuraj mensogoj, oni prave diras, ke en la gazetaro nun okazas ideologia milito, ĉiuj volas tiri la publikon al sia flanko. Pleje ja temas pri Ukrainio. Sed tiuj, kiuj mem venas de tie, ili rakontas ion tute alian, kio ne akordiĝas kun tio, kion ni vidas en televido. Kelkaj el tiuj, kiuj venas el Ukrainio, diras, ke oni simple lasu ilin en trankvilo. Sed kiuj do ne lasas Ukrainion en trankvilo? Ĉu ne Rusio? Nu ja, estas ĉiaspecaj uloj tie, ĉiuj volas rabi por si ion, opinias Fjodor Ŝancin.

Ĉe li kaj ĉe multaj aliaj Narva-anoj la rusia propagando tute klare atingis sian celon — ili eble ne kredas la rusiajn mensogojn, sed ili same malkredas ĉion alian. La vero ne ekzistas, ĉiuj mensogas.

Esploro farita de la ministerio de kulturo de Estonio komence de 2015 montras, ke se la ruslingvaj loĝantoj de la lando entute fidas ajnan novaĵfonton kiam temas pri la okazaĵoj, do ili fidas la televidajn elsendojn el Rusio. 51 procentoj el la pridemanditaj ruslingvanoj (aŭ "neestonoj", kiel la grupo estis difinita en la esploro) diris, ke ili tute aŭ ĉefe fidas la raportadon de rusiaj televidkanaloj pri la okazaĵoj en Ukrainio. Nur 25 procentoj simile fidis la ruslingvajn novaĵelsendojn de estonia televido. Inter la estonlingva publiko aliflanke 81 procentoj fidis estonian televidon, dum nur 6 procentoj fidis rusiajn televidkanalojn.

Kaj Fjodor Ŝancin, kiel dirite, jam fidas al neniu. Sed li esperas, ke li rajtos plu konstrui sian modelon de Narva, tia kia la urbo estis antaŭ ol ĝi detruiĝis pro la sovetiaj aviadilaj bomboj en 1944.

Mi dankas pro la montrado, malsupreneniras al la enirhalo, kaj denove tiradas la pezan pordon, sed ĝi ne volas malfermiĝi. En flanka ĉambro, post malhela koridoro, kies eluzitaj planktabuloj kaj dise pendantaj elektraj dratoj aspektas kiel restaĵo de la sovetia tempo, mi trovas la gardiston. Ŝia enorma ĉambro — kun la samovaro kaj okulfrapaj afiŝoj, kiuj ŝajnas deveni de la junpionirpalaca epoko de la konstruaĵo — aspektas eĉ pli sovetieca.

— Kiel mi povas eliri?

La gardisto prenas longan feran stangon kun tenilo, sekvas min al la stratpordo kaj puŝas la enorman ilon en la ŝlosiltruon. La klaka bruo denove eĥas en la halo kaj la pordo malfermiĝas.

– Ĉi tie neniu eliras sen mi, ŝi diras.

Vespere mi sidiĝas antaŭ la televidilo en la unuĉambra apartamento kiun mi luis en kvinetaĝa sovetia domo por eltrovi, kion oni efektive montras al la Narva-anoj en la televidaj novaĵoj. La ruslingva novaĵelsendo en la televido de Estonio nomiĝas Aktualnaja kamera, "Aktuala kamerao". La ĉefa novaĵo hodiaŭ estas la spiona proceso kontraŭ la estonia sekurec-policano Eston Kohver, kiu estas komenciĝanta en Rusio. Ruslingva televidĵurnalisto el Estonio troviĝas surloke ekster la kortumo en Pskov kaj intervjuas la advokaton de Kohver. La proceso mem okazos sekrete, sen publiko.

La ĉefa eksterlanda novaĵo estas granda akcidento de riverŝipo en Ĉinio. La ĉefa enlanda novaĵo krom Kohver estas intervjuo kun la nova prezidanto de la Socialdemokratia partio de Estonio, la ruslingvano Jevgenij Osinovskij. Poste ni eksciasj, ke militaviadistoj de Nato kaj Finnlando ekzercas sin super la teritorio de Estonio. Oni intervjuas usonan kaj britan generalojn.

En la lokaj novaĵoj ni renkontas la ruslingvan fotiston kaj filmiston Sergej Trofimov, kiu ekspozicias bildojn el Lasnamäe, la urboparto en Talino kie li kreskis. Ni eksciasj ankaŭ pri instruistoj de manlaboro kiuj lernas novajn trukojn, kaj pri la konstruado de nova stadiono en la banurbo Pärnu en sudokcidenta Estonio. La urbestro kaj la vicurbestro de Pärnu konsentis intervjuiĝi en la rusa, kvankam ili havas fortan akĉenton kaj iom da problemoj pri gramatikaĵoj.

La dekkvin-minutan novaĵelsendon finas depeŝo el Upsalo en Svedio: la prezidento de Hindio kaj anoj de la svedia reĝa familio estis inter la trafitoj de ĉena aŭta kolizio, sed neniu el ili vundiĝis.

Tiuj, kiuj spektas la rusian kanalon PBK ekscias, anstataŭ pri la svedia reĝa familio, ĉion pri Vladimir Putin. PBK signifas Pervij Baltijskij kanal, "Unua baltia kanalo", kaj en la praktiko ĝi estas la sama afero kiel la plej granda enlanda Rusia kanalo, Pervij kanal, "Unua kanalo", nur ke en la loko de la rusiaj lokaj novaĵoj oni montras lokajn novaĵojn por la tri baltiaj landoj. La lokaj novaĵoj venas tuj post la ĉefa novaĵelsendo de la vespero, Vremja, "Tempo", kiu nomiĝis same kaj havis la saman rekonmelodion jam en la sovetia tempo. Ankaŭ la enhavo revenis al la

Estonio

malnova, elprovita modelo. Sur la ekrano superregas Putin, ĝis estas la vico de la lokaj novaĵoj.

La plej grava novaĵo el la vidpunkto de PBK komprenebla estas, ke aviadistoj de Nato ekzercas sin super la teritorio de Estonio. Poste ni aŭdas pri la estoniaj UN-trupoj ĉe la limo inter Israelo kaj Libano, kaj ke Rusio haltigas la importadon de estoniaj fiŝkonservaĵoj. Ni vizitas konservaĵfabrikon, kiun la decido trafas. Tute ne bonas por Estonio la diversaj sankcioj, ni eksciaj.

La proceso kontraŭ Eston Kohver estas nur mallonga informo post la fiŝfabriko, kaj tuj poste la novaĵlegisto transiras al grava demando pri tio, ĉu la dua tago de la pasko devus esti ĝenerala festotago. La demandon komentas parlamentano de la Centra partio. La Centra Partio havas bonajn kontaktojn kun la partio de Vladimir Putin, Unueca Rusio, kaj por ĝi voĉdonas unuavice la ruslingvaj loĝantoj de Estonio. Pli poste dum 2015 estas arestita la multjara korifeo de la partio, la urbestro de Talino, Edgar Savisaar. Li estas akuzita pri koruptado kaj detronigita de kortumo. Sed tio okazos poste.

Fine de la elsendo ni denove renkontas la fotiston Sergej Trofimov, kiu ekspozicias siajn bildojn de Lasnamäe. Almenaŭ tiu parto de la raportado estas komuna por ambaŭ kanaloj. Tio devas signifi, ke li vere ekzistas.

Brulanta ŝtono

La montoj el skorio ĉirkaŭ la mineja urbo Kohtla-Järve videblas jam de distance, kiam la buso el Narva turniĝas flanken de la ŝoseo, kiu estis lastatempe renovigita per EU-mono. La skorio montras, ke Estonio delonge estas produktanto de nafto.

La brulantan ŝtonon el la regiono de Kohtla-Järve, la naftoardezon, oni komencis elfosi jam en la 1920-aj jaroj, kaj ĝi ekhavis grandan strategian valoron dum la dua mondmilito, kiam Estonio estis okupaciata de nazia Germanio. La germanoj, kiuj neniam sukcesis atingi la grandajn sovetiajn naftokampojn en Azerbajĝano, bezonegis karburaĵon por sia militado. Ili tamen ne havis tempon komenci grandskalan produktadon de nafto en Estonio, antaŭ ol ili en la somero de 1944 estis forpelitaj de la avancanta sovetia armeo. Nur en la sovetia tempo oni ekekspluatis la tutan potencialon de la naftoardezaj kampoj – je la hororo de multaj estonoj.

La vastiĝo de la naftoardeza industrio en la regiono ĉirkaŭ Kohtla-Järve signifis granskalan detruadon de la naturo kaj enorman poluadon, kiam naftoardezo estis rafinata kaj poste bruligata en la novaj, gigantaj centraloj kiuj produktis elektron ne nur por Estonio, sed ankaŭ por partoj de la Leningrada distrikto. Sed ĝi signifis ankaŭ, ke miloj da laboristoj, inĝenieroj kaj burokratoj el Rusio kaj aliaj partoj de la enorma sovetia imperio transloĝiĝis al orienta Estonio por starigi la industrion kaj prizorgi ĝian funkciadon. Iuj forveturis post la disfalo de Sovetio, sed daŭre pli ol 80 procentoj el la loĝantoj de Kohtla-Järve estas ruslingvanoj.

La buso haltas malantaŭ la malgranda, novkonstruita aĉetcentro Vironia Keskus, kiu laŭ sia aspekto preskaŭ same bone povus situi en ajna malgranda urbo de Finnlando – krom ke ĉi tie troviĝas granda, privata alkoholvendejo, dum en Finnlando la ŝtato havas monopolon pri alkoholaĵoj. La sola loko por manĝi estas la finnlanda hamburgerejo Hesburger. Sed tuj kiam mi eliras tra la pordo en la alia fino de la aĉet-

— 50 —

Estonio

centro, mi revenas al la griza, postsovetia realo, kiu en Kohtla-Järve ŝajnas multe pli griza ol en Narva. La senkoloraj, trietaĝaj domoj de la 1950-aj jaroj kun siaj stukoperdaj fasadoj ĝojigus neniun, kvankam la tegmentoj jen kaj jen estas ŝanĝitaj por haltigi la disfalon. En la fono vidigas sin aparte grizega betona monstro, la sepetaĝa turo, kie la sovetiaj decidantoj iam havis sian ĉefsidejon. Nun ĝi estas la urbodomo.

Mi interkonsentis pri renkontiĝo kun la urbestro, Jevgenij Solovjov, sed unue mi nepre devas vidi, kiu filmadas ĉe la simbolo de la urbo, la sovetiega statuego kun du severmienaj, krude ĉizitaj minejaj laboristoj, kiuj rigardas malproksimen kaj levas siajn pioĉojn, signante la finan venkon de socialismo. Antaŭ la statuo troviĝas ŝtona podio por la lokaj partiaj eminentuloj, kiuj en sovetiaj festotagoj staris ĉi tie por akcepti la paradon de la jubilantaj popolamasoj.

Nun nur televida ĵurnalisto de la finna kompanio Yle marŝadas tien-reen antaŭ la statuo, dum la kameraisto sur la alia flanko de la strato direktas lin. La ĵurnalista teamo venis al Kohtla-Järve por fari raportaĵon pri la elfosado de naftoardezo. Kiel helpanton ili havas finnan spertulon pri Estonio, kiu aranĝis iliajn kontaktojn.

– Sed restas neniuj interesaj estonoj ĉi tie, preskaŭ ĉiuj forloĝiĝis, li bedaŭras.

Tamen, eble restis unu-du rusoj?

Kiam mi eniras la malluman koridoron de la urbodomo, klare ŝajnas al mi, ke la blondigita, mezaĝa virino en la akceptejo klarigas ion al alia vizitanto en la rusa. Sed kiam mi en la sama lingvo demandas, kie mi trovos la urbestron, ŝi respondas en la estona, kaj ŝi ne ŝanĝas la lingvon kvankam mi daŭrigas en la rusa.

Tio eble ne estas aparte stranga. Nekonata viro, kiu tute klare ne estas lokano, sed eble venas el Talino, kun fotilo sur la ŝultro, valizeto sur radoj kaj akĉento kiu povus esti estona. Kiu povus esti? Iu de la lingva inspektejo, kiu volas puni min, ĉar mi parolas ne la oficialan lingvon al vizitantoj, ŝi eble suspektas.

Kvankam miaj sciaj de la estona lingvo definitive ne sufiĉus por trapasi la civitanan ekzemenon, mi trovas la oficejon de la urbestro laŭ ŝiaj instrukcioj. Sur la muro malantaŭ la urbestra labortablo pendas portreto de la prezidento de Estonio, Toomas Hendrik Ilves.

Jevgenij Solovjov estas bonhumora viro eble 65-jara, urbestro ekde la jaro 2003, kompreneble elektita kun la subteno de la Centra Partio. Sur lia granda skribtablo kuŝas ekzemplero de la ruslingva

— 51 —

eldono de la loka gazeto. La ĉefa novaĵo estas, ke virino el la regiono naskis nekutime grandan bebon – en Britio. Tien ja multaj de ĉi tie translokiĝis, serĉante pli bonan vivon. Dum la dek du jaroj de Jevgenij Solovjov kiel urbestro la loĝantaro de Kohtla-Järve ŝrumpis per pli ol 10 000, ĝis la hodiaŭaj 36 000.

La urbestro proponas kafon kaj ĉokoladetojn, sed ŝajnas iom miri. Kion la vizitanto vere volas scii?

– Ĉu mi naskiĝis ĉi tie? Jes ja. Miaj gepatroj ekloĝis ĉi tie post la milito, nun ili bedaŭrinde ne plu vivas. Por mi Estonio estas la hejmlando, kaj ankaŭ por mia edzino... Aŭ cetere, ŝi naskiĝis en Rusio kaj venis ĉi tien kiel infano, do ŝi ne konsideras Estonion sia naskolando. Sed ni ja loĝas ĉi tie, kaj ni havas neniajn planojn forloĝiĝi. Ni havas tri filojn, du el ili plu loĝas ĉi tie en Kohtla-Järve, la tria en Talino.

La ĉefa kialo, pro kiu la loĝantaro de Kohtla-Järve tiom draste reduktiĝis post la disfalo de Sovetio, estas ke multaj el la lokaj grandaj sovetiaj entreprenoj estis dependaj de proksima kontakto kun liverantoj kaj aĉetantoj en aliaj partoj de Sovetio, antaŭ ĉio Rusio, diras Jevgenij Solovjov.

– La maldungado komenciĝis preskaŭ tuj post la falo de Sovetio. Kaj la ŝtato de Estonio ja havis la principon, ke ŝtato estas malbona posedanto, do oni ekigis privatigan processon. Nun ĉio estas privata, krom la fervojo kaj la energi-firmao Eesti Energia. Okazis eĉ, ke la ŝtato poste devis kontraŭ alta prezo reaĉeti tion kaj jenon, kio efektive ne devintus esti privatigita, ekzemple la akvopurigajn instalaĵojn, kiuj estis venditaj malaltpreze al Viru Keemia Grupp.

Dum la sovetia tempo la ŝtataj grandentreprenoj ofte respondecis pri granda parto de la infrastrukturo en la urboj kie ili troviĝis. Ili krome konstruis loĝejojn por siaj dungitoj. Post la falo de Sovetio oni subite atendis, ke la entreprenoj donu profiton, kaj tial ili draste altigis la prezojn por servoj kiel la hejtado de la loĝejoj. Sed Kohtla-Järve almenaŭ ne suferas pro manko de loĝejoj – tuj apud la plej centra centro oni povas trovi grandajn loĝdomegojn, kies stratpordoj estas fermitaj per tabuloj kaj najloj, kaj kies fenestroj estas nur blindaj truoj.

Inter 1994 kaj 2014 la loĝantaro de Estonio malkreskis je pli ol 10 procentoj, de 1,5 milionoj al 1,3 milionoj. La evoluo estis samdirekta sed pli drasta en la aliaj du landoj de Baltio. En Latvio la loĝantaro dum la sama periodo malkreskis de pli ol 2,5 milionoj al 2 milionoj – reduktiĝo de pli ol 20 procentoj – kaj en Litovio de 3,7 milionoj al 2,9

Estonio

milionoj, reduktiĝo de preskaŭ 20 procentoj. Grandparte la malkresko de la loĝantaro estas kaŭzita de migrado al aliaj EU-landoj, kaj multaj el la forloĝiĝintoj estas ruslingvanoj.

Tuj post la falo de Sovetio iom da ruslingvanoj translokiĝis al Rusio kaj aliaj partoj de eks-Sovetio. Tiel ankaŭ el Kohtla-Järve, rakontas la urbestro.

– Ekde 1946 oni ja migriadis ĉi tien el la tuta Sovetio, kaj kompreneble estis tiuj, kiuj en la 1990-aj jaroj decidis remigri. Tiu estis unu kialo por la malkresko de la loĝantaro. Sed la ĉefa kialo estas la malpliiĝo de laborlokoj, de la elterigo de la naftoardezo kaj same de la produktado de la kemia industrio. Krome la prezo de la ardeza nafto lastatempe malkreskis. Nun ofte okazas, ke kvankam la familio loĝas ĉi tie, la mongajnanto havas sian laboron ie aliloke. Sed al Rusio nun malmultaj transloĝiĝas, spite tion ke Rusio ankaŭ pasintjare denove proponis subtenon al tiuj, kiuj pretas ekloĝi tie. Eĉ male, lastatempe revenis kelkaj el tiuj, kiuj iam migris al Rusio, la urbestro rakontas.

La malnovan Centran aleon flankas vicoj de identaj, eluzitaj duetaĝaj domoj de la stalina epoko. La kvinetaĝaj domoj el ruĝaj brikoj en la nova urboparto Outokumpu estas en pli bona stato, kaj ĉi tie ĉe la stratpordoj staras multaj mezklasaj aŭtoj. Ĉi tie kreskis la limgardisto Aleksandr Kazmin. Parkumejojn por la aŭtoj de la loĝantoj oni ne konstruis en la sovetia tempo, ĉar nur tre malmultaj povis havigi al si aŭton. La sovetia manĝaĵvendejo en sia plata, betona kesto, inter la kvinetaĝaj loĝdomoj, iĝis moderna butiko de la koopera ĉeno Konsum. Ĉe la enirejo staras juna viro, kiu elprenas monon el aŭtomato de la svedia banko Swedbank. Ventas forte, kaj la fluganta polvo el la enormaj montoj de skorio sur la kontraŭa flanko de la urbo igas la okulojn bruldolori.

Ne estas multaj pasaĝeroj en la buso al tiu parto de Kohtla-Järve, kiun oni nomas "la malnova urbo" – la fabrika distrikto kun la skoriaj montoj, kie oni siatempe konstruis la grandan rafinejon de la sovetia naftoardeza kompanio kaj ĝian ĉefan oficejon. Duonvoje la polico haltigas nin: la forta vento faligis arbon trans strato en la centro, ne eblas pluveturi. La buso retroveturas kaj poste krozadas antaŭen inter la duetaĝaj stalinaj domoj. Kiam ni atingas la finhaltejon, ne videblas multaj domoj. Ĉu vere ĉi tio estas la malnova urbo? Jes ja, asertas la ŝoforo.

La vojo al la giganta rafinejo preterpasas la oranĝe flavetan, atente renovigitan, staline klasikisman ĉefan oficejon de la kompanio Viru Keemia Grupp kun ĝiaj blankaj pilastroj. Sur la kontraŭa flanko de la vojo staras monumento honore al la sovetiaj soldatoj pereintaj en la dua mondmilito. "Eternan honoron al tiuj, kiuj falis en la batalo por la libereco kaj sendependeco de nia patrolando", estas skribite en la estona kaj la rusa, inter la sovetia stelo plej supre super la teksto, kaj la serpo kun la martelo plej malsupre. Evidentas, pri kiu patrolando temas. En florbukedon ĉe la piedoj de la sovetia soldat-statuo iu metis flageton kun la koloroj de la oranĝ-nigra, ruspatriota Georga rubando kaj kun la dato de la sovetia venkotago, la 9-a de majo.

Kiam mi plu iras en la direkto al la murmureganta rafinejo, la grandegaj skoriaj montoj ekvideblas malantaŭ la voja kurbiĝo, kaj la polvo flugas rekte en la okulojn. Mi turniĝas kaj telefonas al Jelena Buldakova, inĝeniero kaj projektestro ĉe Viru Keemia Grupp. Ŝia labortago baldaŭ finiĝos kaj ŝi promesis renkonti min ekster la ĉefa oficejo.

Post kelkaj minutoj ŝi efektive aperas, proksimume 50-jara virino kun mallonga frizaĵo en nigra BMW de freŝa modelo. La ekranego de la aŭta komputilo meze de la panelo rakontas en la rusa, kiom da gradoj estas ekstere kaj kiel longe la benzino sufiĉos.

Ni reveturas direkte al la centro kaj haltas ĉe unu el la stalinaj domoj apud Centra aleo por enaŭtigi la 84-jaran patrinon de Jelena Buldakova.

Maria Kudrina estas malgranda virino en vinruĝa robo kiu sekvas la modon de la 1970-aj jaroj. Ŝiajn grizajn harojn ŝi kolektis en bulon ĉe la nuko. Ŝi daŭre parolas la rusan kun iom malnovmoda, ukraineca elparolo, kvankam ŝi eĉ ne estis deksesjara kiam ŝi translokiĝis al Kohtla-Järve.

Ni forlasas la centron kaj veturas direkte al la renovigita ŝoseo. La griza, sovetieca ĉirkaŭaĵo transformiĝas al freŝe verda estonia kamparo. Ĉe la sekva kruciĝo ni turniĝas direkte al la distrikta ĉefurbo Jõhvi, enveturas vilaan kvartalon, kaj subite ni povus same bone troviĝi en strateto kun loĝdomoj en la svedia kamparo. La bonordaj, ruĝaj kaj blankaj domoj impresas bonfarte sed ne fanfarone, la herbejoj estas zorge tonditaj, kaj la limojn de la parceloj ĉi tie markas nur arbedoj aŭ malaltaj bariletoj – ne videblas altaj muroj kun ŝlositaj metalaj pordegoj, kiel ofte en Rusio.

Estonio

Jelena parkumas la aŭton sub tegmenteto, ni eniras, kaj ŝi proponas kafon el espresa aparato en la moderna kuirejo kun diskretaj kolortonoj.

Kiam mi demandas al Maria Kudrina, kiel okazis, ke ŝi antaŭ multaj jaroj decidis ekloĝi en Estonio, ŝi ekrakontas pri sia infanaĝo en la regiono de Melitopol en suda Ukrainio, iom pli ol cent kilometrojn de Krimeo.

— Ni estis sub la okupacio de Germanio dum kvin jaroj, tiam ni mem povis decidi nenion, kaj okazis ke la germanoj prenis homojn kaj forsendis ilin al Germanio. Mi estis tiam ankoraŭ malgranda. Sed mi havis fratinon, kiu jam estis dekokjara, kaj tiajn ili prenis al Germanio. La germanoj tre timis tifon. Do avino donis al ŝi eluzitan robon kaj malpurigis ŝian vizaĝon per cindro el la forno. Estis ege varme, kaj ĉio tio fluis, ŝi aspektis ege malsana kaj febra. Ili kredis, ke estas tifo, kaj elkuris tuj kiam ili ekvidis ŝin, ili timegis, timegis.

— Poste, kiam ili jam komencis retiriĝi, ili kunprenis ĉiujn bovinojn. Tiam ili serĉis knabetojn, kiuj kunvenu por peli la bovinojn. Mia avino denove uzis la saman trukon, nun al mia frato, kaj tuj kiam la germanoj vidis lin kuŝi ŝvita en la lito ili ektimis kaj rapidis for.

Kiam la milito finiĝis, la virinoj, kiujn oni forportis al sklava laboro en Germanio, estis resenditaj hejmen. Estis jam sufiĉe suspektinde, ke ili entute estis en Germanio, eĉ se kontraŭvole — ili estis potencialaj perfiduloj. Sed iuj naskis infanojn en Germanio. Tiam la infano estis vivanta pruvo pri tio, ke ili havis tute proksiman kontakton kun la malamiko.

— Multaj, kiuj havis infanetojn, elĵetis ilin tra la trajnaj fenestroj, ili ne volis havi la germanajn infanojn. Nia najbarino revenis, kaj ŝi rakontis ke ŝi naskis infanon. Mi forĵetis ĝin, ŝi diris.

Maria silentiĝas dum momento.

Post la milito ĉio estis kaoso kaj ruinoj, sed ŝi estis bonŝanca, ĉar unu el la parencoj post la malmobilizo ekhavis konstrulaboron en orienta Estonio.

— Tio estis sukcesego, la edzo de mia onklino estis sendita ĉi tien al Estonio, li okupiĝis pri tiaj kompresoroj, kiujn oni bezonis en la minejo. Kaj kie oni fabrikis tiajn kompresorojn? Jes, ĉe ni en Melitopol, do li venis tien laborvojaĝe. Kaj jen li aperis, mi daŭre memoras tion, mi sidis sola tie ekster la pordo kaj devis mueli grenon por kuiri, estis varmege.

Kiu estas vi, mi demandis al li. Mi venis por porti vin al Estonio al via onklino, li respondis. Ĉar ĉi tie en Estonio tiam ne estis infanvartejoj, ili nur komencis konstrui, kaj ili havis infanojn, sed ili devis labori. Do ili bezonis min kiel infanvartiston. Mi estis malaltkreska, do li kredis ke mi estas eta knabineto, sed mi jam estis dekkvinjara, en decembro mi estis iĝonta dek ses.

La jaro estis 1947. Maria veturis kun la edzo de sia onklino. Ĉar ŝi estis infano, ŝi ne havis ajnan identigilon. Sed kiam ŝi iĝis deksesjara, ŝi devis havigi al si sovetian internan pasporton.

– Ili estis ege severaj, ili tute ne volis diri al mi pasporton, ili nur demandadis, kiel mi entute venis ĉi tien, kaj kial. Mi staris tie la tutan nokton kaj vicatendis, sed ne utilis. Poste la edzo de mia onklino trovis iun konaton kiu helpis, kaj fine mi ricevis la unuan pasporton de mia vivo, ĉi tie en Estonio. Kaj de tiam mi loĝas ĉi tie, ĉi tie naskiĝis ankaŭ miaj infanoj.

Mankis mono, kaj la parenco baldaŭ aranĝis ankaŭ por Maria postenon ĉe la minejo.

– Ankaŭ tion ili faris helpe de konatoj, ĉar efektive mi estis tro juna por labori tie. Estis granda vaporkaldrono, sub kiu oni fajrigis ardezon, kaj ni devis forigadi la cindron. Ni estis du tie, mi kaj alia virino, kiu estis iom pli aĝa ol mi. Ni ŝarĝis ĉaron per la cindro, kaj poste ni elveturigis la cindron kaj verŝis ĝin ekstere. La ĉaro estis tiel peza, ke ni devis duope puŝi ĝin.

Sed ŝi volis forveni de tie laŭeble rapide. Ne ĉar la laboro estis peza, sed ĉar ŝi timis trairi la arbaron, kie la hejtejo de la minejo troviĝis.

– Mi maldungiĝis tuj kiam mi povis, tuj kiam mi iĝis plenaĝa. Ĉar hejme en Ukrainio ni ne havis arbaron, sed ĉi tie estas arbaro ĉie ĉirkaŭe. Kaj mi timis la arbaron. Do mi diris, ke mi ne plu venos tien, mi anstataŭe eklaboris en la ardeza kombinato. Mi laboris en la akvoprovizejo de la minejo.

Tie Maria laboris ankaŭ en la komenco de marto 1953, kiam mortis la estro de Sovetio, Stalino.

– Mi tiam laboris en la nokta skipo. Ĉiuj tie ploris. Kaj kion ajn li faris, Stalino, li ja venkis en la milito. Ja ne estis lia kulpo, li ne sciis, ke la germanoj atakos. Estas tiuj, kiuj diras, ke li faris ĉion malĝuste, sed mi ne opinias, ke li kulpas. Tiel ja estis ankaŭ hejme ĉe ni. Vespere patro ankoraŭ estis hejme kaj parolis kun ni. Li eĉ ne havis tempon kuŝiĝi, kiam ni eksciis, ke la germanoj pluiris el Melitopol, kaj subite ili jam estis en nia vilaĝo. Tiel okazis.

Estonio

Malpli ol du monatojn post la morto de Stalino Maria renkontis sian estontan edzon, la patron de Jelena Buldakova.
— Estis la unua de majo kaj estis dancado. Ĉiuj miaj konatoj de la naftokombinato estis tie, kaj ankaŭ konstrulaborantoj. Estis parado kaj diversaj prezentadoj. Estis varme, kaj iu tenis mian mantelon kiam ni dancis. Poste li devis foriri al la laboro, sed mi konis lian fraton, kaj li diris al sia frato, ke li volas tiun virinon. Do ni geedziĝis jam la 23-an de majo, en majo ni renkontiĝis kaj en majo ni geedziĝis, ne necesis longa svatado. Sed kiam ni devis geedziĝi, ni ne havis monon, li jam elspezis sian salajron. Mia oklino diris, ke ni pruntu monon por la nupto, kaj tion ni faris. Tamen, en la sekva mateno, kiam ni ellitiĝis, ni ne havis eĉ kopekon. Mi iris al la najbaro kaj demandis, ĉu ni povas ricevi iom da cepoj kaj betoj. Tion ni ricevis, pri terpomoj mi ne kuraĝis peti. Mi kuiris ion. Kaj acidlakton, ankaŭ ĝin ni ricevis. Ni manĝis kion ni havis, poste ni ekis al la laborejo. Tion ne akceptus la hodiaŭa junularo. Sed ni vivis tiel. La vivo estis interesa, eĉ se jen mankis tio, jen alio, kaj mi ne havis ĉi tie gepatrojn, do mi devis elturniĝi kiel mi povis. Kaj mi ja sukcesis, ne iĝis tiel malbone. Tamen aŭton ni ja ne havis, kiel mia filino nun. Sed ĉiuj infanoj bone sukcesis en la vivo.

Kio do ŝanĝiĝis kiam Stalino mortis? Kiam oni plej bone vivis? Pri tiaj aferoj Maria Kudrina ne multe cerbumis.

— Nenio ja ŝanĝiĝis. Unue ili metis sur lian lokon tiun ulon... Kiu estis lia nomo? Ĉu Malenkov? Li estis bona ulo, li tuj malaltigis la prezojn, sed oni ne lasis lin sidi longe, mi ne scias, kien li malaperis. Mi estis tiel juna tiam. Poste venis tiu Breĵnev, kaj poste Ĥruŝĉov. Ne, estis ja male. Sed Ĥruŝĉŝov, li malordigis la aferojn tiel, ke ni devis ekfari panon el maizo. Kia stultaĵo estas tio? Ne estis tritika faruno, nenia bona faruno estis, nur maizo, nenio alia. Sed kiam estis pli aŭ malpli bone, tion mi ne povas diri. Mi vivis bone ekde kiam ni geedziĝis. Ni havas fluantan akvon kaj gason, ni havas ĉion. Eble mi ne havas ĉiujn tiajn luksajn kuirejajn maŝinojn kiel mia filino jen, sed mi havas kion mi bezonas, kaj mi estas tre kontenta.

Kiam Sovetio disfalis kaj Estonio sendependiĝis, venis la tempo por Maria trapasi la lingvoteston kaj havigi estonian pasporton. Sed tion ne volis ŝia edzo.

— Li tiam jam estis malsana. Li diris, ke ni estas rusoj, ke ni estas sovetiaj homoj, kaj ke ni mortu kiel sovetiaj homoj.

Anstataŭe Maria kaj ŝia edzo havigis pasportojn de Rusio, kvankam multaj en tiu tempo timis, ke oni ne ricevos la estonian pension sen pasporto de Estonio. Sed la pension oni ja ricevis. La edzo estis la ruso en la familio, li venis el Kursk. Nun pasis jam dek ok jaroj post kiam li mortis.

– Tiel estas. Sed mi havas nenion pri kio plendi en la vivo, kaj ankaŭ nenion pri kio fieri, mi vivis ordinaran vivon kaj tion mi faras ankaŭ nun.

Ne multo en tiu vivo ŝanĝiĝis, kiam Sovetio disfalis, opinias Maria Kudrina.

– Kion mi diru? Mia vivo pluiras tia, kia ĝi estis. Sed la infanoj estas kompatindaj, estas malmulte da laboro. Mi kompatas ankaŭ la infanojn de aliaj. Multaj havas malfacilaĵojn, kaj nun estas tiom da drogoj. Kaj certe aferoj ŝanĝiĝis. Multaj forveturis de ĉi tie. Estas ja tiel, kiel diris Ĥruŝĉov, aŭ ĉu estis tiu Miŝa Gorbaĉov, ke ĉiuj ricevu propran apartamenton antaŭ la jaro 2000. Kaj vidu nun, ja estas multegaj malplenaj apartamentoj, neniu volas ilin. Enloĝiĝu se vi volas.

Maria ridetas iom malĝoje. Mi petas la filinon Jelena rakonti, kio ŝanĝiĝis en ŝia vivo post la disfalo de Sovetio.

– Tio okazis precize, kiam ni devis komenci nian profesian vivon. Mi kaj mia edzo, ni ĵus finekzameniĝis ĉe la aviada universitato en Kazan en Rusio, mia patro estis malsana, kaj ni povis jam diveni, ke okazos malbonaĵoj. Tre multaj fabrikoj komencis fermiĝi, ne estis laboro, precipe ne kun nia eduko de aviadilkonstruistoj. Ne estis bona tempo. Do ni decidis veturi hejmen al Estonio, al miaj gepatroj – mia edzo jam ne havis gepatrojn. Sed ankaŭ ĉi tie ne estis facile, laboro apenaŭ troveblis.

Tamen Jelena neniam pentis, ke ŝi ne restis en Rusio.

– Ĉi tie mi naskiĝis, kaj ĉi tiu tamen estas mia hejmlando, sendepende de tio, kiel malfacila la vivo estis. Sed en Rusio, tie mi loĝis dum ses jaroj dum mi studis, kaj tamen mi neniam sentis min hejme tie. Unu jaron mi loĝis en Niĵnij Novgorod, mia edzo trovis laboron tie, poste ankaŭ mi, kaj oni donis al ni ĉambron en laborista komunloĝejo. Sed nenie oni ŝatas tiujn, kiuj venis de aliaj lokoj. Ni ja ĉiuj estis rusoj, sed kiam mi iris al la komuna kuirejo, mi povis aŭdi ilin paroli pri tio, ke estas multaj fremduloj. Kiel oni komprenu tion? Oni eble povas kompreni, ke homoj diras tiajn aferojn pri tiuj, kiuj venis el aliaj landoj. Sed se oni estas ruso, se oni kreskis en Sovetio, tiam oni ja ne vere sentas, ke oni venis de alia planedo. Tamen ili parolis tiel. Kaj pro la sama kialo estis malfacile ĉi tie dum la unua tempo post la

Estonio

sendependiĝo de Estonio, estis malfacile por ni rusoj, ĉar la politiko estis dura, oni volis ke laŭeble multaj forveturu de ĉi tie. Kaj ĝuste tiam miaj gepatroj decidis preni rusiajn pasportojn. Mi kaj mia edzo, ni prenis grizajn pasportojn, ni ne elektis flankon.

Jelena ridas. Griza pasporto estas pasporto de fremdulo, de tiu, kiu ne havas civitanecon de ajna lando.

– Vere estis malfacila tempo. Sed poste iĝis iomete pli bone, iom post iom.

Maria, la patrino de Jelena, ridas al ŝia "iomete pli bone".

– Ja ja, mia pensio estas tricent eŭroj monate, kaj tio sufiĉas por ni. Sed ĉi tiuj gejunuloj, ili ja volas havi mil eŭrojn monate por esti kontentaj.

Jelena daŭrigas:

– Iomete pli bone, kiel dirite. Mia edzo trovis postenon ĉe entrepreno, kie li daŭre laboras, kaj finfine estiĝis iom da ordo en la vivo, kvankam daŭre estis malfacile. Mi estis graveda, kaj en la vendejo mankis pano. Tio veras, ankaŭ tiaj aferoj okazis tiam en la komenco. Unu el miaj klaskamaradoj estris la butikon, kaj mi petis, ke ŝi donu al mi ajnan bulkon, ĉar mi ne havis fortojn stari en tiu longa vico. Tio estis stranga, ĉar en la sovetia tempo ne estis problemoj pri manĝaĵoj en Estonio. Nur kiam mi ekstudis en Kazan mi ekvidis, ke oni devis havi porcium-kuponojn por rajti aĉeti kolbason, buteron, viandon, ĉiaĵojn. Al ni ili vendis nenion, antaŭ ol ni ekhavis niajn kuponojn. Kaj por aĉeti lakton oni devis stariĝi en la vico matene, kiam la lakto estis liverata al la butiko.

Tio ne estis la sola strangaĵo en la sovetia tempo, Jelena Buldakova diras. Kiam ŝi kaj ŝia edzo laboris en defendindustria entrepreno en Niĵnij Novgorod, ili ricevis malpli altan salajron ol ordinaraj laboristoj en la sama fabriko, kvankam ili ambaŭ havis altlernejan diplomon. Ŝia edzo estis la teknika respondeculo de tuta ĉenstablo kaj gajnis 180 rublojn, dum la laboristoj, kies ĉefo li estis, ricevis tricent. Krome oni povis kiel aviada inĝeniero en Sovetio esti tute certa, ke oni neniam rajtos viziti alian landon, por ke hazarde ne malkaŝiĝu defendaj sekretoj.

– Sed nun la mondo estas malferma, ni povas veturi kien ni volas, se ni nur havas la monon. La mondo iĝis pli granda, kaj tio estas bona.

Sed ja daŭris longe antaŭ ol Jelena Buldakova trovis laboron, kiu iel laŭis ŝian edukon. Dum iom da tempo ŝi laboris kiel sekretario kaj reklamvendisto ĉe gazeto. Dum tempeto ŝi estis vendisto en butiko. Aliaj laboroj ne troveblis. Se oni volis dungiĝi ene de la publika sektoro, necesis scipovi la estonan. Tial multaj ruslingvanoj forlasis la landon dum la unuaj jaroj de la sendependeco – la postulo pri lingvoscio kaŭzis, ke granda parto de la laborkapabla loĝantaro subite trovis sin ekster la labormerkato.

– Kaj speciale ĉi tie en nia regiono, kaj en Talino, multaj inĝenieroj restis sen laboro, kiam industriaj entreprenoj haltigis la produktadon. La postenoj kiuj restis estis ene de la publika sektoro, sed tie nur estonoj dungiĝis, ili faris ĉion por ne dungi rusojn. Sed fine mi trovis laboron ĉe la naftokombinato, tra konatoj de panjo, kaj nun mi laboras tie jam de pli ol dek jaroj.

Samkiel multaj aliaj junaj ruslingvanoj, ankaŭ la 23-jara filino de Jelena ekloĝis eksterlande por studi. Ŝi studas internacian ekonomion en Nederlando, flue parolas la anglan, la nederlandan – kaj kompreneble la estonan, ĉar ŝi frekventis estonlingvan lernejon.

– Mi mem ne parolas la estonan aparte bone, kaj mi tre bedaŭras tion. Se oni loĝu ĉi tie, oni scipovu la lingvon. Ni ja havis almenaŭ iom da instruado de la estona en la lernejo, kvankam ĝi ekis nur kiam mi jam estis en la oka klaso. Sed poste mi studis en Rusio plurajn jarojn, kaj forgesis la malmulton kiun mi sciis. Sed mia filino, ŝi parolas la estonan sen akĉento, ŝin ni metis en estonlingvan vartejon.

Kaj la filino kaj Jelena mem nun estas civitanoj de Estonio. Post kelkaj jaroj kun la griza fremdula pasporto ŝi eksentis, ke ŝi volas iĝi civitano, interalie por povi pli facile vojaĝadi eksterlanden.

– Mi opiniis, ke tio estas grava ankaŭ por la filino, se ili ekzemple farus lernejan vojaĝon. En tiu tempo oni devis havigi apartan vizon por ĉiu lando kiun oni volis viziti, se oni havis fremdulan pasporton. Do mi uzis unu monaton el mia libertempo por intensa kurso de la estona, mi trapasis la lingvoekzamenon kaj ricevis la bluan estonian pasporton. Kaj tiam ankaŭ la filino aŭtomate rajtis ricevi ĝin, mi kredas ke ŝi tiam estis sesjara.

Nun la pasporto de Estonio ne plu estas blua, sed vinruĝa – ĝi estas pasporto de EU. Sed sendepende de la koloro de la pasporto estas malpli facile progresi en la vivo en Estonio se la nomo en la pasporto estas rusa kaj ne estona, diras Jelena.

– Tamen ne ĝuste pro tio mia filino veturis al Nederlando por studi. Eble iomete estis mi, kiu inspiris ŝin al tio, ĉar mi opinias, ke

Estonio

la edukado en Estonio ne vere estas same bona kiel eksterlande, kaj ĉiukaze oni havas pli da ŝancoj trovi laboron kun tia eduko, ol se oni havas estonian edukon kaj povas serĉi laboron nur en eta Estonio. Sed ja estas tiel. Ŝi trapasis la tutan lernejon en la estona, sed tamen estas tre malfacile bone progresi en la vivo en Estonio se oni havas rusan nomon.

La olimpika vilaĝo

Jelena veturigas min al la aŭtobusa stacio en Jõhvi per sia nigra BMW. Kiam mi staras sur la kajo, atendante la buson al Talino, min aliras nebone vestita mezaĝa viro kaj demandas ion. Unue mi ne bone komprenas kion, ĉar li parolas kun forta estona akĉento. Jes, li bezonas eŭron. Eĉ la estonaj almozuloj ĉi tie parolas ruse.

La buso ekveturas direkte al Kohtla-Järve, sed preteras la kruciĝon kaj daŭrigas okcidenten, laŭ vojo ankoraŭ ne ĝisdatigita al EU-nivelo. Ni turniĝas dekstren, al la marbordo, kaj haltas en Aseri ĉe la Golfo de Finnlando – unu plia duondezerta, tutsovetia urbeto kun identaj, disfalantaj duetaĝaj domoj de la 1950-aj jaroj. Poste okazas io – kvazaŭ la buso survoje okcidenten subite saltus dek jarojn antaŭen en la tempo. La malgranda, bonorda urbeto Rakvere tute klare situas en Eŭropa Unio. Kiam ni preterveturas la malgrandan urbocentran placon, oni ne bezonas multe fermeti la okulojn por konvinki sin, ke ĉi tio fakte estas malgranda urbo ie en meza Svedio. Elveturante el la centro direkte al la ŝoseo ni preterpasas novkonstruitan policejon. Klaras ke Rakvere estas multe pli bonfarta urbo ol Kohtla-Järve. Kaj ĉi tie 85 procentoj el la loĝantoj estas estonlingvanoj.

La resto de la vojaĝo pasas tra estonia kamparo, sed tuj antaŭ ol ni atingas Talinon ni denove trovas nin en Sovetio. La giganta urboparto de Lasnamäe kun siaj grandegaj paneldomoj aspektas kiel antaŭurbo de Moskvo. Lasnamäe kun siaj pli ol cent mil loĝantoj – la plej multaj el ili ruslingvanoj – estas kiel plia, pli granda Narva rande de la ĉefurbo de Estonio. Baldaŭ mi renkontos Sergej Trofimov, filmiston kaj fotiston kiu kreskis ĉi tie. Sed unue mi vizitos lian ekspozicion, kiun kaj la estonia kaj la rusia televidoj diskonigis antaŭ kelkaj tagoj, en piedira tunelo sub unu el la centraj stratoj de Talino.

Iom aĝa violonisto, kiu ludas minorajn melodiojn en la tunelo, pendigis sian sakon sur unu el la grandaj portretaj fotoj. Tio ne ĝenas – la muziko kaj lia ĉeesto bone kompletigas la ekspozicion. La plej

Estonio

multaj preterpasantoj rapidas for, sed kelkaj iom scivole rigardetas la fotojn. Neniu krom mi haltas kaj elprenas sian poŝtelefonon por skani la kodojn sub la fotoj, kiuj ligas al sondosieroj kun rakontoj de la loĝantoj de Lasnamäe pri la vivo. Bedaŭrinde – la rakontoj estas tre interesaj. Konata ruslingva estonia aktoro rakontas pri murdinto, kiu ekloĝis en lia domo post kiam li liberiĝis el la prizono. Ĉiuj timis lin, sed li estis afabla al la infanoj. "Se iu faras malbonon al vi, nur diru, kaj mi prizorgos la aferon", li diris.

Ortodoksa pastro en sia longa sutano, kun peza krucifikso sur la brusto, rakontas pri la urboparto en kiu li loĝas: "Kiam iu demandas pri Lasnamäe, oni ja iom hezitas, ĉar unuavice oni ekpensas pri niaj brilaj betonaj kestoj, la paneldomoj, kiujn oni efektive ja lastatempe komencis izoli ekstere, dank al dio, sed tamen, ne la muroj gravas. Lasnamäe estas monumento de la sovetiaj antaŭurboj, kies ĉefa celo estis doni normalajn loĝejojn al tiuj, kiuj antaŭe loĝis en komunloĝejoj, dividitaj apartamentoj aŭ keloj. Spite ĉiujn malavantaĝojn, kiujn ĉiam havas antaŭurboj, oni ja ĉiukaze grandparte sukcesis plenumi ĉi tiun bazan taskon."

Kelkaj el la intervjuitoj parolas estone, sed granda majoritato el la loĝantoj de Lasnamäe daŭre estas ruslingvanoj. Estonoj, kiuj loĝas en aliaj partoj de la ĉefurbo, foje nomas Lasnamäe "la olimpika vilaĝo". Kial do? Nu, ĉar ĉiuj tie vestas sin en sportkompletoj kaj parolas fremdlingve. Do, ruse.

Mi renkontas la filmiston kaj fotiston Sergej Trofimov ĉe la monumento de Rusalka, "Marvirineto" – rusia militŝipo, kiu sinkis survoje el Talino al Helsinko fine de la 19-a jarcento, kiam kaj Estonio kaj Finnlando estis partoj de la Rusia Imperio. La monumento ĉe la maro havas la formon de anĝelo kiu etendas ortodoksan krucon direkte al Golfo de Finnlando. Ĉi tiu estas loko, kiun ĵus geedziĝintaj talinanoj kutimas viziti por meti florojn kaj fotiĝi. La anĝelo estas ankaŭ memorigo pri la malnova rusa historio de Talino, diras Sergej Trofimov, kiam li aperas en sia urba terenaŭto. Mi saltas en la aŭton, kaj ni pluveturas. La trafiko en la kruciĝo ĉe la anĝelo estas densa, kaj kiam aperas spaceto inter la aŭtoj, Sergej akcelas forte, por rapide transveturi du koridorojn kaj povi turniĝi maldekstren.

Kaj jen ni estas sur la malnova ŝoseo de Narva, kiu serpentumas supren laŭ la deklivo, preter la Talina kantokampo, kie la granda nacia kantofesto okazas ĉiun kvinan jaron. La kantofesto estas estona tradicio, kiun oni iniciatis jam en 1869. Dum la sovetia tempo oni strikte kontrolis, kiujn kantojn la centoj da partoprenantaj ĥoroj rajtu prezenti. Dum la kantofesto en 1947 unu el la enkondukaj kantoj estis la komponaĵo *Nin gvidis la volo de Stalino* de la kartvela komponisto Vano Muradeli. La kantofesto en la somero de 1990, kiam la fundamento de Sovetio jam ekskuiĝis, iĝis granda manifestiĝo de estona sendependeco, oni prezentis nur estonajn kantojn, kaj multaj ekzilaj estonoj el Svedio kaj aliaj partoj de la mondo partoprenis.

Tuj post la kantokampo ni turniĝas dekstren, kaj baldaŭ ekvideblas la unuaj loĝdomegoj.

– Ĉi tie mi kreskis, kaj miaj gepatroj plu loĝas ĉi tie, sed mi kaj mia edzino, ni ekloĝis fore en la kamparo kun la infanoj. Mi volas loĝi proksime al la tero, ne alte en la aero, kaj ni volas, ke la infanoj frekventu estonan lernejon kaj lernu la estonan perfekte, Sergej diras.

En Lasnamäe oni povas vivi tutan vivon ne konante eĉ unu vorton de la estona. La proporcio de estonlingvanoj ja estas iom pli alta ol en Narva – junaj estonoj, ofte studentoj, malkovris ke la nekostaj loĝejoj en Lasnamäe fakte ne troviĝas tiom distance de la urbocentro – sed en la butikoj ĉiuj parolas ruse, kaj eĉ la estonoj ĉi tie rapide lernas elturniĝi en la rusa.

Sergej veturas tra la tuta Lasnamäe, ĝis la fora rando, kie la loĝejoj estas la plej malmultekostaj – jen staras kelkaj deksepetaĝaj turoj, iom izolite ĉe la fino de la vojo, kie la buso turniĝas. La eksteraj muroj de kelkaj el la turoj surhavas novan izolaĵon, kiun kovras griza lado – eble ioma plibonigo kompare kun la eluzitaj, grizaj betonaj paneloj. La balkonaj bariloj konservis sian originan, sovetian aspekton: striaj, grizruĝaj betonaj blokoj. Apud la turdomoj troviĝas benzinejo de la finna ĉeno Neste, kaj hamburgerejo de la finna ĉeno Hesburger. Kelkcent metrojn direkte al la centro videblas superbazaro.

– Kelkaj el miaj konatoj havigis al si apartamenton ĉi tie. La veturo el la centro ja daŭras iom pli longe, sed la prezoj estas tute aliaj, Sergej diras.

Ni ekveturas reen, direkte al la centro de la urboparto, rigardas la malnovan lernejon de Sergej, kaj vendoplacon, kie mezaĝa virino vendas plastajn ĝardenajn gnomojn.

– Ĉu homoj aĉetas? Sergej demandas.

– Jes ja, la virino respondas, multaj volas tiajn por siaj parceloj.

Sergej plu paroletas kun la vendisto, sed ne ŝajnas tute kompreni

Estonio

la ĉarmon de plastaj gnomoj. Ĉiukaze li mem ne volas tian por sia domo en la estonia kamparo.

Subite mi aŭdas ion neatenditan: preterpasanta juna virino parolas estone en sia poŝtelefono. Sed ŝi rapidas for, kaj ĉiuj aliaj plu parolas ruse.

En la proksimo ni trovas azerbajĝanan restoracion, kiu laŭ Sergej estas tipa por Lasnamäe – la manĝo estas nekosta kaj bongusta, la stilo daŭre iom sovetieca, kun podio, kie dum semajnfinoj orkestro ludas la ĉiamajn ŝlagrojn. La restoracio troviĝas en la dua etaĝo, super alkoholaĵvendejo. La muroj de la ŝtuparo estas frape verdaj kaj ilin ornamas du pentraĵoj en primitiva stilo: serioza nupta paro sur ruĝa tapiŝo kaj tradicie vestita azerbajĝana virino, kiu plukas vinberojn inter neĝopintaj montoj. Sed la azerbajĝanaj vinoj ne estis aparte aprezataj eĉ dum la sovetia tempo, kaj mi ne petas la vinkarton, sed kontentiĝas je akvo. La ŝaŝliko ja estas elstara.

La restoracio Kišmišš situas relative proksime al la granda fabriko, kie laboris la gepatroj de Sergej, antaŭ ol ĝi estis fermita. Liaj unuaj infanaĝaj memoroj rilatas al la fabriko.

– Mi fakte naskiĝis en la urbocentro, tiam miaj gepatroj ankoraŭ ne loĝis ĉi tie urborande. Eble tial miaj plej gravaj infanaĝaj memoroj estas de la laborejo de miaj gepatroj, la fabriko Dvigatel. Mi plu memoras la sovetiajn demonstraciajn procesiojn de tiu tempo. Nia generacio fakte estas unika, ĉar ni vivis en Sovetunio, kaj nun ni vivas en Eŭropa Unio. Sed mia infanaĝo estis sovetia, kaj mi memoras multajn strangajn aferojn, kiuj ne ĝojigas. Kiel ni staris en freneze enormaj vicoj, du horojn por aĉeti kelkajn vjetnamiajn bananojn. Aŭ kiam ili vendis glaciaĵon, ĉiuj volis, kaj ne sufiĉis por mi. Kaj tia estona bongustaĵo, kazeo en ĉokolado, homoj batalis por ricevi ĝin. Same pri keĉupo, estiĝis vera pugnobatado pro keĉupo. Kompleta sensencaĵo.

La vicoj kaj la konfliktoj pri mankovaroj estis parto de la ĉiutago, sed oni neniam opiniis tion normala, diras Sergej Trofimov.

– Jam tiam ĉiuj opiniis, ke tio estas freneza. Sed tamen ne tio estis la plej grava en mia infanaĝo, mi havas ankaŭ agrablajn memorojn. Sed komprenebla estas tiel, ke mia tuta personeco evoluis dum tiu periodo, kiam ĉio estis malstabila, la perestrojko komenciĝis kaj neniu sciis, kio okazos. Baldaŭ miaj gepatroj ne plu havis monon por io ajn. Mia patro estis unu el la lastaj, kiuj laboris ĉe Dvigatel, la fabriko jam estis tute fermita, kaj restis tie eble tri personoj kiam li finis. Do, en mia infanaĝo

— 65 —

ni tute ne havis monon. Mi fakte laboris jam kiam mi estis dekdujara. Panjo diras, ke tio ne estas vera, sed mi klare memoras. Mi eliris matene por vendi gazetojn, kaj panjo diris, ke se mi gajnos ion, ni povos aĉeti manĝaĵojn por la mono. Do tiasence ne estis normala infanaĝo.

Por vivteni la familion, la patrino de Sergej eklaboris kiel vendisto en la bazaro.

— Ŝi iom pli facile adaptiĝis al la novaj realaĵoj ol mia patro. Sed certe estis peze por ŝi kaj por multaj aliaj homoj kun universitata eduko, subite devi stari tie malantaŭ vendotablo en la bazaro. Mi hontis pro tio, sed tiu estis la realo en kiu ni vivis, alia eliro ne estis. Kaj mi fakte kredas, ke tiu elirpunkto donis al ni impeton, energion por la tuta vivo. Mia frato ricevis pintajn rezultojn en la lernejo kaj poste multajn jarojn laboris kiel revizoro ĉe la Eŭropa Komisiono. Mi ne estis same elstara en la lernejo, sed mi kredas, ke ankaŭ mi estis influita. Mi havas alian senton pri la valoro de mono. Mia unua entreprena ideo estis vendi aneton kaj laktukon en Lasnamäe, por ke mi povu aĉeti korbopilkon.

Kiam mi demandas, kion la sendependeco de Estonio signifas por li, Sergej pripensas dum momento.

— Por mi temas unuavice simple pri nia tero. Kaj tial mi volas loĝi en la kamparo. Tie ni estas ekster la tempo. Ne gravas, ĉu la valuto estas rubloj, estoniaj kronoj aŭ eŭroj. La tero estas mia. Tio estas sendependo. Sed mi havas la senton, ke la regantoj de la lando ne estas tute sendependaj. Jes ja, ilin elektis ni mem, tio klaras. Sed estas la sorto de malgrandaj nacioj esti dependaj de la ĉirkaŭaĵo. Mi ja ne celas, ke ni devus fari ĉion ajn por plaĉi al Rusio, evidentas, ke ili faris multajn strangaĵojn, kiujn ni ne povas akcepti, sed sur ambaŭ flankoj estas fortoj, kiuj profitas de ĉi tiu kontraŭstaro, kaj tio timigas min. Mi volas vivi en tiu Estonio, en kiu mi vivas nun, sed mi timas, ke ĉi tiu streĉiteco povas havi malagrablajn sekvojn, ĉar ni havas najbaron, kiu estas neantaŭvidebla.

Eble estus pli bone, se Estonio kondutus kiel Finnlando kaj Svedio, estus pli atenta en siaj eldiraĵoj kaj agoj rilate la grandan najbaron en la oriento, opinias Sergej. Sed aliflanke estas tute logike, ke Estonio membriĝis en NATO tuj, kiam tio eblis, li diras.

— Ni ja elektis nian vojon, alian vojon, ni ne volas vivi en Rusio.

Sergej iom pli pripensas la demandon de sendependeco kaj poste mencias tre gravan aferon, kiu komplete ŝanĝiĝis kun la disfalo de Sovetio.

Estonio

– Fakte tre gravas, ke oni kiel civitano de Estonio havas la eblon libere kaj sen postulo pri vizoj veturi al multegaj landoj. La ŝanco vojaĝi vere instigas al sinevoluigo. Tiu, kiu volas, estas libera vojaĝi kien ajn, ni estas liberaj. Se oni volas veturi al Aŭstralio por laboregi tie, bonvolu. Estas ĉies privata afero. Sed multaj revenas, kun bona bagaĝo. Tiu estas la kaŭzo de la hodiaŭa florado de la lando. Ĉar tiel ja estas. Se oni komparas kun aliaj landoj, kiuj iam apartenis al Sovetio, la afero evidentas. En ĉi tiu lando oni havas amason da ŝancoj, ĉi tie oni povas fari kion oni volas kaj pri kio oni interesiĝas. Tio estas sendependeco – ke oni povas evolui kiel oni volas.

Unu el la dokumentaj filmoj de Sergej Trofimov temas pri ruslingvaj ĝardenuloj, kiuj en la sovetia tempo ricevis parceletojn apud la flughaveno de Talino, kaj tie konstruis por si dometojn. Nun la flughaveno estos grandigita, kaj la parceluloj estas forpelataj. Multaj el ili estas iamaj laboristoj de la granda motorfabriko Dvigatel, kaj multaj el ili neniam iĝis civitanoj de Estonio. La grizaj fremdulaj pasportoj estas centra temo en la filmo, kiu en la rusa ricevis la simbolan nomon *Ne naŝa zemlja*, "Ne nia tero".

– Ni decidis fokusiĝi al tio, ĉar multaj ne konas la aferon. Ne nur eksterlande, eĉ multaj ordinaraj estonoj ne scias, ke daŭre miloj da loĝantoj de Estonio malhavas civitanecon. Tial oni devas memorigi pri tio. Kiel en la novelo de Ĉeĥov, kiel tiu marteleto per kiu oni daŭre frapetadu por memorigi la feliĉulojn ke ne ĉiuj estas same bonŝancaj.

Estus multe pli bone, se la sendependiĝinta Estonio en 1991 akceptus ĉiujn siajn loĝantojn kiel siajn civitanojn, ne nur tiujn, kiuj estis idoj de estoniaj civitanoj de la unua periodo de sendependeco, Sergej opinias.

Dum la jaroj kiuj pasis de tiam, la postuloj por iĝi civitano de Estonio estis ŝanĝitaj kelkfoje. En 1995 estis akceptita nova leĝo pri civitaneco, kiu striktigis la postulojn pri la scioj de la estona lingvo, kaj oni aldone enkondukis ekzamenon pri la konstitucio kaj la leĝo pri civitaneco. Post tri jaroj la leĝo estis denove ŝanĝita por igi ĝin akceptebla por Eŭropa Unio, en kiu Estonio volis membriĝi. La plej grava ŝanĝo estis, ke infanoj, kiuj naskiĝis en la sendependa Estonio post la 26-a de februaro 1992, kaj kies gepatroj loĝis en Estonio minimume kvin jarojn, nun aŭtomate havas la rajton iĝi civitanoj. La 26-a februaro estis la dato, kiam la parlamento de Estonio reenkondukis la malnovan leĝon pri civitaneco de la jaro 1938.

— 67 —

La proporcio de loĝantoj de Estonio sen civitaneco ŝrumpis dum la jaroj – multaj sukcesis iĝi civitanoj, aliaj forloĝiĝis aŭ forpasis, kaj iuj elektis preni pasporton de alia lando, plej ofte tiun de Rusio. En la plej lasta censo en 2011 entute 6,5 procentoj el la loĝantoj de Estonio daŭre malhavis civitanecon – kompare kun la antaŭa nombrado en 2000 la cifero preskaŭ duoniĝis. Aliflanke la proporcio de civitanoj de aliaj landoj iom kreskis, al 8,1 procentoj. Sume proksimume 30 procentoj el la loĝantoj estas ruslingvanoj. Proksimume duono el la ruslingvanoj estas civitanoj de Estonio. Kvarono malhavas civitanecon kaj kvarono estas civitanoj de Rusio. La situacio estas simila en la najbara Latvio, kie tamen la proporcio de ruslingvanoj estas iom pli granda: proksimume 34 procentoj el la loĝantoj de Latvio parolas ruse hejme, laŭ la censo de 2011. En Latvio la proporcio de rusiaj civitanoj estas tre malalta, nur 1,6 procentoj, sed tie 14 procentoj de la loĝantoj daŭre malhavas ajnan civitanecon.

En la tria lando de Baltio, Litovio, nur 7,2 procentoj el la loĝantoj estas ruslingvanoj, kaj tiu fakto grave kontribuis al tio, ke Litovio post la sendependiĝo elektis alian vojon kaj permesis al ĉiuj loĝantoj iĝi civitanoj.

El la loĝantoj de Talino eĉ 46,7 procentoj estas ruslingvanoj, kaj ĉi tie en Lasnamäe la cifero estas 71 procentoj. Ĉi tie kompreneble ankaŭ la necivitanoj estas la plej multnombraj: unu el tri. Sed ĉiuj el la intervjuitoj en la filmo de Sergej diras, ke ili tre volus iĝi civitanoj de Estonio. Neniu volus pro principo aŭ pro praktikaj kialoj konservi la fremdulan pasporton – ili simple ne scipovas la estonan sufiĉe bone por trapasi la civitanan ekzamenon. Pensiuloj, kiuj estas tro aĝaj por bone lerni la estonan, tamen devus rajti civitaniĝi, opinias Sergej – sed tio ne okazos pro tre simpla kialo, li diras.

– Se ĉi tiuj homoj iĝus civitanoj kaj ricevus la rajton voĉdoni, ili voĉdonus por la Centra Partio. Tio estas vera, mi seriozas. Kaj mi ja ne principe kontraŭas la Centran Partion, tie estas bonaj homoj, mi konas multajn. Sed Edgar Savisaar ja vizitas la partiajn kunvenojn de Putin, ili havas interkonsenton pri kunlaboro kun tiu partio, kiel ĝi nomiĝas? Jes, Unueca Rusio. Tio estas stranga. Mi ne komprenas tion, kaj la estonoj ne komprenas. Kaj tiu estas unu el la kialoj, pro kiuj ili ne volas doni al ĉiuj la civitanecon. Oni devas atendi dek jarojn, ĝis tiu generacio formortos. Estas tre cinike, sed tiel fakte statas la afero.

Post mia renkontiĝo kun Sergej, la ĉefa korifeo de la Centra Partio, la urbestro de Talino Edgar Savisaar – kiu estas popularega en

Estonio

Lasnamäe – iĝis suspektato en prikoruptada krimesploro, kiun gvidas la sekureca polico de Estonio. Kiam Savisaar rifuzis libervole portempe eksiĝi kiel urbestro, por la daŭro de la esploro, li estis devigita de kortumo. Sed Savisaar ankaŭ pli frue restariĝis en malfacila situacio, plej laste en la memortago de la reestablo de la estonia sendependeco la 20-an de aŭgusto 2015, kiam li unuafoje parolis publike post tre serioza bakteria infekto, pro kiu lia gambo estis amputita por savi lian vivon. Oni veturigis lin sur la scenejon en rulseĝo, kaj li komencis sian paroladon sidante.

– Kara popolo de Estonio, estas denove la tempo por Estonio leviĝi.

Poste li lasis helpi sin al la podio, kie li daŭrigis la paroladon jam starante:

– Neniu plu dubu, ke Estonio leviĝos denove.

Tiamaniere li igis la festadon de la restarigita sendependeco en la Placo de la Libereco en Talino sia propra revenfesto. Kiel dirite, jam okazis ke li restariĝis en malfacila situacio. Oni ne antaŭtempe forkalkulu Edgar Savisaar. Kaj efektive, en novembro 2015 li estis reelektita kiel estro de la Centra Partio, spite la atandantan procesoson pro grandskala koruptado.

Sed kiel ajn iĝos pri Savisaar kaj pri la Centra Partio, estis granda eraro ne permesi al ĉiuj loĝantoj de Estonio iĝi civitanoj, kiam la lando iĝis sendependa, opinias Sergej.

– Oni nepre devis fari same kiel en Litovio kaj doni la civitanecon al ĉiuj, kiuj volis ĝin, aŭ eble al tiuj, kiuj jam loĝis ĉi tie certan kvanton de jaroj. Tiukaze ni nun havus tute alian diskutklimaton, tiukaze la ruslingvanoj havus tute alian sintenon al ĉi tiu lando. Kaj mi volas substreki ke temas ĝuste pri ruslingvanoj, ne pri rusoj. Multaj ja estas ukrainoj, belorusoj kaj tiel plu. Ĉiuj ili havus alian sintenon al la lando. Ili pli facile vidus Estonion kiel sian hejmlandon. Tiuj, kiujn ni intervjuas en la filmo, ĉiukaze diras, ke Estonio estas ilia hejmlando – sed neniu diras tion al ili. Por ili estas tre grave senti sin akceptitaj. Oni povus doni al ili tiun paperpecon kiel rekonon, ke ili fakte laboris por la lando sian tutan vivon. Jes, tiam estis Sovetio, sed tamen ili konstruis ĉi tiun landon. Estis eraro ne fari tion, oni kreis doloran punkton, kiun eblus eviti. La problemo estas artefarita.

Sergej mem longe estis sen civitaneco, kvankam li naskiĝis kaj kreskis en Estonio.

– Kiam mi iĝis tiel aĝa ke mi devis havigi pasporton, mi ne havis elekton. Miaj gepatroj havis grizajn pasportojn, kaj tial mi ricevis similan. Sed mi tediĝis pri tiu fremdula pasporto, kun kiu mi povis veturi nur al Rusio. La mondo ja estas granda, ĉiuj miaj klaskamaradoj kaj kurskamaradoj veturadis en Eŭropo kaj en ĉiaj eblaj lokoj. Ankaŭ mi volis vidi la mondon, do mi faris la ekzamenon pri civitaneco kaj trapasis je la unua provo. Tion mi neniam pentis. Ĉar alian hejmlandon mi ne havas.

Sergej silentas dum momenteto. Poste li rakontas pri drinkejo en Talino, kiun li foje vizitas kun amikoj.

– Ĝi nomiĝas Valli Baar, estas simpla bierejo, sed tre interesa ejo. Ĝin vizitas kreaj homoj, sed ĉefe tiaj, kiuj multe drinkas. Kaj foje mi iris tien kun miaj amikoj, unu grupo rimarkis, ke ni parolas ruse. Ili komencis babili al mi naciisme. "Ili atendas vin sur la alia flanko de la rivero Narva! Putin atendas vin!" Tiel ili daŭrigis. Do mi diris al unu el la uloj en pura estona lingvo – nu ja, relative pura estona. Ĉiukaze, mi diris ke mi ne havas lokon kien veturi. Alian hejmlandon mi ne havas. Pardonu min, sed ĉi tie mi naskiĝis, ĉi tiu estas mia lando.

La Bronza Soldato kaj la eŭropano

La malvastaj stratetoj en la Malnova urbo estas plenŝtopitaj de turistoj el la tuta mondo. Gvidisto kun ŝildo kolektas sian grandan, hispanlingvan grupon en densan aron ĉe stratkruciĝo por rakonti pri la mezepoka historio de la urbo. La centro de Talino ne aspektas kiel eksa Sovetio – ĉi tio klare estas Eŭropo.

Kelkcent metrojn de la stratkruciĝo, en parko kiu ricevis sian nomon laŭ la tago kiam la sendependeco de Estonio estis reestablita – la 20-a de aŭgusto – oni starigis 23 metrojn altan, vitran krucon de libereco kiel monumenton al la falintoj en la estonia milito de sendependo 1918–20. La decidon pri la monumento oni faris jam en la 1930-aj jaroj, sed la milito kaj la sovetia okupacio malebligis ĝian realigon. Nur en la venkotago en 2009, la 23-an de junio, oni povis inaŭguri la monumenton.

La venkotago, kiu iĝis parto de la tradicia estonia somera festo, la tago de Johano la Baptisto, estas memortago de granda venko en la batalo kontraŭ baltgermanaj trupoj, kiuj en 1919 provis restarigi germanan regadon en Baltio. Dum la milito de libereco en 1918–20, precize kiel dum la dua mondmilito, la landoj de Baltio estis premitaj inter du grandaj malamikoj, Germanio kaj Rusio. La unua mondmilito kaj la rusia revolucio tamen grave malfortigis ambaŭ, kaj tiufoje la tri nove sendependaj landoj sukcesis konservi sian liberecon.

Estas konfuze multaj datoj kaj okazaĵoj kiujn necesas memori. Ĉi tie sur la Placo de Libero la centrista urbestro de Talino, Edgar Savisaar, faris sian paroladon pri la leviĝanta Estonio. Tion li faris la 20-an de aŭgusto 2015, en la memortago de la restarigo de la estonia sendependo. Li mem estis unu el la fondintoj de la Estonia Popola Fronto dum la sovetia perestrojko en 1988. Li iĝis la ĉefministro de sovetia Estonio en 1990 kaj estis unu el la 69 estoniaj parlamentanoj, kiuj malfrue vespere la 20-an de aŭgusto voĉdonis por restarigo de la sendependo. Tio okazis dum la moskva puĉo en 1991, kiam la prezidanto de Sovetio, Miĥail Gorbaĉov, estis kaptita de la puĉantoj. Neniu tiam voĉdonis kontraŭ la deklaro de sendependo, sed preskaŭ tridek ruslingvaj parlamentanoj neniam venis al la kunvenejo aŭ simple ne voĉdonis.

Sed estas alia dato, kiun oni nepre ne solenu ĉi tie sur la Placo de Libero: la sovetia tago de venko, la 9-a de majo. Por la plej multaj estonoj tiu dato simbolas la perditan liberecon de Estonio kaj la longan sovetian okupacion. Aliflanke, por multaj rusoj ĝi estas unuavice tago por memori la venkon kontraŭ la nazia Germanio kaj ĉiujn parencojn kiuj batalis kaj ofte mortis por pli bona mondo. La aliĝo de la landoj de Baltio al Sovetio en la komenca fazo de la milito estis progresema, demokratia decido, kiun la loĝantoj mem faris en liberaj elektoj, tion oni ja lernis en la sovetia lernejo. Tial estis tute malĝuste paroli pri okupacio aŭ anekso, tion opiniis multaj rusoj, kiam diskuto pri la temo subite eblis pro la malpliigo de la sovetia cenzuro fine de la 1980-aj jaroj. En la lernejaj instruado oni ne multe atentis pri la fakto, ke estis nur unu elekteblo en la balotiloj en Estonio, Latvio kaj Litovio en junio 1940. Tio ja estis tute normala – tiel estis en ĉiuj sovetiaj "elektoj".

La sinteno al la sovetia transpreno de Baltio iĝis grava dividlinio precipe en Estonio kaj Latvio, ĉar oni en tiuj landoj faris klaran diferencon inter la idoj de iamaj civitanoj de Estonio kaj Latvio unuflanke, kaj aliflanke ĉiuj, kiuj ekloĝis en la landoj dum la sovetia epoko. Tiuj, kiuj ne aŭtomate ricevis civitanecon, sentis sin diskriminaciataj kaj difinitaj kiel idoj de okupaciantoj – kaj tion ili ja ofte devis aŭdi, precipe dum la tempo tuj antaŭ kaj post la grandaj transformiĝoj lige kun la disfalo de Sovetio. Kaj se ili ne estis akceptitaj kiel samrajtaj civitanoj, ja estis nature por multaj prefere senti apartenon al la iama Sovetio ol al nova lando, kiu tiel evidente ne volis havi ilin.

Granda parto de la ruslingvanoj en Estonio tial plu solenas la sovetian venkotagon la 9-an de majo. Jam en 1947 la sovetia registaro starigis monumenton al "la liberigintoj de Talino" sur centra placo en la ĉefurbo de Estonio, tricent metrojn sudokcidente de la loko, kie la granda kruco de libereco nun staras. Ĉe la Bronza Soldato, kiel oni nomis la monumenton, estis entombigitaj dek tri sovetiaj soldatoj, kaj dum sesdek jaroj la monumento estis centra loko en la solenado de la sovetia venkotago en Talino.

Post la falo de Sovetio la teksto sur la monumento estis ŝanĝita al pli neŭtrala: "Al la pereintoj en la dua mondmilito", sed la sovetia

Estonio

statuo kun la soldataj tomboj daŭre iritis multajn estonajn elektantojn. Ĉefministro Andrus Ansip promesis forigi la statuon, se li ricevos subtenon en la parlamenta elekto en marto 2007. Lia partio, la dekstra liberala Reform-partio, gajnis la elektojn, kaj la registaro ekpreparis la forigon de la statuo jam antaŭ la sekva venkotago. Samtempe ŝtataj rusiaj televidkanaloj instigis agresan etoson kaj komprenigis, ke la registaro de Estonio estas komparebla kun nazioj, se ĝi vere forigos la sovetian statuon kaj la tombojn de la militistoj.

Frumatene la 26-an de aprilo 2007 barilo estis rapide starigita ĉirkaŭ la monumento, kaj komenciĝis la konstruado de granda, blanka tendo, kiu fine kovris la tutan monumenton. Kiam mi venis al la loko la saman antaŭtagmezon, ĉe la barilo staris cento da koleraj ruslingvaj talinanoj. La barilon gardis la polico. Juna viro kun nigraj okulvitroj surhavis sovetian militistan uniformon kun la ruspatriota, nigraoranĝa Georga rubando. Lin la polico forkondukis, ĉar lia uniformo kontraŭis la leĝon kiu malpermesas sovetiajn kaj naziajn simbolojn.

– Ĉi tio ja estas faŝismo, ne estas ajna alia vorto por ĉi tio, diris la 28-jara Artur Bujlo, ruslingva viro kiu estis fiksanta ruĝajn diantojn sur la barilon.

Sed lin unuavice kolerigis ne la sorto de la statuo.

– Mi naskiĝis en Talino, mi loĝis ĉi tie mian tutan vivon. Tamen oni postulas, ke mi trairu lingvoekzamenon por ricevi estonian pasporton. Nun mi havas neniajn rajtojn.

Dum la nokto disvastiĝis ribelado en la urbocentro. Butikoj estis disbatitaj kaj prirabitaj, dekoj da junaj ribelantoj kaj policanoj estis vunditaj. 20-jara estonia ruso, la rusia civitano Dmitrij Ganin, estis serioze vundita kaj forpasis. La kulpulo ne estis trovita.

Jam la saman nokton la Bronza Soldato estis movita al militista tombejo tuj ekster la urbocentro. En la venkotago, post iom pli ol semajno, ĉiuj dezirantoj povis pilgrimi al la nova memorloko. Tamen la okazintaĵoj kaŭzis deficiton de fido kaj distanciĝon en la rilatoj de la du popolgrupoj – malofte oni tiom parolis pri "ni" kaj "ili" en Estonio.

La tempo post la okazaĵoj, kiujn oni eknomis "la bronza nokto", aldone estis markita de kompleta frostiĝo de la rilatoj inter Estonio kaj Rusio, ilia plej malbona momento post la disfalo de Sovetio. En Moskvo junularaj organizaĵoj fidelaj al la registaro ĉirkaŭis la ambasadejon de Estonio, kaj la samaj organizaĵoj okazigis raziojn al butikoj en la rusia ĉefurbo por certiĝi, ke neniuj estoniaj varoj estas vendataj tie. Rusio fermis la transliman ponton en Narva por kamionoj, aperis neklarigeblaj "teknikaj problemoj" ĝenantaj la fervojan trafikon inter Estonio kaj Rusio, kaj dum pluraj semajnoj ampleksaj retatakoj paralizis multajn gravajn retajn servojn en Estonio, interalie la retejojn de la parlamento kaj de du grandaj bankoj. Oni neniam povis kun certeco eltrovi, kiu efektive kulpis pri la atakoj, sed multo indikas, ke ili venis el aŭ tra Rusio.

De tiam la Bronza Soldato staras sur la granda militista tombejo ekster la centro, ĉirkaŭata de tomboj de falintaj sovetiaj soldatoj en longaj vicoj. Antaŭ la bronzaj botoj iu starigis florpoton kaj bukedon el ruĝaj floroj. Sub sia brako la soldato havas aron da blankaj rozoj.

La loko kie la soldato antaŭe staris, tuj apud la monumenta nacia biblioteko de Estonio, konstruita dum la lastaj sovetiaj jaroj, nun estas verdega, ombra parko. Sur la alia flanko de la strato troviĝas la muzeo de la okupacio, kie la valizoj de estoniaj rifuĝintoj formas gravan parton de la ekspozicio. Mapoj de la enorma imperio montras, kie la deportitoj estis lokitaj post la sovetia enmarŝo. En la kelo estas kolektitaj bustoj de komunistaj estroj kaj sovetiaj propagnadaj afiŝoj. La ekspozicion finas objektoj rilataj al la fondo de la Estonia Popola Fronto en 1988 kaj la restarigo de la sendependo tri jarojn poste.

Mi eliras reen al la jaro 2015 kaj stariĝas ĉe la bushaltejo, al kiu la Bronza Soldato rigardis ĝis sia translokiĝo. Moderna troleobuso transportas min al la havena kvartalo, kie mi renkontos liberalan ruslingvan politikiston, Jevgenij Krištafoviĉ. Mi vokas lin per mia poŝtelefono kiam mi eniras la liftoj en la renovigita, sovetia oficeja konstruaĵo, kaj aŭdas, ke sonoras ie proksime, sed la signalo interrompiĝas. Kiam la pordoj de la lifto malfermiĝas, mi vidas, ke Jevgenij eliras el la apuda lifto.

La 32-jara Jevgenij Krištafoviĉ estas preskaŭ tro liberala por Estonio. Li estis aktiva en la kampanjo por egaleca nuptoleĝo, diference de preskaŭ ĉiuj politikistoj en Estonio li pozitive sin tenas al akceptado de rifuĝintoj, kaj li eĉ publike subtenas la permesadon de kanabo. Li estis unu el la fondintoj de la nova partio Eesti Vabaerakond (la Libera Partio de Estonio), kiu laŭ lia espero devus ekhavi liberalan direkton. Anstataŭe la partio transformiĝis al plia naciisme konservativa forto en la politiko, kaj la liberala tendenco ene de la partio estas marĝenigita.

Jevgenij Krištafoviĉ multajn jarojn laboris pri projektoj por demokratiigo, financitaj de Eŭropa Unio, kun la ĉefa fokuso ĉe disvastigo de

Estonio

la bonaj spertoj de Estonio pri postsovetiaj reformoj al aliaj eksaj sovetaj respublikoj. Liaj kunlaborantoj enla projektoj estas ĉefe estoniaj ruslingvanoj, ĉar la kunlaboro kun landoj kiel Ukrainio aŭ Kirgizio devas okazi en la rusa – la scipovo de la angla daŭre estas tre limigita en tiuj landoj.

Jevgenij Kriŝtafoviĉ malfacile povas diri, kio igas ruslingvanojn en Estonio aliĝi al liaj demokratiprojektoj.

– Mi fakte ne multe pensis pri ilia fono, aŭ ĉu ili trairis ian krizon de identeco. Ĉar ja estas tiel, ke al rusoj ĉi tie daŭre estas trudata certa identeco. Oni atendas, ke nia identeco baziĝu sur la Bronza Soldato aŭ tiaspecaj aferoj. Se oni ne volas esti aŭtomate inkluzivita en tiu grupo, oni devas ĉiam esti preta al la konflikto kaj klarigi, kiel oni pensas. Mi ne kredas, ke ekzistas iu speciala fono, kiu estus komuna al ĉiuj niaj kunlaborantoj, sed ĉiam pli multas la homoj, kiuj ne plu pretas akcepti tiun altrudatan rolon. Ili ĉiukaze estas sufiĉe multaj, por ke oni povu trovi kunlaborantojn por niaj projektoj. Sed ĝis nun mi ne povus aserti, ke ili estas la majoritato de la ruslingvanoj en Estonio.

La alia parto do, tiuj, kiuj ne estas direktitaj al Eŭropo, tiuj, kiuj konstruas sian identecon sur la Bronza Soldato, kiel vi diris, kiuj ili estas?

– Ĉiuj ja devas eliri el ia kompreno de la pasinteco. Se ni ekzemple rigardas la loĝantojn de la regiono de Narva, do multaj ekloĝis tie dum la du aŭ tri lastaj jardekoj de la sovetia periodo. La tragikan parton de la historio de Estonio ili ekkonis nur fine de la 1980-aj jaroj, kaj daŭre ne ĉiuj estas konvinkitaj, ke tio kion ili subite aŭdis efektive estas la vero. Kaj ili diras, ke ĉiukaze ili mem venis ĉi tien nur dudek jarojn post la deportadoj, ke ili venis, ĉar ili estis senditaj. Ke ili venis ne por neniigi la ŝtaton de Estonio, sed kredis moviĝi ene de unu ŝtato. Do kion malbonan ni faris, kiu estas nia kulpo, ili demandas.

Oni povas ja kompreni, ke ili demandas tion, ĉu ne?

– Jes ja, kaj el tiu vidpunkto ili pravas. Sed aliflanke ili povus montri iom pli da kompreno por la estona parto de la loĝantaro. Kaj la estonoj siavice povus diri: jes, ni komprenas pri kio vi parolas, sed eble vi povus malfermi viajn okulojn kaj vidi, kion trapasis niaj antaŭuloj. Kiam ili povos paroli unuj kun la aliaj kaj trovi komunan lingvon, kiam ili kapablos vidi, ke ili kiel homoj ne havas kulpon unuj antaŭ la aliaj, tiam ili povos vivi en harmonio. Ĉar ne estas kulpo, la rusoj nenion forprenis de la estonoj, la estonoj nenion forprenis de la rusoj.

Kalle Kniivilä: Idoj de la imperio

Unuafoje dum longa tempo, somere aperis politika demando, kie la estonoj kaj la rusoj facile povas unuiĝi en komuna fronto kontraŭ unu malamiko: la demando pri la rifuĝintoj. En ĉiuj tri landoj de Baltio la ondoj de la diskuto sovaĝiĝis kiam iĝis konate, ke la Eŭropa Komisiono volas disloki entute iom pli ol du mil rifuĝintojn en Baltio. Kaze de Estonio temis pri akcepti kelkajn centojn el la sume 120 000 rifuĝintoj, kiuj laŭ la tiama plano devus esti distribuitaj inter la membrolandoj de EU. Tio sufiĉis por ke oni ektimu pri pereo de la nacio kaj por ke oni aranĝu grandajn manifestaciojn kontraŭ akceptado de rifuĝintoj.

La direkto de la politika vento estis klara jam printempe de 2015, kiam la nova ksenofobia partio EKRE (Eesti Konservatiivne Rahvaerakond, la Konservativa Popolpartio de Estonio) ricevis pli ol 8 procentojn el la voĉoj en la parlamentaj elektoj. La partio tamen malfacile trovis la ĝustan lokon en la politika kampo, ĉar multaj el ĝiaj estonaj subtenantoj tre negative sin tenas al la rusoj, dum fakte ĝuste inter la ruslingvaj civitanoj de Estonio estas plej facile trovi subtenon al la konservativegaj ideoj de EKRE, diras Jevgenij Kriŝtafoviĉ.

– Ili perfekte komprenas, ke malamo kaj minacoj kontraŭ aliaj grupoj estas la plej bona maniero mobilizi la elektantojn. Ekzemple malamo kontraŭ la rusoj. Sed nun ili komencis pripensi, ĉu ne estus pli bone anstataŭe amikiĝi kun la rusoj, ĉar tiuj, kiuj spektas rusian televidon, eĉ pli ŝovinisme sin tenas al islamanoj kaj brunhaŭtuloj ol la majoritato de la estonoj. Tial ili volas serĉi subtenon tie. Ankaŭ gejofobio perfekte funkcias por logi rusajn voĉdonantojn, kaj ĝi estas grava temo por EKRE. Ili aranĝis manifestaciojn kaj kolektis subskribojn kontraŭ la leĝo pri partnereco. Pli ol duono el la estonoj subtenas la leĝon pri partnereco, por ili gejofobio estas historio, sed estas ankaŭ granda grupo, eble 40 procentoj, kiuj kontraŭas. Ili diras, ke ni en Estonio jam estas tre malmultaj, kaj se samseksamuloj povos kunedziĝi, tiam la nacio pereos. Sed ili ĉiukaze estas minoritato. Aliflanke, se oni rigardas la ruslingvanojn, tie la toleremuloj estas malpli ol 20 procentoj, estas multe pli da tiuj, kiuj volus ke ĉi tie estu kiel en Rusio, ke ni havu leĝojn kontraŭ geja propagando kaj tiel plu. Kaj komprenble EKRE rigardetas la vastan grupon de potencialaj subtenantoj kiun ili vidas tie.

Sed la vojon malhelpas interna kontraŭdiro – ne estas tute facile por estona ksenofobia partio serĉi subtenon inter estoniaj rusoj kaj eviti akuzojn, ke la partio perfidas la estonan naciismon. Samtempe

Estonio

estas neeble logi voĉojn de estoniaj rusoj, se la estona naciismo de la partio estas tro evidenta.

– Antaŭ la parlamentaj elektoj EKRE anoncis, ke ili faros manifestacion kun la slogano "Eestlaste Eesti eest", por la Estonio de la estonoj. Sed tio iĝis granda skandalo, kaj ili pensis, ke ili eble ne bezonas tion, do ili fortranĉis unu vorton el sia slogano, kaj iĝis nur "Eesti eest", por Estonio. Ĉiuj komprenas, ke daŭre estas la samaj haŭtkapuloj kiuj marŝadas, sed nun ili asertas, ke ili simple marŝas "por Estonio". Kaj ili daŭre havas problemon, kiam temas pri la rusoj. Unu el iliaj plej fifamaj parlamentanoj estis vaste mokata post kiam li vizitis korbopilkan matĉon kaj koleregis en Twitter pri tio, ke unu el la muzikaĵoj, kiujn oni ludis inter la periodoj estis en la rusa. "Mi foriris", li skribis. Kaj ĉiuj komencis troli lin. "Mi ŝaltis la televidilon, trafis rusan kanalon. Elĵetis la televidilon tra la fenestro", iu skribis. Estis centoj da tiaspecaj pepoj. "Mi iris sur la strato, renkontis rusan najbaron. Li diris saluton en la rusa. Mi fajrigis mian apartamenton."

La rusofobio en EKRE fakte estas bona afero, opinias Jevgenij Kriŝtafoviĉ.

– Ĝi estas kiel trajno kun inercio, estas malfacile haltigi ĝin kaj ŝanĝi la direkton. Tial ili malfacile povas turniĝi kaj kuniĝi kun la rusoj kontraŭ la "negroj", kiel ili ŝatas diri. Ili ne sukcesos, ĉar ne eblos subigi la rusofobion ene de la partio. Mi opinias tion pozitiva, tio montras, kiel ridinda tiu tuta ideo pri "blanka Estonio" estas.

Blanka Estonio estas io, pri kio la iama liberala ministro pri eksterlandaj aferoj de Estonio, Kristiina Ojuland, multe parolas lastatempoe. Ojuland – kiu post sia ministra periodo iĝis ano de la Eŭropa Parlamento kaj vicprezidanto de la eŭropa liberala alianco ALDE – uzis akrajn vortojn, kiam ŝi en majo 2015 kritikis la planojn de la Eŭropa Komisiono distribui la rifuĝintojn inter diversaj landoj de la Unio. "Nun mi denove vidis tute sanan negron almozpeti en Italio, de homoj kiuj peze laboris por gajni monon por la tagmanĝo. Mi opinias ke ni devus startigi eŭropan kampanjon kaj kolekti subskribojn, por ke eĉ ne unu tiel nomata rifuĝinto povu transiri Mediteraneon. Jam sufiĉas ĉi tiuj stultaĵoj!"

Kiam Ojuland estis kritikata pro siaj skribaĵoj, ŝi ne hezitis respondi: "Ĉesu uzi la vorton 'rasisto'! Kiel blanka homo mi sentas, ke la blanka raso hodiaŭ estas minacata! Ĉu eĉ la estonoj estas tiel cerbolavitaj, ke ili komencas babilaĉi ian politike ĝustan merdon?"

Unu el tiuj, kiuj plej klare oponis al Kristiina Ojuland, estas ĝuste Jevgenij Kriŝtafoviĉ, kaj en oktobro 2015 la du kontraŭuloj renkontiĝis dum diskuto pri la estonia politiko rilate al rifuĝintoj en malgranda ruslingva televidkanalo. Tie evidentiĝis, ke la nova partio de Ojuland, kiu ja ricevis malpli ol duonan procenton el la voĉoj en la parlamentaj elektoj, nun aktive serĉas subtenon ĉe la ruslingvaj elektantoj.

Parolante en sufiĉe bona rusa lingvo Ojuland klarigis, ke ŝi ĵus revenis de manifestacio kontraŭ rifuĝintoj kiu okazis en la regiono de Narva. Mem ŝi ja ne parolas pri rifuĝintoj, sed pri kontraŭleĝaj enmigrantoj.

"Ni ricevas multe da helpo de rusaj aktivuloj, kiam ni kolektas subskribojn por aranĝi referendumon, kaj 20 procentoj el la membroj en nia partio estas rusoj. Ili kolektis multajn subskribojn en Lasnamäe. Vi povas nomi ilin kiel vi volas, rifuĝintoj aŭ kontraŭleĝaj enmigrantoj, sed ĉi tio estas afero kiu zorgigas ankaŭ la rusojn de Estonio, estas nia komuna afero. En Finnlando oni ja rimarkis jam, ke la laborpostenojn ricevas enmigrintoj, ĉar ili pretas labori kontraŭ malpli da mono, kaj tio zorgigas multajn rusojn, ĉar jam nun ili malpli facile trovas laboron ol aliaj."

Granda parto el la enmigrintoj en Finnlando fakte estas estonoj, sed tion Ojuland ne opiniis menciinda. Anstataŭe ŝi rakontis, ke ŝi ofte partoprenas en la manifestacioj kontraŭ migrado diversloke en Estonio kaj Finnlando, kaj ke ŝi baldaŭ veturos al Valga ĉe la limo kontraŭ Latvio, por manifestacii kune kun latvoj kaj litovoj.

"Nia suda limo ja estas tute malferma, ni havas nenian ideon pri tio, kiuj envenas tiun vojon, povas esti teroristoj aŭ kiuj ajn. Ni estas pluraj movadoj, kiuj kune sendis nefermitan leteron al Merkel kaj Juncker, ni postulas ke ili senprokraste haltigu la okazantan genocidon de eŭropaj popoloj, speciale de la malgrandaj popoloj, kiel la estonoj. Ni ja ne diras, ke ni pereos nun aŭ morgaŭ, sed oni devas pensi dudek kaj kvindek jarojn antaŭen, kaj memori, kiel malmultaj ni estas."

Eŭropo estas islamigata, kaj tion necesas haltigi, opiniis Kristiina Ojuland.

"Sufiĉas rigardi Finnlandon kaj Svedion, tie ili jam vivas laŭ siaj islamaj leĝoj."

Ojuland timis, ke baldaŭ oni komencos konstrui moskeojn en Estonio, sed Jevgenij Kriŝtafoviĉ estis pli maltrankvila pro la rasismo en la socio.

Estonio

"Mi vidas neniun riskon de islamiĝo, kaj mi vidas neniun kialon kredi, ke nekristanoj ne povus esti lojalaj civitanoj de Estonio. Sed mi ja konsentas, ke multaj timas, ĉar oni disvastigas histerion en la socio kaj la ekstremistoj iĝas pli fortaj. Estas hontinde ke nigrahaŭtaj soldatoj el Usono aŭ Britio, kiuj ja venis ĉi tien por defendi nin, surstrate devas aŭdi, ke ili veturu reen al Afriko."

LATVIO

Kiam la sendependeco de Latvio estis restarigita en 1991, la civitanecon de Latvio ricevis aŭtomate nur tiuj, kies prauloj estis civitanoj de Latvio antaŭ la sovetia okupacio de la jaro 1940. Aliaj devis trapasi lingvoekzamenon, antaŭ ol ili povis peti civitanecon. Sekve de tio granda parto de la ruslingvanoj daŭre malhavas civitanecon.

Veteranoj de la Popola Fronto

Aro da krudaj sakraĵoj en la rusa estas la unua afero kiun mi aŭdas matene, kiam mi forlasas la hotelon, la lastan tagon en Talino. La laŭta sakrulo estas viro en flava veŝto, kiu ĉirkaŭiras malplenigante la rubujojn. Li ŝajnas malkontenta pro la disaj ruboj sur la tero, kiujn li devas forpluki. Aŭ eble li sakras pro la laborkamarado, kiu okupiĝas pri la sama afero malantaŭ la angulo. Kredeble ne al la granda aro da eksterlandaj turistoj, kiuj staras apude – almenaŭ ili ne ŝajnas atenti lin.

La aŭtobusa stacio en Talino estis ĝisfunde renovigita post mia lasta ĉirkaŭveturo ĉi tie antaŭ ok jaroj, ĉirkaŭ la tempo de la bronza nokto. Tiam ne estis populare paroli ruse ĉe la bagaĝdeponejo, la maljuna estona virino tie ŝajnigis, ke ŝi ne komprenas, kaj respondis en la estona. Nun ŝi estas forigita favore al aŭtomataj deponŝrankoj. Forigita estas ankaŭ la gardisto de la necesejo, la pordo de la modernega ejo ŝoviĝas flanken aŭtomate, kiam oni enmetas moneron. Sed oni ja povas enkuri kiam iu alia eliras, tion la konstantaj klientoj evidente jam bone lernis.

Tamen ne eblas aĉeti bileton al Rigo en la biletaŭtomato, la nomo de la urbo ne troveblas en la listo sur la ekrano. Do mi stariĝas en la vico. Ĉi-foje bone eblas paroli ruse, la virino en la giĉeto havas estonan akĉenton sed afable klarigas, ke mi devas iri al la dua etaĝo por aĉeti biletojn por internaciaj linioj. Ankaŭ en la dua etaĝo mi ricevas bonan priservon en la rusa, de vendisto kiu tute evidente mem ne estas ruslingvano. Sed la biletoj por la buso je la oka kaj duono estas elĉerpitaj, mi devos atendi la sekvan buson kiu ekos je la deka. Kaj krome mi devas montri mian pasporton por aĉeti la bileton – iom surprize, konsiderante ke la limkontroloj inter la landoj de Baltio estis forigitaj, kiam ili iĝis plenrajtaj anoj de la Ŝengena kunlaboro en decembro 2007.

En la kafejo de la aŭtobusa stacio mi stariĝas en la mallonga vico, sed kiam mi atingas la kason, min preteriras ruse parolanta viro. Li ja volas nur unu grandan bieron. Li pagas per bankokarto kaj sidiĝas ĉe unu el la malgrandaj, rondaj tabloj. Estas la oka horo matene.

Ĉar mi subite havas kroman tempon, mi post la matenmanĝo promenas al la Bronza Soldato – la granda militista tombejo situas tute proksime de la busstacio. Survoje tien mi preteriras grandan kampon, ĉirkaŭitan de barilo, kie staras dekoj da armeaj veturiloj. La tombejo apudas ejon, kiu supozeble antaŭe estis sovetia milita bazo. Nun ĝi ĉiukaze estas grandparte modernigita estonia armea bazo. Staba kaj komunika bataliono, indikas ŝildo ĉe la enveturejo. La enpasejoj por dungitoj estas modernaj, senhomaj aŭtomatpordoj. Por veturiloj estas pli granda pordego kun gardistoj. Kaj la Bronza Soldato staras kie ĝi devas, ĉe la centra loko de la militista tombejo, rekte kontraŭ la ĉefenirejo.

La luksa, flava buso de la marko Scania, kun litoviaj numerŝildoj, alveturas la platformon kelkajn minuntojn antaŭ la deka. La du ŝoforoj parolas la rusan sen akĉento kaj havas rusajn nomojn sur siaj ŝildetoj, sed la nomoj estas skribitaj per latinaj literoj kaj finiĝas je s – ili ja venas el Litovio, kaj tie viraj nomoj finiĝu je s. La fina haltejo de la buso estas la ĉefurbo de Litovio, Vilno. La vojo estas longa, do oni bezonas du ŝoforojn. Mi mem feliĉe eliros jam en Rigo en Latvio.

Kiam ni eniras, unu el la ŝoforoj kontrolas la pasportojn. Poste ni ekveturas, mi ligiĝas al la sendrata reto de la buso, kaj la neokupita ŝoforo bonvenigas nin per la laŭtparoliloj. Unue en la litova pro la formo, poste en la rusa por ke ĉiuj komprenu, kaj fine en la angla por la turistoj – en la buso estas kelkaj japanoj, ĉinoj kaj finnoj.

Grandaj ekzercoj de NATO denove okazas en Baltio, kaj kelkajn dekojn da kilometroj antaŭ Pärnu ĉe la marbordo ni preterpasas kolonon de armeaj veturiloj, kiuj haltis ĉe la vojrando. Post iom pli ol du horoj da vojaĝado ni atingas la limon de Latvio. La limstacio estas negardata de kiam Estonio kaj Latvio iĝis parto de la Ŝengena regiono, sed la limo tamen rimarkeblas – la vojo subite iĝas multe pli malbona. Krome proksime al la limo staras latvia kolono de armeaj veturiloj, la ekzercoj de NATO okazas en la tuto de Baltio.

La buso malfruiĝas pro la konstantaj vojlaboroj, kaj kiam ni alvenas al Rigo, estas kvazaŭ ni krome estus veturintaj kelkajn jarojn malantaŭen en la tempo. Ĉi tie ankoraŭ ne estas farita la luksa renovigo de la aŭtobusa stacio, kaj la aĝa virino en la neceseja kaso stakigis antaŭ si moneretojn por havi pretan ŝanĝmonon, precize kiel en la sovetia tempo. La juna knabino en la gazetkiosko aliflanke havas problemojn pri la rusa lingvo, sed mi tamen sukcesas aĉeti latvian SIM-karton por mia telefono. La taksiisto estas ruslingvano, kaj li ne ĉesas babili.

– Ĉu el Estonio? Jes, tie la aferoj statas pli bone, ili ja ne fermis ĉiujn sovetiajn fabrikojn, kiel ĉe ni. Ĉu laboro mankas? Eĉ ne demandu...

Li silentiĝas dum momento, kiam mi atentigas, ke en Estonio iuj diras precize la malon – estas pli bone en Latvio, ĉar tie oni ne fermis ĉiujn sovetiajn fabrikojn, kiel ĉe ni. Kaj jen ni alvenis, la prezo estas rimarkinda. Almenaŭ kiam temas pri taksioj, la merkato ŝajnas pli libera ĉi tie ol en Talino. Aŭ simple en Estonio mi pli bone scias, kiun firmaon uzi.

Sekvatage mi renkontas unu el la ruslingvaj veteranoj de la Latvia Popola Fronto. Precize kiel la popola fronto en Estonio kaj Sąjūdis ("la movado") en Litovio, la Latvia Popola Fronto estis vasta movado por demokratiaj reformoj, fondita en 1988, kiam la perestrojko de Miĥail Gorbaĉov ebligis tion. La popola fronto komence ne postulis kompletan sendependiĝon, sed rapide radikaliĝis. Ĉar preskaŭ duono de la loĝantaro de Latvio tiam estis nelatvoj, gravis ke la movado havu la subtenon ankaŭ de aliaj popolgrupoj. La gazeto de la movado, *Atmoda* ("Vekiĝo") estis eldonata ankaŭ en la rusa, kaj dum iom da tempo la ruslingva versio estis ege populara ankaŭ ekster Latvio, ĉar ĝi estis unu el la plej liberaj haveblaj ruslingvaj gazetoj en la tuta Sovetio.

La ĉefredaktoro de la ruslingva eldono estis Aleksej Grigorjev, kiu estis parlamentano de la Latvia Popola Fronto, kaj unu el la malmultaj ruslingvaj anoj de la parlamento de soveta Latvio, kiuj en majo 1990 voĉdonis por la restarigo de la sendependeco de Latvio. Mi renkontas lin en restoracio rande de Rigo, kie li sidas sur la teraso, trinkas kafon kaj manĝas rabarban kukon.

– Mi volis gustumi, kia ĝi estas ĉi tie. Tre bona. Eble ankaŭ vi volas tian?

Ruse rabarbo nomiĝas "reven", sed Aleksej Grigorjev diras "rabarbar", kiel ofte faras rusoj en Baltio, ĉar la kreskaĵo nomiĝas proksimume tiel en la estona, latva kaj litova. La nova estonia ruslingva televidkanalo ETV+ eĉ nomis sian kulturprogramon Rabarbar, ĉar oni opinias, ke la vorto estas signo de la baltrusa identeco.

Mi tamen ne mendas la rabarbar-an kukon, sed demandas, kiuj estis la rusoj en la demokratia movado fine de la 1980-aj jaroj, kaj kie ili estas nun.

– Estas tre diverse. Kaj cetere, kion signifas "rusoj"? Mi estas duone latvo, mia plej proksima kunlaboranto Vladimir Linderman supozeble estis judo, ĉiuj ni estas ia miksaĵo. Same pri la latvoj, cetere, nia nuna prezidanto ja havas rusan patrinon. Kaj nia unua ŝtatestro nomiĝis Anatolij Gorbunov.

La komunisto Anatolij Gorbunov, aŭ latve Anatolijs Gorbunovs, estis la prezidanto de la sovetia latvia parlamento ekde 1988, aliĝis al la linio de la Latvia Popola Fronto, kaj kiel prezidanto de la parlamento formale estis la ŝtatestro de la sendependa Latvio ĝis 1993. La nomo estas tute rusa.

– Ja povas esti, ke li estas latvo, sed tute klare en la parencaro estas rusoj. Kaj tio estas tipa por Latvio. La disiga linio estas la lingvo. Se vi parolas la latvan kiel latvo, do vi estas latvo. Okazas, ke oni kritikas Latvion pro etna naciismo, sed vere ne pri tio temas. Prefere tiukaze pri lingva naciismo. Estas kelkaj pliaj aferoj, kiuj difinas, kiu vi estas, sed la lingvo plej gravas. Kaj ĉu vi opinias, ke Latvio estis okupaciita en 1940. Se vi ne opinias tion, vi verŝajne ne estas latvo, eĉ se vi parolas latve. Mi mem povus same bone esti latvo kiel ruso. Mia patrino estas latvino, mi povintus eĉ preni ŝian fraŭlinan nomon.

En la sovetia lernejo oni instruis al ĉiuj, ke la landoj de Baltio libervole kaj en demokratia ordo aliĝis al Sovetio en 1940. Spite la evidentan absurdecon de la aserto, multaj rusoj daŭre ne volas akcepti, ke fakte okazis milita okupacio.

Aleksej Grigorjev atentigas, ke fakte jam pasis kvarona jarcento de post la restarigo de la sendependeco de Latvio, kaj tial multaj el la tiamaj aktivuloj proksimiĝas al la pensia aĝo. Li mem dum multaj jaroj laboris pri demokratiigaj projektoj en eksaj sovetiaj respublikoj, plej laste en Azerbajĝano, kaj li nur tute lastatempe revenis al Latvio.

– Mi supozas, ke ni estis idealistoj, multaj el ni, kaj ni ja ne komplete sukcesis krei tiun surteran paradizon, kiun ni volis atingi. Sed post kiam mi laboris kaj loĝis en multaj landoj en la eksa Sovetio, mi opinias, ke Latvio tamen povas ricevi solidan noton de kvar sur la kvinŝtupa sovetia skalo, ĉar ĉio povintus rezulti multe pli aĉe. Ni ja ne havis militojn aŭ grandajn konfliktojn. Ne pro tio, ke la gvidantoj de Sovetio ne volis tion, ili ja provis sturmi la parlamenton kaj ĉion eblan. Sed ili sukcesis instigi nenion, ĉar la rusoj ĉi tie ne fidis la batalemulojn, ili restis trankvilaj. Tamen efektive multaj nun opinias sin trompitaj.

Kiuj opinias tion?

Latvio

– Multaj ruslingvanoj opinias tion, ili sentas sin maljuste traktitaj, ili opinias, ke la devigo trapasi lingvoekzamenon por civitaneco estas humiliga, kaj tial ili ne petas civitanecon. Sed la Popola Fronto fakte neniam asertis, ke ĉiuj loĝantoj en Latvio aŭtomate ricevos civitanecon, oni dekomence diris, ke la kondiĉoj estos lingvoscio kaj lojaleco. Lojalecon oni ne povas testi, sed lingvoscion jes.

En la movado por demokratio en la 1980-aj jaroj antaŭ ĉio aktivis latvoj, la rusoj ne estis tre multaj, diras Aleksej Grigorjev.

– Kelkaj miloj aktivis en la movado. Sed multaj el ili estis famuloj, aktoroj kaj tiel plu. Cetere ĝuste la famuloj ne ege aktivis, ilin oni invitis, por ke ili estu la vizaĝo de la movado eksteren. Mi fakte dirus, ke ĝuste ni ĉirkaŭ la gazeto estis la plej aktivaj. Ankaŭ ni kompreneble videblis eksteren, tiutempe homoj aliris min surstrate kaj dankis pro nia laboro. Sed tion ĉefe faris latvoj. Kaj mi ofte parolis al ruslingva publiko, studentoj kaj tiel plu. Kun kolego, kiu jam forpasis, mi eĉ dum iom da tempo ĉirkaŭveturis al militaj bazoj por rakonti al la militservantoj pri la Popola Fronto. Sed tion ni ne rajtis fari aparte multajn fojojn, ili baldaŭ fermis la pordojn antaŭ ni, ili opiniis, ke ni subfosas la kredon je la fundamento de la socio.

Aleksej Grigorjev iom ridas. La oficiroj certe pravis, sed ne sufiĉis ŝlosi la kazernojn, la realo tamen ensorbiĝis kaj Sovetio disfalis. Tamen, antaŭ tio okazis diversaĵoj, interalie rompŝtelo en la hejmo de Aleksej.

– Tio estis en 1989, kaj la rompŝtelistoj havis nekutime intelektajn interesiĝojn. Ili ŝtelis ĉiujn miaj notojn, sendepende de tio, pri kio temis, la diktafonon kun ĉiuj kasedoj, la poemojn de Anna Aĥmatova en du volumoj, kaj eĉ Biblion, kiun mi ricevis de katolika pastro. Aliflanke ili ne prenis mian vidbendaparaton, kvankam tiu estis posedaĵo pri kiu tiutempe ĉiuj en Sovetio revis. Kaj tiu cetere ne estis la sola rompŝtelo en mia apartamento. Unu fojon oni krome serioze batis min, mia makzelo rompiĝis, ili volis timigi min. Sed mi iĝis nur eĉ pli kolera, jam samtage mi donis intervjuon al BBC. Ĝuste tio okazis al ni, jam ne eblis timigi nin, kiam la tempo alvenis, ni rektigis la dorson. La vivo en Sovetio estis vivo en ia tordita stato. Kiam oni vivas tiel la tutan tempon, oni eĉ ne komprenas, ke io alia eblas. Sed kiam oni unu fojon rektigis la dorson, jam ne eblas reiri.

Aleksej Grigorjev ne lasis timigi sin, li plu laboris por la Popola Fronto, elektiĝis en la parlamenton, la superan soveton de Latvio, en la unuaj relative liberaj balotoj en marto 1990, kiam la Popola Fronto ricevis 68 procentojn el la voĉoj kaj 131 el la 201 mandatoj. En la parlamento li kiel dirite voĉdonis por la restarigo de la sendependeco de Latvio en majo 1990. La plej multaj aliaj ruslingvaj parlamentanoj reprezentis la komunistojn aŭ estis senpartiaj, kaj ili ne partoprenis la voĉdonadon pri la deklaro de sendependeco.

– Por tio mi ricevis medalon, ĉar mi faris kruceton en kvadrateto. Tio estas ridinda. Sed aliflanke, mi ja gajnis la elekton por la Popola Fronto en distrikto, kie neniu alia verŝajne sukcesus, estis distrikto en Latgalio kun multaj belorusoj kaj rusoj, kie la homoj tre fidis aŭtoritatojn. Sed mi ricevis helpon de la katolika eklezio. La ortodoksa pastro aliflanke forkuris ĉiam kiam li ekvidis min, li ne volis diri eĉ duonan vorton por aŭ kontraŭ. Li tutsimple timis.

La plej gravan laboron por demokratio kaj la sendependo de Latvio Aleksej Grigorjev tamen plenumis ne en la parlamento, sed en la redakcio de la gazeto Atmoda. Lia plej proksima kunlaboranto tie estis Vladimir Linderman, kiu nun estas unu el la plej akraj kritikantoj de la latvia politiko pri naciecoj.

– Li estas la plej radikala ekzemplo de tio, kio okazis kun homoj, kiuj siatempe estis tre aktivaj en la movado por demokratio kaj sendependo. Nun li laboras en absolute mala direkto. Li trapasis kompletan metamorfozon, li ja estis mia anstataŭanto en la redakcio.

Kiu estis la kaŭzo, kial laŭ vi li ŝanĝis la opinion?

– Li supozeble sentis sin ofendita, samkiel multaj aliaj. Liaj meritoj rilate la ŝtaton ja estis enormaj, eble same grandaj kiel la miaj. Sed subite okazis io komplete neatendita ankaŭ por mi. En la sama momento kiam Latvio fine akiris sian sendependon, la batalantoj por libereco subite komencis batali pri postenoj de potenco kaj pri monofluoj. Tio estis terura. Kaj kiel dirite, tute neatendita. Samtempe ni iĝis negravaj – jam havis nenian signifon kion opiniis la rusoj, ĉar ili ne havis voĉdonrajton. Ĉiuj rafinitaj politikaj planoj, kiujn oni anticipe faris, estis forgesitaj. Hodiaŭ ja tute klaras, ke la sekureco de nia ŝtato estus pli forta, se oni daŭrigus laŭ la plano. Ja ne necesis ke oni aŭtomate donu la civitanecon al ĉiuj. Sed oni sendis tute malĝustajn signalojn, kiam oni enkondukis kvotojn por tio, kiom da homoj ĉiujare rajtu iĝi civitanoj.

La signalo al la ruslingvanoj estis, ke ili estas nedeziratoj en la nova, sendependa Latvio, opinias Aleksej Grigorjev.

– Kaj tio siavice komprenelbe kaŭzis, ke multaj efektive sentis

Latvio

sin ofenditaj. Ni daŭre havas ĉi tie grandan kvanton da homoj, kiuj ne sentas kunecon kun la ŝtato kaj popolo de Latvio. Estas homoj, kiuj diras, ke ili ne intencas defendi Latvion, se ĉi tie samkiel en Krimeo aperus verdaj viroj. Anstataŭe ili aĉetos krevmaizon kaj sekvos la spektaklon, ili diras. Tio kompreneble estas stulta, ĉar ankaŭ ili mem suferus.

Estas malfacile diri, pri kiom da homoj temas, sed Aleksej Grigorjev opinias, ke ian indikon donas la opiniesploroj, laŭ kiuj triono el la ruslingvanoj klare subtenas la rusian anekson de Krimeo. Tio kompreneble ne signifas, ke la samaj homoj nepre subtenus anekson de latvia teritorio, sed multaj el ili ĉiukaze ne kontraŭus, kredas Aleksej.

– Iaspeca kvina kolono ja estas ĉi tie. Kaj se oni rigardas, kiel Rusio agis en Krimeo kaj orienta Ukrainio, evidentas, ke tute ne necesas havi la aktivan subtenon de la majoritato. Sufiĉas, ke 10-15 procentoj tumultas, aldone oni dungas krimulojn kaj ĉiaspecajn aventuristojn de ekstere, tio plene sufiĉas por kuiri tian supon. Kaj tiun kvanton da homoj ni sendube havas ĉi tie. Samtempe oni devas ja memori, ke ni havas ankaŭ la alian trionon, tiujn, kiuj aktive kontraŭas la anekson de Krimeo. Sed ili nek videblas nek aŭdeblas. Ni havas neniun literaturon, neniujn gazetojn, eĉ ne retejon, kiu disvastigus ilian vidpunkton.

Kial do ne?

– Tion ankaŭ mi ne komprenas. Tio estas enigmo. Sed oni ja diras, ke la distanco de amo al malamo estas nur unu paŝo: unu diskuto pri Ukrainio. Okazas, ke familioj disfalas pro tiu kialo. Tial multaj tute ne volas paroli pri tio, multaj silentas eĉ en sia propra hejmo, ĉar se ili diras ion, estiĝos kverelo. Mi bone scias tion, pro tiu kialo mi ne parolas kun mia kuzo jam preskaŭ du jarojn.

Ni sidas sur la teraso, kaj la laŭta alarmo de aŭto en la apuda parkumejo subite haltigas la diskuton. La aŭto blekas kelkajn sekundojn, silentiĝas, refoje blekas. Aleksej Grigorjev formanĝas la lastan pecon de sia rabarba kuko kaj poste atentigas, ke la granda kvanto de ruslingvanoj en Latvio estas sekvo de konscia sovetia politiko, kiu celis ŝanĝi la konsiston de la loĝantaro.

– Pri tio mi komplete certas. Tio estis bezonata por krei novan, sovetian popolon, novan historian komunecon. Kaj kiel ni vidas, iugrade oni ja sukcesis. Sovetio ne plu ekzistas, sed la sovetiaj homoj restas. Iasence ni ĉiuj estas sovetiaj homoj, ankaŭ mi mem. Oni fakte demandis tion al mi dum lastatempa konferenco, ĉu mi sentas en mi

— 89 —

la sovetian homon. Komprenebie jes. Mi klopodas liberiĝi de tiu sklava sinteno, sed ĝi daŭre reaperadas kiam oni tute ne atendas tion.

Por latvoj multe pli facilas liberiĝi de la sovetia mens-aranĝo ol por rusoj, diras Aleksej Grigorjev.

– La latvoj havas sian propran miton pri la pasinteco, miton kiu pli proksimas al la vero ol la sovetia mito. Jes, ankaŭ ĝi estas mito, sed mito, sur kiu oni povas apogi sin. Ĝi estas mito pri sendependa, eŭropa Latvio kiu estis konkerita, ŝtato kiu estis detruita. La mito ne atentas, kiom ni kunlaboris kun diversaj okupaciaj potencoj kaj tiel plu. Mi kredas, ke ankaŭ tiu tempo venos, sed tie ni ankoraŭ ne estas. Ĝis nun tiu mito helpas al ni distanciĝi de ĉio sovetia. Sed tiuj, kiuj estis movitaj ĉi tien, ili estis tute dependaj de la potenculoj, ili estas forŝiritaj de siaj radikoj.

Ĝuste tial la ruslingvanoj en Baltio estas aparte facile influeblaj per la rusia propagando, opinias Aleksej Grigorjev.

– Ili malhavas similan miton pri si mem, ili malhavas klaran bildon pri tio, kiuj ili estas. Multaj ne volas, ke oni nomu ilin rusoj, mi renkontis tiajn junulojn. Sed ili ankaŭ ne estas latvoj, ili ne scias, kiuj ili estas. Kaj se oni do proponas al ili ian celon en la vivo, kiel ajn idiotan, do multaj pretas akcepti ĝin. Sed nia ŝtato ne donas al ili tian celon. Nia ŝtato entute ne vidas ilin, ne rimarkas ilin. Kaj tio estas tre danĝera. Trista kaj danĝera.

Estas la nacia tago de Svedio, kaj Aleksej Grigorjev estas invitita al la akcepto en la ambasadejo de Svedio en Rigo. Mi kunveturas al la centro en lia aŭto, sed unue li devas surmeti sian formalan kompleton, do ni haltas ĉe lia hejmo, en distrikto de altaj sovetiaj paneldomoj.

Iu, kiu apenaŭ estus bonvena en la ambasadejo de Svedio, estas la kolego de Aleksej Grigorjev de la tempo de la Latvia Popola Fronto, Vladimir Linderman. Nuntempe li estas unu el la plej malestimataj politikistoj de Latvio – se oni entute povas nomi politikisto viron, kiu ne estas civitano de Latvio, nek de ajna alia lando. Dum kelkaj jaroj ĉirkaŭ la jarmilŝanĝo li loĝis en Rusio. En Latvio oni suspektis lin pri planita bombatenco. En la jaro 2008 li estis arestita en Rusio kaj transdonita al Latvio, kie la kortumo fine post multaj komplikaĵoj trovis lin senkulpa.

Mi renkontas Vladimir Linderman ekster mia hotelo, proksime al la fervoja stacidomo de Rigo. Li havas jam griziĝantan, mallonge tonditan hararon, bone prizorgitan barbon, kaj surhavas hele bluan sportjakon kun kapuĉo, super ruĝa t-ĉemizo. Li ridetas iom timide, parolas kun milda voĉo kaj ĝentile manpremas. Je la unua impreso li ŝajnas prefere superaĝa adoleskanto ol danĝera revoluciulo. Sed eble la diferenco ne estas enorma?

Mi proponas, ke ni prenu bieron en la hotela baro, kaj Vladimir Linderman konsentas. Eble la sekurecpolico de Latvio observas lin, sed neniu sekvas nin internen. Tamen, kiel povis okazi, ke Vladimir Linderman fine de la 1980-aj jaroj ekhavis la ideon labori por la Popola fronto, sed nun havas komplete aliajn pensojn?

– Mi tiam havis sufiĉe kontraŭkomunisman sintenon. Kaj cetere, same mi havas ankaŭ nun, tiasence ke mi absolute ne sentas ajnan sopiron reen al Sovetio. Ne kiam temas pri la politika sistemo. Sed en la sovetia tempo ni ja tute ne komprenis, kia ideologio naciismo estas, ni estis komplete sensciaj. Mi vere ne povis imagi, kiaj danĝeroj ekzistas, mi aliĝis al la movado por labori kontraŭ la tiamaj komunismaj potenculoj. Ke el la afero povus rezulti naciisma ŝtato, tion mi entute ne povis eĉ imagi.

Anstataŭe Vladimir Linderman kredis, ke ia komuna sed pli demokratia unio de la iamaj sovetiaj respublikoj povus konserviĝi.

– Mi ĉiam estis subtenanto de socialismaj ideoj, sed por realigi ilin necesas funkcianta demokratio, liberaj elektoj, leĝaj partioj kaj tiel plu. Mi tutsimple atendis, ke oni konservos ian proksiman kontakton inter Rusio kaj Baltio. Ke ĉio estos detruita ĝis la fundamento, tion mi ne povis imagi. Tio nun sonas naiva, sed ankaŭ multaj aliaj rusoj certe ne povis imagi tion. Mi ne sciis la latvan tiel bone en tiu tempo, kaj mi ne komprenis, kio okazas en la latvalingva diskuto. Mi ja komprenis, ke eĉ ene de la Popola Fronto troviĝas radikalaj naciistoj, sed mi pensis, ke ili pli malfortas ol efektive estis.

Eble estis erare aliĝi al Popola fronto, sed Vladimir Linderman ne scias diri, kion li farus, se li rajtus elekti denove. La kontraŭbatalanto de la Popola Fronto, Interfronto, kiu kolektis multajn ruslingvajn subtenantojn fine de la 1980-aj jaroj, daŭre ne ŝajnas alloga alternativo.

– Ili tute ne volis ajnajn reformojn, tio ne taŭgus por mia temperamento. Mi ja volas ŝanĝojn, mi neniel povus membri en tia komplete konservativa movado. Mi povintus aliĝi al organizaĵo, kiu volis konservi Sovetion sur nova fundamento, sed nenio tia ekzistis. Komence de la 1990-aj jaroj mi komplete forlasis la politikon, mi anstataŭe okupiĝis pri entreprenado.

Vladimir Linderman interalie eldonis ruslingvan erotikan ĵurnalon, kiu dum iom da tempo estis tre populara en Rusio. Li krome malfermis seksbutikon, kiu laŭdire estis la unua en la tuta eksa Sovetio. Baldaŭ li proksimiĝis al la radikala rusia Nacibolŝevisma Partio, la stranga kreaĵo de Eduard Limonov, kies flago similas tiun de la nazia Germanio, sed kun serpo kaj martelo anstataŭ la svastiko. La partion, kiu estis malpermesita en Rusio en 2005, oni foje pritraktis kiel artprojekton, sed tiukaze temas pri mortiga arto. Dum la milito en Bosnio 1992 Limonov vizitis la fronton ĉe Sarajevo kun la serba politikisto Radovan Karadžić, kiu poste estis kondamnita pro militaj krimoj en la tribunalo de Hago. Dum la vizito Limonov mem pafis en la direkto al la sieĝata urbo. La politiko de Limonov estas ia mikspoto de malklare difinita sed brua, stalineska komunismo kaj agresema rusa naciismo. La nacibolŝevistoj pli frue estis nepacigeblaj oponantoj de la reĝimo de Vladmir Putin, kaj pluraj partianoj estis kondamnitaj al prizono pro spektaklecaj protestoj. Ekde 2012 Limonov tamen paŝon post paŝo proksimiĝis al la ĉiam pli retroira politiko de Kremlo – aŭ, kiel preferas vidi la aferon la nacibolŝevistoj mem, Kremlo proksimiĝis al la politiko de Limonov. Vladimir Linderman mem atentigas, ke la nacibolŝevistoj ekzemple ĉiam opiniis, ke Krimeo devas aparteni al Rusio.

Aŭtune de la jaro 2002 Vladimir Linderman ĉiukaze veturis al Rusio. Li tute ne planis resti tie aparte longe, li diras. Interalie li devis esti atestanto de la defendo en proceso kontraŭ la estro de la nacibolŝevistoj, Eduard Limonov.

– Mi havis ankaŭ aliajn planojn, interalie mi okupiĝis pri filmfestivalo en Peterburgo. Sed dum mi estis tie, oni subite akuzis min pri seriozaj krimoj ĉi tie en Latvio, kaj mi petis azilon en Rusio. Estis longa listo da aferoj, pri kiuj ili akuzis min, murdatenco kontraŭ la prezidento, instigado al ŝtatrenverso kaj posedo de eksplodaĵoj.

Rusio malakceptis la unuan peton de Latvio pri ekstradicio, kaj Vladimir restis loĝi en Rusio dum pli ol kvin jaroj, ĝis la rusiaj aŭtoritatoj ŝanĝis sian opinion. Li estis arestita kaj fine redonita al Latvio en la printempo de 2008.

– La rusia sekurservo redonis min katenita. Mi unue sidis en arestejo tie dum iom da tempo, poste pliajn kvar monatojn ĉi tie en Latvio. Sed kiam venis la tempo de la proceso, restis nur la akuzo pri posedo de eksplodaĵoj, kaj fine oni trovis min senkulpa. Tamen ili ne kapitulacis. Nun estas okazantaj kvar novaj krimesploroj, en kiuj mi estas suspektato. Sed ili havas neniajn pruvojn, neniajn faktojn, nenion. Oni interalie suspektas min pri spionado kaj terorismo, mi ne rajtas forlasi Latvion dum la esplorado daŭras, kaj mi devas ĉiam tranokti hejme.

Reveninte al Latvio Vladimir Linderman komencis pripensi, kion li povus fari por igi la rusojn en Latvio interesiĝi pri politiko.

– Antaŭ ĉio mi koncentriĝis al du aferoj: la demando pri la civitaneco kaj la lingvo. Rilate la lingvon, mi antaŭ ĉio pensis pri la lerneja instruado en la rusa.

Referendumo pri la leĝoj pri civitaneco devus esti la plej bona maniero veki la rusojn en Latvio, Vladimir Linderman unue opiniis. Sed la plej multaj kun kiuj li parolis ne aparte interesiĝis. La demando ŝajnis jam eksa. La lingva demando aliflanke estis aktuala, ĉar la konservativa naciisma partio ĝuste tiam volis aranĝi referendumon por tute forigi la rusan lingvon el la lernejoj.

– Oni bezonis ian mobilizon por montri, ke la rusoj povas respondi. La potenculoj ja asertis, ke la rusoj jam integriĝis, ke ili jam iĝis latvoj. Tamen duaklasaj latvoj. Aŭ triaklasaj, tiuj kiuj ne estas civitanoj. Mi volis montri, ke ne estas tiel, ke la rusoj daŭre restas rusoj.

Printempe de 2011 Vladimir Linderman komencis kolekti subskribojn por propra referendumo, kun la postulo igi la rusan dua oficiala lingvo en Latvio. Tio sukcesis super ĉiuj atendoj, kvankam mankis mono por la kampanjo kaj kvankam necesis dek mil subskriboj validigitaj de notario.

– Tiu, kiu volis subskribi, devis mem iri al notario kaj pagi kotizon, ne aparte multe da mono, sed tamen. Mi kredis, ke daŭros longe, kaj ni ja havis tutan jaron. Sed post kiam aperis mia unua artikolo pri la referendumo, ĉio pasis tre rapide. Daŭris nur kvin semajnojn, kaj ni jam havis pli ol dek mil subskribojn.

Poste estis la tempo de la parlamentaj elektoj, kaj la plej multajn voĉojn ricevis la Centro de Harmonio, partio kun svage maldekstra profilo, kiun antaŭ ĉio subtenas la ruslingvanoj, kaj kiu havas oficialan kunlaboron kun la reganta partio de Rusio, Unueca Rusio, same kiel la Centra Partio de Edgar Savisaar en Estonio. Sed kvankam la Centro de Harmonio kun siaj 28 procentoj el la voĉoj iĝis la plej granda partio, la aliaj partioj rifuzis enlasi ĝin en la koridorojn de la potenco.

Tiam la estro de la Centro de Harmonio, la ruslingva urbestro de Rigo, Nil Uŝakov (latva nomformo: Nils Ušakovs) decidis fortigi la publikan bildon de la partio kaj aliĝi al la propono pri referendumo. Kiam li metis sian nomon sur la liston, subite ne estis malfacile kolekti la 150 000 subskribojn, kiuj en la dua fazo estis bezonataj por ke la referendumo okazu.

Kaj evidente la decido de Uŝakov gravis, konsentas Vladimir Linderman.

— En la Centro de Harmonio estis homoj, kiuj subtenis la referendumon jam antaŭ la parlamenta balotado. Sed la plej multaj tamen opiniis, ke temas pri ia stranga ideo de tiu Linderman – ĝis ili vidis, kiel rapide ni sukcesis kolekti la unuajn dek mil subskribojn. Kaj tiam eĉ Uŝakov vidis, ke homoj efektive subtenas la referendumon. Sed jes, la plej grava kialo, pro kiu li subskribis, estis, ke oni ne donis al li lokon en la registaro. Li estas tia bazara politikisto, li havas neniajn proprajn opiniojn, kaj kiam li vidis, ke la rusaj voĉdonantoj subtenas la referendumon, li aliĝis al la ideo kaj subskribis. Pro tio siavice iĝis pli facile altiri la pli okcidente pensantan, malpli konflikteman parton de la rusaj elektantoj.

Neniam iĝis referendumo pri la forigo de la rusa lingvo el la lernejoj – la naciista partio ne sukcesis kolekti sufiĉe da subskriboj. La referendumon pri la statuso de la rusa lingvo oni aranĝis en februaro 2012. En kelkaj el la ruslingvaj urbopartoj de Rigo kaj en la ruslingvaj regionoj de orienta Latvio la propono pri la rusa kiel dua oficiala lingvo ricevis majoritaton de la voĉoj, sed tutlande tri kvaronoj voĉdonis kontraŭ ĝi.

Dekomence estis klare, ke la propono havas neniun ŝancon ricevi la subtenon de la majoritato, kial oni entute bezonis la referendumon?

— Ĝi estis bezonata por fortigi la rusan komunecon. Kaj por mi komprenebla temas ne nur pri Latvio, temas pri la tuta rusa mondo, ĉiuj lokoj, kie rusoj restis ekster la limoj de la Rusa Federacio. Ĉi tiu referendumo komprenebla estis stimula por rusoj ĉie ekster la limoj de Rusio, ĝi donis memfidon kaj optimismon.

"La rusa mondo", *russkij mir*, estas koncepto kiun rusaj naciistoj ofte uzas por akcenti ne nur la komunecon de rusoj, sed ankaŭ la justecon de la rusia ekspansiismo, lastatempe antaŭ ĉio en Ukrainio. Kiam mi demandas al Vladimir Linderman, kion li mem celas per "la rusa mondo", kaj kiel tio rilatas al la rusoj en Latvio, li tuŝetas antaŭ ol respondi.

— Hm, jes. Ĉi tie en Latvio mia elirpunkto estas, ke oni devas havi egalajn rajtojn kaj... Jes, egalajn rajtojn. Kaj mi ne opinias, ke estas mia respondeco garantii la transvivon de la latva nacio. Tio estas nenatura. Kial tio devus zorgigi min? Ne estas mia demando. Jes, mi povas konsenti pri ĝi, sed tiam oni bezonas ian interkonsenton. Oni devas solvi la demandon de civitaneco, kaj almenaŭ regione la rusa lingvo devas ricevi ian oficialan pozicion. En Finnlando la sveda lingvo ja havas oficialan statuson sur la tutlanda nivelo. Sed oni povus doni al la rusa oficialan statuson ekzemple en la urboj, kie la rusoj estas pli ol 30 procentoj el la loĝantaro. Tio kompreneble inkluzivus Rigon, kaj ekzemple Daugavpils kaj Rēzekne en sudorienta Latvio. La ruslingvaj lernejoj estas gravaj, nun oni ja klopodas asimili la rusajn infanojn komplete kaj laŭeble rapide.

En Finnlando municipo estas oficiale dulingva, se almenaŭ 8 procentoj el la loĝantoj estas svedlingvaj. Svedlingvan edukon oni proponas ekde infanvartejo ĝis universitato, kaj ĉiuj lernantoj, ĉu svedlingvaj, ĉu finnlingvaj, devas studi la alian oficialan lingvon de la lando jam en la baza lernejo. Kompare kun tio oni povus opinii, ke la deziro pri ia regiona statuso por la rusa en Latvio estas modera ideo. Sed Latvio ne estas Finnlando. Ĉi tie la propono estas radikala, kaj la subtenantoj de pli forta pozicio por la rusa lingvo ne malofte estas politike ekstremaj ankaŭ en multaj aliaj manieroj.

Tiel ankaŭ Vladimir Linderman, li ja estas nacibolŝevisto. Li iom iritiĝas, kiam mi demandas, kial lla estro de la partio, Eduard Limonov, ŝanĝis sian direktiĝon kaj ne plu estas en opozicio kontraŭ Putin.

– Se vi opinias, ke li ŝanĝis la direktiĝon, tiam vi ne konas la historion. Ni organizis manifestaciojn en Krimeo jam kiam Vladimir Putin ankoraŭ laboris en la urbestra oficejo en Peterburgo. Ni postulis, ke Krimeo estu aligita al Rusio, kaj niaj aktivuloj en Krimeo estis malliberigataj jam en 1999. Ni ĉiam estis patriota organizaĵo, ni organizis protestojn en Baltio kaj en Kazaĥio, kie ni postulis aligon de la nordaj partoj al Rusio. Kaj ankaŭ en Ukrainio ni ĉiam estis subtenantoj de unio kun Rusio.

Sed kion pri Latvio, se vi volas, ke partoj de Kazaĥio estu aligitaj al Rusio, ĉu vi ne volas la samon ĉi tie en Latvio? Aŭ en Narva, kie preskaŭ ĉiuj estas ruslingvanoj?

– Tiu demando ne aktualas nun. Ni forgesu fantaziojn. Jes, ĉio povas okazi, sed hodiaŭ Latvio estas membro de NATO, kaj estas stulte eĉ fantazii en tiu direkto. Kaj la rusiaj regantoj absolute ne havas tiajn planojn, pri tio mi certas centprocente. Baltio jam forlasis la komunan domon, tiu demando estas nesolvebla en la nuna stadio.

Sed la demando tamen ekzistas, ĉu?

– La demando ekzistas. Sed ĝin oni povus solvi per vasta aŭtonomio. Pri tio mi parolis, kaj tio kredeble sufiĉus. Estas ja la sama afero en Donbaso, Putin ja ne volas aligi Donbason al Rusio. Mi opinias, ke oni devus fari tion, sed Putin opinias, ke tio kaŭzus tro grandajn problemojn.

Rusio uzis grandajn rimedojn por subteni la ribelulojn en Donbaso en orienta Ukrainio. Oni sendis tien ne nur armilojn, karburaĵon, monon kaj manĝaĵojn, sed kaze de bezono ankaŭ regulajn trupojn. Rusiajn militistojn oni varbis kiel "volontulojn" por la bataloj en Ukrainio, kaj Rusio faciligis la veturadon de veraj volontuloj al orienta Ukrainio por batali por la ribeluloj. Sed en Donbaso militas unuavice ne subtenantoj de Putin, sed rusaj ekstremnaciistoj, asertas Vladimir Linderman. Kvankam li mem nomas ilin "patriotoj".

– Tiuj, kiuj veturas tien, ili ĉiuj faras tion, ĉar ili estas patriotoj, aŭ nacibolŝevistoj. El la rusia armeo tie estas nur konsilantoj. Multaj el niaj uloj de ĉi tie veturis tien, kaj ili ne vidis rusiajn trupojn. Estas specialistoj kaj konsilantoj de komandantoj, sed ne trupoj.

Kiel do "viaj uloj", kiuj veturis tien? Ĉu vi celas, ke vi helpis al ili?

– Oni povos malliberigi min, se mi diros, ke mi helpis al ili veturi. Sed temas pri nacibolŝevistoj, kelkaj el miaj kamaradoj estas tie ĝuste nun. El miaj plej proksimaj kamaradoj eble kvin aŭ ses veturis tien, entute eble kvardeko el Latvio. Tio ne estas malmulte, konsiderante ke en Latvio estas nur sepcent mil rusoj.

Se ili revenus el orienta Ukrainio, la nacibolŝevistoj el Latvio ekhavus gravajn problemojn kun la aŭtoritatoj.

– Kontraŭ ili kaj kontraŭ mi oni jam iniciatis krimesplorojn. Unue ili ja ne sciis, kiun leĝon ni malobservis, sed ili konkludis, ke oni povas uzi la paragrafon pri instigado al terorismo. Kaj tiukaze mi kulpus pri varbado de teroristoj. Mi lastatempe helpis unu el niaj uloj, li estis vundita en Luhansk, kaj mi sukcesis aranĝi, ke li ricevu provizoran azilon en Moskvo. Li estas civitano de Latvio, kaj ili unue ne volis permesi, ke li restu.

En Latvio la okazaĵoj en Ukrainio antaŭ ĉio timigis la potenculojn. En la ĉiutaga vivo la sinteno al la ruslingvanoj ne malpliboniĝis, diras Vladimir Linderman.

– Almenaŭ mi ne rimarkis tion. Sed la potenculoj klare estas timigitaj de la situacio en Ukrainio. Aŭ iuj timas, aliaj ŝajnigas timi, ĉar ili volas ricevi pli da subteno de NATO. La regantoj en Latvio ja ĉiam malcertis, ĉu NATO efektive helpos, se okazos io, pri tio ili pensas tage kaj nokte. Nun ili ekhavis la ŝancon aserti, ke estas minaco flanke de Rusio, ke ni bezonas subtenon. Kaj tio gravas ankaŭ por Usono. Post Krimeo la aliancanoj komencis ekdubi, ĉu vere Usono estas forta, tial ili nun devas elmontri sian potencon ĉi tie kaj aserti ke ili neniam lasos Baltion sola. Sed mi certas ke la usonanoj ne vere kredas ke Rusio povus fari ion ĉi tie, mi vidas neniun bazon por tio.

Sed same neniu ja kredis, ke Krimeo povus esti aligita al Rusio?

– Ne, ankaŭ mi ne kredis tion, kvankam mi vere volis tion. Sed Rusio ja komprenigis, ke Baltio ne apartenas al la sfero de interesoj de Rusio, nur la cetero de la eksa Sovetio. Tio evidentas jam dek jarojn al ĉiuj, kiuj volas vidi. Rusio ankaŭ ne enmiksiĝas en la aferojn de la rusa minoritato. Mi volus, ke ili faru tion, sed ili ne faras.

Kiel do? Nu, ekzemple donante monon al organizaĵoj, kiuj laboras por la rajtoj de la ruslingvanoj, Vladimir Linderman diras. Li mem cetere neniam ricevis eĉ kopekon de la rusia ŝtato, li aldonas.

Memoroj de Sovetio

Maria Assereckova kolektas memorojn de Sovetio.

Ŝi estas 25-jara, kaj tuj post kiam ŝi finis siajn studojn ĉe la Universitato de Latvio en Rigo, ŝi estis dungita ĉe esplorprojekto en la sekcio pri buŝa historio ĉe la universitato. Ŝia tasko estas veturadi en Latvio kaj kolekti la rakontojn de ruslingvanoj pri sia vivo. Ŝi mem havas neniajn proprajn memorojn de la sovetia tempo.

– La ideo estas, ke la homoj mem formu sian rakonton, ili rajtu rakonti pri tio, kion ili mem trovas grava. Tial ni klopodas fari laŭeble malmultajn gvidajn demandojn. Ĉefe temas pri iom aĝaj homoj, ĉar ni volas paroli kun tiuj, kiuj havas spertojn de la vivo en Sovetio, kaj povas kompari ĝin kun la vivo en la sendependa Latvio. Ili kutime rakontas multe pri siaj infanaĝo kaj junaĝo, pri tiu parto de la vivo, kiu okazis dum la sovetia tempo. Mi rimarkis, ke la tempo de la sendependeco ofte ne lasis same fortajn impresojn.

Sendepende de tio, ĉu la intervjuatoj estas civitanoj de Latvio aŭ necivitanoj, ili malofte rakontas pri etnaj konfliktoj aŭ malfacilaĵoj en la vivo, diras Maria Assereckova.

– Unuflanke oni povus ja ĝoji pro tio – eble do ne ĉio en nia socio statas tiel malbone, kiel iuj el niaj politikistoj ŝatas aserti. Sed aliflanke povas ja ankaŭ temi pri tio, ke eĉ se la intervjuoj estas anonimaj kaj okazas en la rusa, la intervjuatoj tamen volas elmontri belan fasadon, ili ne volas rakonti pri malfacilaj aferoj. Ĉar eĉ se ni volus, ke la homoj kun kiuj ni parolas, estu pli malfermaj, ili plej ofte ne rakontas tiajn aferojn. Tiam oni ja ne povas scii, ĉu ili ne rakontas ĉar tio ne estis en ilia vivo aŭ ĉar ili ne volas aŭ timas.

Kion vi mem opinias?

– Dependas de tio, kun kiu oni parolas, kaj kiun socian statuson la homo havas. Homoj en alta socia pozicio pli libere parolas, ankaŭ kiam ili rakontas pri diversaj konfliktoj, kaj ili povas eldiri ankaŭ opiniojn, kiuj ne nepre estas ege pozitivaj por Latvio. Ordinaraj homoj estas pli atentemaj, kvankam la intervjuoj estas anonimaj.

La plej multaj el la ruslingvaj intervjuitoj de Maria Assereckova ĉiukaze ŝajne ne opiniis la disfalon de Sovetio granda katastrofo.

– Multaj diras, ke ili tute trankvile sin tenis al la okazaĵo. Sed aliflanke ne multaj aparte ĝojis pro ĝi. Simple ne estis granda dramo, ĉio pasis trankvile. La malagrablaĵoj komenciĝis poste – ne temis pri la disfalo de Sovetio, sed pri tio, kia iĝis la sendependa Latvio. Ne iĝi civitano, perdi la laboron, pri tiaj aferoj multaj parolas. Kelkaj rakontis, ke ili devis forlasi la laboron komence de la 1990-aj jaroj, ĉar ili ne scipovis la latvan. Kompreneble estis tre malfacile tiel rapide lerni la lingvon. Ili estis maldungitaj, aŭ ili sentis premon maldungiĝi, ĉar la etoso en la laborejo estis malagrabla. Tiaj aferoj evidente lasis malbonan postguston.

Kelkaj el la intervjuitoj diris, ke la pereo de Sovetio en si mem estis bona afero, ĉar multaj aferoj estis malbonaj dum la sovetia tempo. Sed plej ofte ankaŭ ili estis malkontentaj pri la nacieca politiko de la sendependa Latvio, diras Maria Assereckova.

– Ili parolas pri la civitaneco, kiel dirite, pri la lingva politiko, kaj ĝenerale pri tiu ondo de naciismo, kiu estis sufiĉe forta dum la tuto de la 1990-aj jaroj, kaj kiu certagrade plu senteblas. Sed se oni petas la pli aĝan generacion rakonti pri la hodiaŭa vivo, plej ofte ili parolas pri io tute nepolitika, pri la familio, pri la infanoj, pri la nepoj. Tio estas la aferoj, pri kiuj ili unuavice pensas.

Kion pri vi mem, kion por vi signifas, ke vi estas ruslingvano en Latvio?

– La nacieco aŭ la etna aparteno ne estas la plej grava afero por mi. Se mi devus difini mian identecon, mi ja ne komencus rakontante, ke mi estas rusino aŭ ruslingvano, mi komencus pri aliaj aferoj, kiuj pli gravas por mi. Aliflanke ja klaras, ke tiu estas sufiĉe grava faktoro ĝuste en Latvio. Fakte mi sufiĉe kontentas aparteni al minoritato, tiam mi sentas min pli libera, mi ne aŭtomate estas devigata havi tiun enorman senton de patriotismo kaj respektego al Latvio, mi povas kritiki aferojn, kiuj ne plaĉas al mi.

Sed ĉu ne povus esti male, ke la minoritatanoj daŭre devas pruvi sian lojalecon?

– Nu jes, sed mi simple ne konsideras tion. Mi ne opinias, ke estas ajna rajtigo por tiaj postuloj, ĉar tiukaze oni ja devus postuli similajn deklarojn de lojaleco ankaŭ de la latvoj, kiuj ne estas naci-patriotoj, sed tion oni ja ne faras. Por mi entute ne estas problemo, ke mi estas ruslingvano kaj apartenas al nacia minoritato. Mi opinias, ke problemon prefere havas la latvoj, ili daŭre volas trovi iun solvon al la minoritata demando, sed ili ne vere scias, kia la solvo povus esti. Kaj tion mi rimarkas ankaŭ en mia laboro pri buŝa historio. Kiam la ruslingvanoj rakontas pri si mem, ili neniam faras tiujn strangajn demandojn pri kiu mi efektive estas, kial mi troviĝas ĉi tie, kiu estas mia rilato al ĉi tiu ŝtato? Por ili ĉio tio estas evidenta. Multaj el ili naskiĝis ĉi tie, eble ankaŭ la gepatroj naskiĝis ĉi tie, aŭ ekloĝis ĉi tie pro la laboro dum la sovetia tempo. Neniu el tiuj, kun kiuj mi parolis, malamike sin tenas al Latvio, tio ne ekzistas. Pli temas pri tio ke la latva flanko vidas la rusan minoritaton kiel problemon.

Opiniesploroj montras, ke estas grandaj diferencoj en tio, kiel la latvalingva kaj ruslingva partoj de la loĝantaro sin tenas ekzemple al la agado de Rusio en Ukrainio. Maria Assereckova mem rimarkis, ke multaj ruslingvanoj subtenas Putin kaj lian aneskon de Krimeo. Sed tute ne ĉiuj. La malagrabla afero estas, ke oni kunmetas ĉiujn rusojn en unu grupon kaj ne vidas diferencojn, ŝi diras.

– Eĉ la liberala parto de la latvia socio havas ian "orientalisman" sintenon al la rusa minoritato: oni vidas ĝin kiel unuecan amason, kiu ĉiam restas tia kia ĝi estas – amaso, kiu aŭtomate subtenas Rusion kaj Putin, kaj pri tio eblas nenion fari.

Kaj kiel estas efektive?

– Efektive la subteno al Rusio kaj Putin prefere estas io emocia, kiu baziĝas sur tio, ke homoj sentas sin forpuŝataj de la ŝtato, en kiu ili loĝas. Tiam komprenebas, ke ili anstataŭe turnas sin al Rusio, eĉ se ili neniam estis tie. Rusion ili konas nur de televido. Kaj mi ne kredas, ke la homoj, kiuj asertas ke ili subtenas Rusion, vere estas kontraŭuloj de la latvia ŝtato. Sed dum dudek jaroj ili sentas sin malakceptataj, kaj el tio rezultas jeno. Tamen mi ja ne kredas, ke temus pri iu vera, profunda politika divido, sed prefere ĉefe pri emocia reago.

Maria Assereckova mem naskiĝis en Rigo en 1990, do ankoraŭ dum la sovetia tempo. Tio signifis, ke ŝi ne aŭtomate povis iĝi latvia civitano. Sed tuj kiam ŝi iĝis 16-jara, ŝi trapasis la civitaniĝan ekzamenon kune kun siaj gepatroj.

– Ni ne bezonis aparte paroli pri tio, mi volis iĝi civitano tuj kiam mi povis, kaj miaj gepatroj venis kun mi. Jes, antaŭ tio ili estis necivitanoj.

Latvio

Mi memoras, ke plenkreskuloj parolis pri tio, kiam mi estis infano – ke estis tre koste. Kaj la epoko estis malriĉa. Do, evidente la homoj unuavice pensis pri tio, kiel vivteni la familion, ili ne povis prioritatigi la civitaniĝon. Poste, post la jarmilŝanĝo, oni malaltigis la kotizon, kaj jam ne tiom temis pri la mono.

La geavoj de Maria Assereckova ekloĝis en Latvio post la milito, kaj ŝiaj gepatroj naskiĝis ĉi tie. Ili apartenas al la granda grupo de baltiaj rusoj kun supera eduko, kies socia statuso falegis lige kun la pereo de Sovetio.

– Nun ili laboras ene de la priserva sektoro, kiel ege multaj homoj, sed ili estas ekonomikistoj kun supera eduko, kaj dum la sovetia tempo ili laboris en ŝtata banko kaj en esplorinstituto. Estas konata fenomeno en Latvio, ke multaj, kiuj dum la sovetia tempo apartenis al la supera meza klaso, eĉ se oni tiam ne uzis tiaspecajn vortojn, ke multaj el ili lige kun la falo de Sovetio mem falis plurajn ŝtupojn sur la socia ŝtuparo, kaj en la praktiko iĝis proletoj.

La granda diskuttemo en Latvio kaj la tuta Baltio en la somero de 2015 estas alia grupo plej malsupre sur la socia ŝtuparo – la rifuĝintoj en Eŭropo, kaj precipe tiuj kelkaj centoj, kiujn Latvio laŭ la peto de la Eŭropa Komisiono devus akcepti. Kiam ni renkontiĝas, la registaro de Latvio estas rande de disfalo, ĉar la partioj ne povas interkonsenti pri komuna sinteno fronte al Bruselo. Ili ĵus kun granda peno sukcesis interkonsenti, ke Latvio libervole akceptu 250 rifuĝintojn, sed pro la akuta situacio la Eŭropa Komisiono ekvolis altigi la "libervolan" kvoton de Latvio je 526 pliaj rifuĝintoj. Ĝuste tie iras la limo de tio, kion povas elteni la latva nacio, opiniis la Nacia Alianco kaj la Verduloj. Fine la latvia ministro pri internaj aferoj simple restis hejme kaj ne veturis al la krizkunsido en Bruselo, ĉar mankis decido pri tio, kion li entute diru tie.

– Oni devas konfesi, ke la socio en Latvio estas tre ksenofobia, oni povas eĉ diri rasisma. La naciismo estas forta ĉi tie, diversaj specoj de naciismoj. Sed iĝas strange, kiam la samaj homoj unuflanke volas havi etne puran Latvion, kun nur blankaj homoj kiuj parolas nur latve – sed aliflanke ili diras, ke ili volas aparteni al Eŭropo. Ili vidas Eŭropon kvazaŭ kontraŭpezon al Rusio, sed Eŭropo de tiu speco, pri kiu ili parolas, eble ekzistis iam en la 19-a jarcento. Ili volas aparteni al Eŭropo, sed samtempe ili lamentas pri tio, ke estas multaj enmigrintoj tie, ke Eŭropo estas pereanta. Tia sinteno bedaŭrinde estas tute tro ofta. La plej multaj scias ege malmulte pri la problemo de la rifuĝintoj, kaj entute pri tio, kio okazas ekster la limoj de Eŭropo, sed ili tamen havas tre firman opinion pri tio, ke almenaŭ ĉi tien neniu venu. La majoritato de la loĝantoj de Latvio ja kontraŭas, ke oni entute akceptu rifuĝintojn.

Maria Assereckova mem opinias, ke estus nur bone por Latvio, se envenus iom da homoj de ekstere.

– Mi kredas, ke estus granda sukceso, se ni ekhavus trian grupon, kiu povus iom disskui ĉi tiun disduigon inter latvoj unuflanke kaj ruslingvanoj aliflanke. Trian grupon, kiu havus tute nenian rilaton al iu al la du aliaj, sed kiu malsamus siamaniere. Tio ja povus helpi en la procezo de reciproka adaptiĝo. Ĉar kiel statas nun, ni ja tute klare vidas, ke Latvio ne sukcesis pri tio.

Serĉante la liberan vorton

La moderna tramo ruliĝas nordorienten el la centro de Rigo, supren sur la ponton trans la fervojon, kaj denove malsupren. Subite ni haltas ekster impona, preskaŭ katedraleca fabrika konstruaĵo kun altaj, arkaj fenestroj. La haltejo nomiĝas VEF.
Do jen ĝi situas, la fabriko, kiu dum la intermilitaj jaroj plenigis la merkaton de Latvio per radioriceviloj, telefonoj kaj telefoncentraloj. Ĉi tie en la 1930-aj jaroj estis evoluigita ankaŭ la mondfama spionfotilo Minox.
Sub la sovetia regado VEF iĝis unu el la ĉefaj produktantoj de telefonoj kaj riceviloj en la tuta Sovetio. Ĉi tie estis fabrikataj ankaŭ la plej bonaj kaj popularaj kurtondaj riceviloj de Sovetio. Ili taŭgis por aŭskultado de eksterlandaj radiostacioj – kiujn fidelaj sovetiaj civitanoj ja prefere ne sekvu, kaj kies signalojn la ŝtato ĉiamaniere klopodis ĵami. Tre taŭge la fabriko situas ĉe la Strato Libereco.
Dum la postmilita tempo Rigo iĝis unu el la centroj de la sovetia elektronik-industrio, kaj fine de la 1980-aj jaroj VEF havis proksimume 20 000 dungitojn. Sed eĉ se la fabriko laŭ la sovetia skalo estis modernega, ĝi estis tute tro malnovmoda por povi konkurenci sur la monda merkato, kiam la fera kurteno falis. Dum kelkaj jaroj la produktado falis je 90 procentoj, kaj nun jam preskaŭ nenio restas de la iam sukcesa entreprenego.
La tramo pluiras direkte al la nordorienta rando de Rigo. Kiam mi eliras ĉe la fina haltejo, mi jam vidas la rondetan figuron de mia malnova konato, la radia ĵurnalisto Aleksej Romanov, kiu survojas renkonti min. Ĉe la lifto de la sovetia dekduetaĝa paneldomo ni renkontas najbaron, jam iom aĝan virinon. Aleksej interŝanĝas kun ŝi kelkajn vortojn en la rusa.
– Preskaŭ ĉiuj en ĉi tiu domo estas ruslingvanoj. Kaj ankaŭ en la kvartalo la plej multaj, li rakontas post momento, kiam ni jam estas enirantaj la malgrandan, tre ordan kaj bele aranĝitan apartamenton.

Jelena Lazarjanc, la edzino kaj kolego de Aleksej, renkontas nin en la antaŭĉambro. Ni tuj eliras sur la balkonon – la vetero estas bela kaj la okuloj ripozas sur la vidaĵo de la arbara rando transe de la lago Jugla, kiu markas la limon de la municipo Rigo. Ĉi tiu estas multe pli bona apartamento ol tiu, kiun Aleksej kaj Jelena havis en Jaroslavl en Rusio dum la sovetia tempo. Ĉi tie antaŭe loĝis sovetia militista familio, kiu volis forlasi Latvion laŭeble rapide kaj veni al Rusio je ajna prezo, post kiam Latvio deklaris sin sendependa.

Aleksej kaj Jelena siavice jam decidis, ke ili volas forlasi Rusion, kiam ili hejme en Jaroslavl, tricent kilometrojn nordoriente de Moskvo, subite ekvidis la nekredeblan anoncon en la loka gazeto, rakontas Aleksej.

– Estis proksime al la fino de 1991. Ni planis elmigri al Usono, sed ni ne ricevis ĉiujn dokumentojn kiuj necesis. Rusio sentiĝis kiel lando, kie dum longa tempo nenio okazos. Eĉ se iĝos reformoj, multegaj aferoj restos tiaj kiaj ili estas, ni suspektis. Ni volis forveturi. Kaj jen Jelena venis hejmen de la laborejo unu tagon, kun tiu gazeto, en kiu estis la anonco. Mi ankaŭ tie laboris ĉe la radio, Jelena laboris en la laborperejo, kaj al ŝiaj labortaskoj apartenis trarigardi la gazetojn. Kaj jen estis skribite, nigre sur blanko: oni interŝanĝas apartamenton en Rigo kontraŭ apartamento en Jaroslavl! Ni apenaŭ kredis tion, ja en la sovetia tempo neniu volis interŝanĝi apartamenton en Rigo, ĉefurbo, kontraŭ loĝejo en la provinca Jaroslavl. Tio ŝajnis malebla, sed ni decidis tamen telefoni, kaj ili diris jes ja, simple venu.

La viro en la familio, kiu volis forlasi Rigon, estis eksa militisto, kaj aktivulo de Interfronto, la konservema ruslingva movado kiu volis savi Sovetion.

– Li ege aktivis en la batalo kontraŭ la sendependeco de Latvio. Li entute ege kontraŭis ĉion latvan, mi supozas ke li eĉ iris kontraŭ ruĝa lumo, simple ĉar la latvoj atendas ĝis la lumo iĝas verda. Tio estis sufiĉe tipa por tiu generacio, homoj kun tiu fono. Multaj en la domo havis rilaton al la armeo. Kaj multaj venis ĉi tien, sonorigadis kaj volis scii, ĉu ni eventuale konas pliajn, kiuj volus interŝanĝi sian loĝejon en Rusio kontraŭ ilia loĝejo ĉi tie.

Por multaj militistaj familioj ne vere gravis, kien ili iru, nur ke estu Rusio, Jelena memoras.

– Ili ja timis, ke ili perdos la apartamenton ĉi tie, ke ili iĝos senhejmuloj. Tiuj, kiuj loĝis ĉi tie pli frue, eĉ ne vidis nian apartamenton, antaŭ ol ili forveturis. Ili metis anoncojn en lokajn gazetojn ĉie en Rusio. Nia apartamento en Jaroslavl, kiun ili ricevis interŝanĝe kontraŭ ĉi tiu, estis same duĉambra, sed ne same bona. Ĝi ja situis en la centro, sed tie ni tute ne havis ĉi tian vidaĵon.

Aleksej kaj Jelena decidis akcepti la proponon pri interŝanĝo, ĉar Aleksej tuj povis ricevi postenon ĉe la rusa redakcio de Latvia Radio. Post jaro ankaŭ Jelena dungiĝis tie, kaj tie ili ankoraŭ laboras.

Sed ĉu do estis ĝusta decido ekloĝi en Latvio? Ĉu estas pli bone loĝi ĉi tie ol en Rusio, se oni ja estas ruso? La saman demandon Aleksej kaj Jelena mem foje starigas al si, ŝi diras.

– Sed ni ne pentas. Kvankam foje mi diras al Aleksej: neniu aŭdas nin nun, diru kion vi vere opinias, eble ni devintus ne transloĝiĝi? Komence ja estis peze, kiam ni ne scipovis la lingvon, kaj estis problemoj pri ĉiuj dokumentoj kiuj estis bezonataj. Krome ni perdis multajn amikojn, tiel ja okazas, kiam oni transloĝiĝas en plenkreska aĝo. La reto tiam ankoraŭ ne ekzistis, do ne estis same facile konservi la kontakton.

Aleksej memoras plian malagrablaĵon de la 1990-aj jaroj.

– La ulo kiu estis urboparta ĉefo ĉi tie, li estis kruda naciisto. "En mia urboparto ne loĝu rusoj", li diris. Kaj ĉi tiu ja estas ĉefe ruslingva urboparto, ĉar ĉi tie estis grandaj sovetiaj entreprenoj, kiuj varbis laborantojn el aliaj partoj de Sovetio, kaj ankaŭ militistoj, en ĉi tiuj kvar domoj. Sed li estis rara idioto, tiu urboparta ĉefo, li arestigis kvar rusajn militistojn kiuj havis oficialan rajton troviĝi ĉi tie. Rusio grumblis, kaj post tio li ne longe sidis sur sia trono. Do li estas for, sed la rusoj restas.

Pasis pli ol dudek jaroj, kaj Aleksej iĝis nur pli konvinkita pri tio, ke la decido forlasi Rusion estis ĝusta.

– Kaj cetere, la plej multaj rusoj ĉi tie en Baltio neniam konsentus ekloĝi en Rusio. Ili ne estas rusiaj rusoj. Kelkaj pensiuloj eble sentas, ke Rusio pleje proksimas al ilia koro, sed tio estas nura sento, ili ne scias kia estas la vivo en Rusio kaj ili ne povas vere kompari.

Jelena konsentas.

– Labori kiel ĵurnalisto en la hodiaŭa Rusio ja ne eblus. Kaj iuj el tiuj, kiuj iris al Rusio en la 1990-aj jaroj, nun pentas. Kiam ni vizitis Jaroslavl iam ĉirkaŭ la jarmilŝanĝo, ni renkontis virinon, kiu transloĝiĝis tien el Rigo kaj malfermis kudrometiejon. Ili forveturis de ĉi tie, ĉar ŝia filo rifuzis lerni la latvan. Ŝi ploris kaj ploris kaj diris, ke ŝi faris la plej grandan eraron de sia vivo, kiam ŝi ekloĝis en Rusio. La koruptado estas terura, la homoj malafablaj kaj ili ne komprenas, kio estas privata posedaĵo, ŝi diris. Ŝiaj dungitoj akuzis ŝin pri la ŝtelo de kudromaŝino el la metiejo, kvankam estis ŝia metiejo kaj ŝia kudromaŝino. Kaj la lokaj burokratoj postulis ŝmirmonon, aŭ ke ŝi kudru robojn senpage por iliaj edzinoj. Estas iuj, kiuj retransloĝiĝas ĉi tien, sed tio estas malfacila.

Aliflanke ja estas ankaŭ multaj, kiuj opinias, ke ĉio estas pli bona en Rusio – sed plej ofte ili mem ne loĝas tie, diras Jelena.

– Kiam mi devis havigi kondukpermesilon antaŭ kelkaj jaroj, la trafikinstruisto estis juna virino, kiu ŝajne tre multe spektis rusian televidon. Ŝi naskiĝis en Latvio, kaj dum sia vivo neniam vizitis Rusion, eĉ ne kiel turisto. Tio estas iom malofta, ĉar ruslingvaj lernejoj ja kutimas fari klasvojaĝojn al Rusio, kaj tion faras ankaŭ latvaj lernejoj – sed ŝi neniam estis tie. Tamen hejme ŝi lernis ŝati Rusion kaj malŝati Latvion. Laŭ ŝi ĉio estas bona en Rusio, precize ĉio, kaj en Latvio ĉio estas malbona. Kiam mi demandis, ĉu ŝi vizitis Rusion, ŝi diris ne. Sed kiel vi do scias, ke ĉio estas bona tie, mi miris. Nu, el la televido, ŝi klarigis. Kaj estas multaj tiaj homoj. Eble ne tre multaj inter niaj konatoj, sed ili ja ekzistas, kaj ne ĉiuj estas pensiuloj.

Post la anekso de Krimeo la rusia ŝtata televido forte akrigis sian kontraŭokcidentan propagandon, kaj ankaŭ la landoj de Baltio ofte ricevas sian parton de ĝi. La okazaĵoj en Ukrainio malbonigis la rilatojn inter latvoj kaj rusoj. Iĝis pli facile por radikalaj naciistoj instigi malŝaton al rusoj, ĉar nun ili povas indiki verajn okazaĵojn, pri kiuj kulpas Rusio.

– Evidente la naciismaj fortoj en Latvio havas utilon de tio, ke la rilatoj kun Rusio glaciiĝis. La naciistoj staras sur tiu glacio, se ĝi degelus, ili dronus. Sed ĝi ne degelos, ĉar nun ni havas malvarman militon. Kaj la rusoj ĉi tie kompreneble respondas ne sammaniere. La bone edukitaj homoj ne estis same forte influitaj, sed tiuj, kiuj kredas la propagandon, iĝis ege ruspatriotaj, diras Aleksej.

La rusoj serĉis ion, pri kio fieri, kaj nun ili trovis tion, opinias Jelena.

– Tial ili feliĉas, ke Rusio nun elmontris al la tuta mondo kiu pravas, ke Krimeo apartenas al ni, ke ni estas fortaj. Ili fieras, ke la popolo, al kiu ili apartenas, faris tion, ili ja tre volas fieri.

– Jen ja io pri kio fieri, ironias Aleksej.

Sed Jelena volis diri ion alian.

– Mi mem tre ŝatus povi diri, ke mi estas latvo. Se ni loĝus en Usono same longe, mi supozeble nun jam povus diri, ke mi estas usonano.

Oni permesus al mi diri tion, oni opinius tion natura, eĉ bona. Eble mi povus diri ke mi estas svedo, se mi loĝus en Svedio tiel longe. Sed ĉi tie oni ne donas al mi la ŝancon, ĉi tie mi daŭre aŭdas ke mi estas ruso. Kaj tiel estas ankaŭ por multaj homoj, kiuj naskiĝis kaj kreskis ĉi tie. Eĉ se ili ne iĝis civitanoj de Latvio, ili ja estas loĝantoj de Latvio. Sed la tutan tempon oni diras al ili: vi estas ruso, vi estas ruso. Nun ili ĉiukaze ekhavis la ŝancon fieri pri tio, ke Rusio rabis por si Krimeon, ke Rusio fajfis pri la tuta mondo.

Ŝi ne estas la unua, kiu diras tion, nek la lasta: multaj rusoj en Baltio aŭskultas la logajn tonojn de Rusio, ĉar ili volas senti apartenon, kaj ĉar ili daŭre, kvaronan jarcenton post la falo de Sovetio, ne povas senti sin plenrajtaj anoj de la socio en kiu ili vivas.

Aleksej kaj Jelena eble estis inter la unuaj rusiaj ĵurnalistoj, kiuj serĉante liberecon trafis Latvion, sed ja ne la lastaj.

Inter la pli freŝaj alvenintoj estas Galina Timĉenko kaj Ivan Kolpakov. Ili ambaŭ laboris multajn jarojn ĉe unu el la plej malnovaj, plej popularaj kaj plej bonaj novaĵretejoj de Rusio, Lenta.ru, kie Galina Timĉenko dum dek jaroj estis la ĉefredaktoro. Ilia tro sendependa kaj tro detala raportado pri la milito en orienta Ukrainio fine iĝis tro por la potenculoj. En marto 2014 la rusia aŭtoritato pri kontrolado de amaskomunikiloj, Roskomnadzor, donis al la retejo formalan averton, kaj tuj poste la ĉefredaktoro kaj la komerca direktoro de la retejo estis eksigitaj. Post ŝtorma renkontiĝo kun la nova ĉefredaktoro granda parto el la ĵurnalistoj decidis proteste demisii, kiam ili ekkomprenis, ke ilia ĵurnalisma libereco estos severe limigita. Dudeko el la ĵurnalistoj poste venis kun Galina Timĉenko kaj Ivan Kolpakov al Latvio, kie ili helpe de mono de sekreta financanto malfermis novan novaĵretejon kun la nomo Meduza.

Neniu fakte devigis la ĵurnalistojn forlasi Rusion, diras Ivan Kolpakov, kiam ni renkontiĝas en la centro de Rigo en malnova apartamento, kiun oni helpe de IKEA-mebloj kaj Apple-komputiloj de la lasta modelo transformis al novaĵredakcio. La blankaj muroj estas nudaj, sur la planko kuŝas dratoj, kaj iom da aĵoj daŭre restas en kartonaj kestoj, sed la plafono ĉi tie estas alta. La retejo estis malfermita en oktobro 2014.

– Kompreneble ni ne estis devigitaj forveturi. Ni povintus resti en Moskvo kaj malfermi nian novan projekton tie. Ja daŭre estas iom da sendependaj amaskomunikiloj en Moskvo. Sed ni decidis forlasi Rusion por esti tute certaj. Ni bezonas scii, ke nenio okazos al la redakcio. Ekzemple ke neniu subite nuligos la lukontrakton, kiel jam dufoje okazis al la televidkanalo Dojd. Kaj plia gravaĵo, pri kiu ni ne pensis, kiam ni faris la decidon, sed kiu nun tute klaras al ni: en Rusio simple estas tre malfacile fari ion novan, kiam samtempe ĉio estas platigata – kvazaŭ du ŝoseruliloj estus platigintaj la amaskomunikilojn, la ŝtato kaj la ekonomio. Simple malfacilas trovi la fortojn rekomenci. Por konservi optimisman rigardon al la tuto necesis forlasi la landon.

Grava kialo por la elekto de Rigo, kaj ne iu alia urbo, estis tio, ke la distanco al Moskvo estas relative mallonga, kaj ke Rigo grandparte estas ruslingva urbo, rakontas Galina Timĉenko. Kaj se ŝi elektus ekzemple Berlinon, neniu tie eĉ rimarkus la novalvenintojn. En Latvio aliflanke estis granda okazaĵo, ke la redakcio de la iam plej populara retejo de Rusio decidis translokiĝi ĝuste al Rigo.

Sed kvankam Rigo estas duone ruslingva, neniuj lokaj ruslingvaj ĵurnalistoj estis dungitaj en la redakcion de Meduza. Galina Timĉenko rakontas, ke ŝi sondis la terenon, sed rapide konstatis, ke tio ne eblus.

– Mi renkontiĝis kun ĵurnalistoj, kun ĉefredaktoroj, sed bedaŭrinde montriĝis, ke la ĵurnalistoj ĉi tie ne povas labori ĉe Meduza, ĉar nia publiko estas en Rusio. Unue, ili ne komprenas la rusian politikon. Por ili Rusio estas tio, kion oni montras al ili en la televido. Rusio ne estas parto de ilia vivo. Pasis ege longa tempo de kiam Latvio estis parto de Sovetio, kaj ili ne plu scias, kio estas grava en la hodiaŭa Rusio, ili eĉ ne ŝajnas aparte interesiĝi pri tio. Due, ili havas malnovmodan stilon, ili alparolas la legantojn en maniero kiu ŝajnas eksmoda. Eble ĉar iliaj legantoj apartenas al la pli aĝa generacio. La gejunuloj jam estas integritaj en la latvia socio kaj ne legas ruslingvajn gazetojn.

Sed se Rusio eĉ por la ruslingvaj ĵurnalistoj en Latvio unuavice estas tio, kion ili vidas en la televido, ĉu ili do vere kredas tion, kion oni montras al ili? Kiel tio povas esti?

– Ĉiukaze multaj kredas. Facilas al ili kredi, ili ja ne havas realon kun kiu kompari, Ivan Kolpakov diras.

Galina Timĉenko kapjesas kaj daŭrigas la rezonadon.

– Oni povas rakonti al homoj en Rusio, ke ĉio estas bona, sed sekvatage ili iros al la vendejo kaj ekvidos, ke la fromaĝo, kiu hieraŭ kostis 200 rublojn, nun kostas 280, kaj la postan tagon 315 rublojn. La spektanto en Rusio havas ion kun kio kompari. Sed ĉi tie oni ne

Latvio

povas eliri surstraten por kontroli, ĉu tio, kion diris la rusia televido, estas la vero. Kiam ĉiuj tutlandaj rusiaj kanaloj diras la saman aferon, estas facile al homoj kredi, ke tio efektive estas ĝusta. Eĉ ruslingvaj entreprenistoj ĉirkaŭ la aĝo de kvardek jaroj plendas unue pri ĉio kio laŭ ili estas malbona en Latvio – kaj tio ja estas tute normala – sed poste ili komencas kompari kun Rusio kaj aserti, ke tie ĉio estas pli bona, kvankam ili entute ne scias ion ajn. Kiam mi klarigas al ili, kiel la imposta sistemo en Rusio aspektas kaj kiom da diversaj reguloj ekzistas por malfaciligi la vivon de entreprenistoj, reguloj, kiuj simple sufokas la malgrandajn entreprenojn, kiam mi rakontas pri la ekstrema korupto, tiam ili ne scias, kiun kredi, ĉu min aŭ la televidon.

Multaj el la ruslingvanoj en Latvio rigardas al Rusio, ĉar ili ne sukcesis liberiĝi de Sovetio, diras Galina Timĉenko.

– Ili plu vivas kvazaŭ sur la ruinoj de la imperio. Sed la juna generacio havas pli malstreĉan rilaton al ĉio tio. Por ili Rusio estas lando, kien ili povas veturi por labori dum iom da tempo, lando, kie ili eble havas amikojn, sed ili ne havas al Rusio tiun malsanan sintenon de la pli aĝa generacio.

Ivan Kolpakov opinias, ke estas nature kaj home, ke oni volonte kredas la vivon ie aliloke pli bona.

– Sed evidente la junularo estas multe pli bone integrita en la latvia kaj eŭropa vivo, kaj komprenebla eĉ la plej konservema pensantaj rusoj volas, ke iliaj infanoj frekventu latvajn lernejojn kaj funde lernu la lingvon, por ke ili ne havu problemojn pri civitaneco kaj por ke ili povu libere translokiĝi al aliaj eŭropaj landoj kun sia latvia pasporto. Samtempe klaras, ke ekzistas granda grupo de pli aĝaj rusoj, kiuj daŭre sopiras al Sovetio. Sed ĉio tio estas tiel antaŭvidebla, ke eĉ ne estas interese paroli pri tio.

Plia problemo estas, ke laŭ multaj ruslingvanoj en Latvio la lingva politiko ne funkcias en konstrua maniero, diras Ivan Kolpakov.

– Oni sentas, ke la politiko estas agresa. Prenu nur ĉi tiun aferon de la ŝtata lingva inspektejo. Ili venas al via butiko, kontrolas, kaj punpagigas vin, se ne ĉiuj viaj prezetikedoj estas en la latva. Sed aliflanke, ja pasis 25 jaroj, ĉu oni ne havis sufiĉe da tempo por lerni la lingvon?

Oni tamen daŭre povas senprobleme elturniĝi en Rigo en la rusa lingvo, kaj estus ja rimarkinde, se ne estus tiel, konsiderante ke proksimume duono de la riganoj parolas ruse hejme. Kiam Ivan

Kolpakov ekloĝis ĉi tie, li unue ne bone sciis, kiun lingvon paroli en vendejoj kaj en kafejoj.

– Ju pli mojosa kafejo estas, des pli grandas la probablo, ke ili efektive ne parolas la rusan tie. Kaj mi ja ne volas impresi kiel koloniisto, kiu postulas, ke ĉiuj parolu mian lingvon. Do mi elpensis strategion: mi salutas en la latva, poste mi demandas, ĉu oni parolas la rusan. Se ne, mi daŭrigas en la angla. Ja ekzistas homoj, kiuj ne scipovas la rusan. Sed estas stultaĵo aserti, ke homoj ĉi tie pro principo rifuzus paroli ruse.

La rusoj en Latvio ofte estas suspektemaj, ĉar ili sentas ke oni maljuste traktis ilin, kredas Galina Timĉenko.

– Multaj havas tre agreseman sintenon. Sed se iu ne komprenas, kion vi diras, tio ne nepre signifas, ke la homo ne volas kompreni. La rusoj tre facile kredas, ke ĉiuj daŭre volas humiligi ilin. Kaj mi supozas, ke tio dependas de iamaj maljustaĵoj. Antaŭ ĉio estis ege humilige por multaj, ke ili iĝis necivitanoj. Kaj kompreneble ili neniam povos forgesi tiun maljustaĵon.

– Mi kredas, ke ili sentas sin ofenditaj de ĉiuj, ankaŭ de Rusio, diras Ivan Kolpakov.

Kaj la situacio post la falo de Sovetio en 1991 efektive estis eksterordinara, li memorigas.

– Tio, kio okazis, ja el historia perspektivo estis tute fenomena, subite ni ekhavis enorman kvanton da rusoj, kiuj estis izolitaj disde Rusio. Ĉio okazis ege rapide, ene de nur unu jaro, kaj ĉi tiuj homoj ne havis tempon orientiĝi. Tio, kio okazis pri Krimeo, kaj tio, kio nun estas okazanta en orienta Ukrainio, kompreneble estas sekvoj de la sama afero. Estiĝis amaso da problemoj, kiujn ne eblas solvi eĉ en dudek jaroj. Kaj se oni krome havas agreseman najbaron, kiu manipulas ĉi tiun ruslingvan popolgrupon, tiam la problemoj iĝas eĉ pli malfacile solveblaj. Tial la situacio nun estas pli malfacila ol antaŭ kelkaj jaroj, kiam Rusio ne kondutis tiel manipule. Ja estis tute trankvile en Ukrainio, la rusoj tie havis neniajn problemojn, kaj Kievo ja estas tute ruslingva urbo. Ĉio restus trankvila, se Rusio nur ne ekmanipulus kaj se Rusio ne komencus la militan agreson en Krimeo kaj orienta Ukrainio.

Same kiel la subtenantoj de Rusio en Krimeo kaj en orienta Ukrainio, ankaŭ multaj el la ruslingvanoj en Latvio estas viktimoj de la informada milito de Rusio, opinias Ivan Kolpakov.

– Antaŭ ĉio ili bezonas psikologian subtenon. Sed kiel tion aranĝi, tion mi ne scias. Ĉiukaze ne estus malbone fari ian paŝon en direkto al repaciĝo rilate la civitaniĝan demandon.

Latvio

Galina Timĉenko opinias ke la Centro de Harmonio, la partio por kiu voĉdonas tre granda parto de la ruslingvanoj en Latvio, almenaŭ elektis tre taŭgan nomon.

– Ĝi trafas la ĝustan tonon, ke ni, kiuj loĝas ĉi tie, kunapartenas. Oni povus diri, ke ĉi tiuj homoj suferas de ia posttraŭmata sindromo, kaj oni devas pritrakti ilin laŭ tio, ne krii al ili kaj ne montri per la fingro.

Multaj diris, ke la rusoj en Baltio sentas sin ofenditaj kaj maljuste traktataj. Sed kial ili tiel multe spektas la rusian televidon, kie oni daŭre konvinkadas ilin, ke ili ja sentu sin ofenditaj? Unu kialo povus esti, ke la naciaj televidkompanioj en la landoj de Baltio ĝis nun ne opiniis, ke necesas propra kanalo por la ruslingvaj spektantoj. Ili ja ĉiukaze devas lerni la estonan, latvan aŭ litovan, kaj tio certe okazos pli rapide, se ili ne havos propran televidkanalon en la rusa?

Tiel oni eble povus rezoni, se ne ekzistus Rusio, kaj se ĉiuj povus spekti nur la lokajn kanalojn. Sed la granda najbara lando ja ekzistas, kaj la plej populara televidkanalo inter la ruslingvanoj ĉi tie estas la rusia ŝtata PBK. En siaj baltiaj lokaj novaĵoj la kanalo amegas grandigi ĉion, kio iel povus esti interpretata kiel signo de diskriminacio kontraŭ la ruslingvanoj. Antaŭ kelkaj jaroj PBK ekzemple povis rakonti, ke nun estas malpermesite voki la policon aŭ la ambulancon en la rusa en la ĉefurbo de Estonio, Talino.

Kio efektive okazis tamen estis, ke ruslingva taksiisto, kiu vokis la policon en Talino, estis ligita al estonlingva telefonisto en la alarmcentralo, kiu petis lin paroli estone. La polico tre pardonpetis pri la okazaĵo kaj klarigis, ke foje neniu ruslingva telefonisto disponeblas. La rusa ja ne estas oficiala lingvo en Estonio, sed ĉar en Talino loĝas multaj ruslingvanoj, estas nature respondi alvokojn ankaŭ en la rusa, diris la informisto de la polico, Harrys Puusepp:

"Mi volas emfazi, ke estas la tasko de la polico helpi ĉiujn loĝantojn kaj vizitantojn de Estonio. Tial ni entreprenos paŝojn sekve de ĉi tiu okazaĵo, por ke similaĵoj ne ripetiĝu."

Do evidente ne estas malpermesite voki la policon en la rusa en Estonio. Tamen ĝuste tiu estis la titolo de la novaĵo kiun PBK disvastigis.

En Estonio kaj Latvio oni ĉiukaze konservis la tutlandajn radielsendojn en la rusa. Ankaŭ mallongaj televidnovaĵoj en la rusa estis dissendataj dum la tuta periodo de la nova sendependeco, sed nur post la ribelado dum la bronza nokto en 2007 oni en Estonio komencis

— 111 —

diskuti, ĉu ne estus bone havi propran ruslingvan televidkanalon por la ruslingva loĝantaro, por malpliigi la influon de la rusia televida propagando. La agresema etoso ĉirkaŭ la formovo de la sovetia milita monumento ja estis grandparte instigita ĝuste de la rusia televido.

Tiufoje la rezulto estis, ke oni pliigis la proponadon de ruslingvaj novaĵ- kaj aktualaĵprogramoj en la nova cifereca televidkanalo ETV2.

Post la rusia agreso en Ukrainio 2014 la demando pri ruslingva estonia televidkanalo denove aperis sur la politika mapo, kaj en septembro 2015 ekfunkciis la tute nova, komplete ruslingva kanalo ETV+.

Ankaŭ en Latvio la okazaĵoj en Ukrainio kaŭzis, ke la elsendoj de la nacia televidkompanio LTV en la rusa estis pliigitaj, sed ĉi tie la kresko estas pli modesta. De lundo ĝis merkredo la kanalo LTV7 elsendas unu kaj duonan horojn en la rusa, en ĵaŭdoj oni havas pli longan, trikaj duonhoran elsendon, kaj en vendredoj oni elsendas du horojn. En vesperoj kaj semajnfine ne estas ruslingvaj elsendoj, tiam LTV7 prioritatigas la vere gravajn aferojn – sportelsendojn.

– Ni kutimas ŝerci, ke ni devas danki al Putin pro la pliigo de la ruslingvaj elsendoj, diras Olga Proskurova, la ĉefo de la ruslingva redakcio ĉe LTV7, kiam ŝi renkontas min en la enirhalo de la sovetie futurisma betona koloso kiu estas la televidejo de Rigo.

La televidejo, kaj la apuda televidturo, kiu kun siaj 368 metroj krome estas la plej alta konstruaĵo de Eŭropa Unio (en proksima konkuro kun la televidturo en Berlino) staras sur longa, mallarĝa insulo en la rivero Daugava meze de Rigo. La raketsimila turo estas desegnita de kartvela arkitekto, kaj en la konstrulaboro oni uzis interalie dolomiton el Estonio, graniton el rusia Karelio kaj metalajn konstruaĵojn fabrikitajn en Ĉeljabinsk ĉe Uralo. La turo, kiu estis ekkonstruita en 1979 kaj pretiĝis en 1989, iĝis la lasta monumenta konstruaĵo de Sovetio en Latvio.

Tre baldaŭ post la finkonstruo la turo kaj la televidejo krome iĝis simbolo de la latvia batalo por sendependiĝo. Post kiam sovetiaj trupoj en la nokto de la 13-a de januaro 1991 entreprenis sangan sturmon de la televidturo en la ĉefurbo de Litovio, Vilno, kaj malŝaltis la litovajn elsendojn, la Latvia Popola Fronto disvastigis alarmon kaj vokis al granda kunveno. Eble 700 000 homoj kolektiĝis en kaj ĉirkaŭ la Katedrala Placo en la centro de Rigo. Sovetiaj milithelikopteroj flugis super la homamaso kaj disĵetis flugfoliojn kiuj instigis ĉiujn resti trankvilaj kaj reiri hejmen. La Popola Fronto siaflanke instigis ĉiujn

Latvio

konstrui barikadojn por protekti strategiajn objektojn, interalie ankaŭ la novan televidturon. En Litovio 13 civiluloj estis mortigitaj, kiam ili provis bloki la vojon de la sovetiaj trupoj al la televidturo. En Latvio estis mortigitaj du latviaj policanoj kaj kvar civiluloj, la plej multaj kiam la sovetiaj trupoj atakis la ministerion de internaj aferoj de Latvio. La atakoj en januaro 1991 estis la antaŭlasta provo kiun la malliberala frakcio en Moskvo faris por provi haltigi la disfalon de Sovetio. Post enorma manifestacio por demokratio en Moskvo la 20-an de januaro la malprogresemuloj eksentis sin malsekuraj. La ministro de internaj aferoj de Sovetio, Boris Pugo, en publika parolado neis, ke li ordonis la fatalan sturmon de la ministerio de internaj aferoj en Rigo. Momente la danĝero pasis, sed granda parto de la barikadoj estis konservita por la sekva fojo.

La sekva fojo venis la 19-an de aŭgusto 1991, kiam grupo da puĉistoj kun ligoj al la sekurservo, armeo kaj la konservema parto de la komunisma partio malliberigis prezidenton Miĥail Gorbaĉov en lia somerumejo en Krimeo kaj provis preni la potencon en Moskvo. Tiufoje en danĝero estis la televida turo de Talino. Anoj de la ĵus fondita Estonia Defendligo kaj de la estonia polico enfermiĝis sur la 22-a etaĝo de la turo por protekti la gravegan komunik-ligon al Helsinko kaj la tuta okcidenta mondo, dum sovetiaj trupoj okupis la subajn nivelojn de la turo. Sed la ĉefo de la turo, la estonia ruso Georgij Morozov, sukcesis konfuzi la estron de la sovetiaj trupoj ĝis alvenis la tiama ĉefministro de Estonio, Edgar Savisaar, la estro de la Popola Fronto. Savisaar intertraktis kun la estro de la trupoj kaj sukcesis atingi interkonsenton pri tio, ke la trupoj forlasu la turon – ja la puĉistoj en Moskvo jam estis pretaj rezigni.

Sed nun ni estas en la nuntempo kaj la renovigita enirhalo de la televidejo en Rigo. Olga Proskurova, la ĉefo de la ruslingva redakcio, aranĝas ke mi ricevu karton de vizitanto, kaj ni eniras tra la aŭtomata barilo.

– Post la anekso de Krimeo niaj politikistoj komencis pripensi, kiel oni povus paroli kun la ruslingva loĝantaro. Tiam ili subite rimarkis, ke mankas kanalo de komunikado. Rusio havas sian kanalon, sed Latvio ne. Estas ja bone, ke ili nun rimarkis tion. Sed eble ili devintus pensi pri tio jam antaŭ 25 jaroj.

En la longaj koridoroj oni klare rimarkas, ke la konstruaĵo estas de la sovetia tempo. Ni vizitas la grandan studion, de kie la ruslingvaj

— 113 —

aktualaĵprogramoj estas sendataj, kaj poste malgrimpas la ŝtuparon al la kafejo de la televidejo. Olga salutas lunĉantajn kolegojn kaj diskutas la planojn por la posttagmezo. Malantaŭ la dorso de la kasisto staras granda fridujo plenigita per bierboteloj kaj tri altaj bretaroj kun alispecaj fortaj kaj malpli fortaj alkoholaĵoj. Restaĵo de aliaj tempoj.

– Nun validas nula tolero rilate alkoholon dum la laborhoroj, tio estas klare skribita en la dungokontrakto, diras Olga.

Ni ricevas nian kafon kaj sidiĝas ekster la kafejo por povi paroli sen ĝenoj. Mi scivolas, kiuj fakte spektas la novajn aktualaĵprogramojn – kaj kian signifon ili havas.

– Rilate la signifon de niaj elsendoj mi ne estas granda optimisto. Ni ankoraŭ ne ekzistas sufiĉe longe por ekhavi influon, kaj la elsendohoroj ne estas bonaj. Nia ĉefa novaĵelsendo estas je la 18-a horo, sed kiu sidas hejme je tiu tempo? Ne multaj el la aktiva loĝantaro. Tial ni atingas unuavice la pli aĝan generacion. Ankaŭ tio kompreneble bonas, kaj ni tre ĝojas, ke tiel multaj el ili spektas. Komence ni havis tre bonajn ciferojn. Poste PBK komencis elsendi novaĵojn samtempe kun ni, kaj ni perdis grandan parton.

La anekso de Krimeo do kaŭzis, ke la ruslingva redakcio de LTV kaj la ruslingvaj programoj estis grave ampleksigitaj. Sed kiel la okazaĵoj sur pli ĝenerala nivelo influis la rilatojn inter la ruslingvanoj en Latvio kaj la cetera socio?

– Ili havis enorman signifon. Ĉiu familio devis decidi: sur kiu flanko ni estas? Ĉar multaj havas siajn radikojn en Ukrainio, kaj multaj aliaj havas parencojn en Rusio. Ni ja povas nomi ilin sovetiaj okupaciantoj, sed ili tamen jam estas loĝantoj de Latvio en tria aŭ eĉ kvara generacio. Mi mem estas duone rusa kaj duone ukraina, se pensi pri mia deveno. Sed por mi estis dekomence evidente, ke la okazaĵoj estis kontraŭleĝa anekso. Tamen, ni devas memori, ke multaj el niaj spektantoj havas alian opinion. Ni invitis spertulojn pri internacia juro, kiuj klarigis, kial tio estis kontraŭleĝa anekso, sed ni ankaŭ invitis la rusian ambasadoron, li rajtis partopreni la diskuton kaj klarigi la aferon el sia vidpunkto.

Sed vi do ne kredas, ke viaj elsendoj efektive havas aparte grandan influon?

– Ni ja ekzistas nur de unu jaro. Kiam ni komencis, oni akuzis nin, ke ni okupiĝas pri kontraŭpropagando, ke ni ricevis sakon da mono por kontraŭlabori Kremlon. Mi respondis, ke ni ne faras propagandon. Estas bone, ke ruslingvaj ĵurnalistoj fine ricevis monon por okupiĝi

Latvio

pri ĵurnalismo. Tiujn babilojn pri kontraŭpropagando, tiun tutan koncepton ni klopodas forgesi. Tio, kion ni faras, nomiĝas ĵurnalismo, tia ĵurnalismo, kian bezonas nia publiko.

La celgrupo estas la ruslingvanoj en Latvio. Sed kiuj do entute estas la ruslingvanoj en Latvio?

– Iasence estas tre kuraĝe entute paroli pri "la ruslingvanoj" kiel klara grupo. Ni havis rondatablan diskuton en la studio tute lastatempe. Mi mem gvidas la programon ĉi-sezone, kaj al la unua programo ni invitis nur reprezentantojn de la ruslingva intelektularo. Relative junan profesoron de fiziko, profesoron de kulturscienco, la ĉefredaktoron de la ruslingva stacio Radio Baltkom, posedanton de restoracio, reĝisoron, doktoron de komunikaj sciencoj kaj la ĵurnaliston Ivan Kolpakov de Meduza. Kiam ni akceptis telefonvokojn, vokis latva naciisto, li parolis latve kaj plendis ke ni "ne invitis eĉ unu ruson". La gastoj ĉirkaŭ la tablo ridis kaj miris, kiu do estas ruso, se ne ni? Ĉu ni devus sidi kun peltaj ĉapoj kaj ludi balalajkon? Ĉu nur tiam oni aspektas kiel ruso?

La ruslingvanoj simple estas tre diversaj inter si, precize kiel estas la latvoj, diras Olga.

– Ekzemple mia patrino, ŝi laboris sian tutan vivon en latva infanvartejo. Ankaŭ ŝi ja estas ruslingvano, sed kiam ŝi kantas infankantojn al mia filino, ŝi kantas en la latva. Tiuj estas la kantoj, kiujn ŝi konas. Do, se iu demandas al mi, kiaj estas la ruslingvanoj en Latvio, mi povas diri nur, ke ĉiu el ni havas sian propran historion, estas malfacile diri ion pli ĝeneralan. Sed kiam mi lastatempe renkontis tre saĝan latvan politikan sciencison, eĉ li diris, ke nur se mi diros, ke mi malamas Putin, oni rekonos min kiel "unu el ni" en Latvio. Kial mi devus havi tiel intensajn sentojn pri la prezidento de fremda lando, mi tiam miris. Kial neniu demandas, kion mi opinias pri Raimonds Vējonis, li ja estas mia prezidento, kaj ne tiu Putin?

Kion vi kredas, kial li diris tion?

– Estas pli simple pensi tiel, homoj alkutimiĝis al la penso, ke la ruslingvanoj estas Rusio. Ankaŭ ili iĝis viktimoj de la rusia propagando.

Foje Olga pripensas, kiel ŝiaj du malgrandaj filinoj estos perceptataj de la ĉirkaŭaĵo, kiam ili iĝos pli grandaj.

– Kian identecon mi devus transdoni al ili? Ili ja estas, iusence, rusaj, ili havas rusajn nomojn. Sed neniu el ili vizitis Rusion eĉ unu fojon. Mi mem vizitis Rusion unuafoje, kiam mi estis 20- aŭ 21-jara. Etne miaj filinoj kompreneble estas rusoj, sed en la kapo, kiuj ili estas tie?

— 115 —

Kion vi mem respondus, se iu demandus pri vi?
– Mi estas ruslingva latviano. Ne latvo, sed latviano. Aŭ... jes, latvia ruslingvano. Mi havas parencojn el Sankt-Peterburgo, ni veturis tien pasintjare, kaj aliajn parencojn en Poltavo en Ukrainio, ankaŭ kun ili ni tenas la kontakton. Sed en mia kapo mi loĝas kaj vivas ĉi tie, tio evidentas. Kaj ankaŭ en mia koro. Unu el miaj filinoj estas naŭjara, ŝi iun fojon diris al mi, ke ŝi neniam volus loĝi aliloke ol en Latvio. Ŝi ne havas alian hejmon krom Latvio. Kaj se homoj diras al mi, ke mia vera hejmo estas Rusio, aŭ kion ajn, mi ne atentas – ni simple ne havas alian hejmon.

La rusa vorto *latvijskij*, "latvia", kiun Olga Proskurova uzis, bone difinas la identecon de multaj baltiaj rusoj. Ili ne estas nek povas iĝi etnaj latvoj, litovoj aŭ estonoj, eĉ se ili volus – sed ili ja volas esti akceptitaj kiel plenrajtaj anoj de la socio en la landoj kie ili loĝas.

En mojosa kafejo en la centro de Rigo mi renkontas alian latvian ruson, ĵurnalistan kolegon de Olga Proskurova, kiu same nomiĝas Olga – Olga Dragiljova. Ankaŭ ŝi estas ruslingvano, sed ŝi laboras en la latvalingva aktualaĵredakcio de LTV. Ŝi komprenеble parolas la latvan perfekte – sed kun iometa akĉento. La akcenteto kaŭzas, ke multaj kredas sin scii plej diversajn aliajn aferojn pri ŝi – kion ŝi opinias kaj kiel ŝi pensas. Tial ŝi devas ĉiam esti preta defendi sin, se ŝi ne volas esti aŭtomate metita en fakon.

– Evidente estas tiel, tiu estas ja la maniero laŭ kiu funkcias stereotipoj. Komprenеble dependas de tio, kun kiu oni parolas, kaj dependas de la publiko. Sed ne estas kutime ke oni aŭdas la latvan kun rusa akĉento en la televido, kaj tial ofte okazas, ke oni intervjuas min kiel ian reprezentanton de la ruslingvanoj, ĉar multaj latvoj scias, kiu mi estas.

Reprezenti la ruslingvanojn estas kruco kiun ŝi devos porti dum iom da tempo, Olga Dragiljova diras.

– Se oni rigardas malantaŭen, ĉiam ekzistis iu, kies tasko estis paroli por la ruslingvanoj. Antaŭ mi estis alia ruslingva ĵurnalisto, nun estas mi, post kelkaj jaroj eble iu alia. Mi ĉiukaze sentas, ke mi povas relative bone plenumi la taskon, mi povas esti tiu bonkonduta persono, kiu samtempe memorigas, ke ekzistas io, kion oni nomas la homaj rajtoj.

Latvio

Parolante pri la ruslingvanoj en Latvio oni facile forgesas la gejunulojn, kiuj estas premataj inter la du mondoj, la latva kaj la rusa, diras Olga Dragiljova.

– Ili devas la tutan tempon ekvilibrumi. Ili estas homoj, kiuj scias la latvan, eble laboras kun latvoj, ili havas prefere okcidentan direktiĝon, ili estis en eksterlando, ili ne kreskis en Sovetio kiel iliaj gepatroj, ili kritike sin tenas al la rusia propagando kaj tiel plu. Sed samtempe ili ja havas sian fonon, multaj el ili ekzemple solenas la 9-an de majo. Mi tamen ne faras tion. Ĉi tiuj homoj estas enpremitaj inter la ĉeffluo de la latva socio unuflanke kaj sia propra grupo aliflanke, ekzemple iliaj gepatroj eble pli direktiĝas al Rusio. Iel ili devas prizorgi ĉion ĉi. Foje ili sentas sin bonvenaj en neniu el la grupoj. Kaj ĝuste ĉi tiuj homoj devos eduki la novajn generaciojn.

Sed kiel oni elturniĝas, ĉu oni povas esti precize la sama persono en ambaŭ kazoj, en ĉiuj ĉirkaŭaĵoj? Aŭ ĉu oni devas elmontri diversajn flankojn de si?

– Tio vere malfacilas, mi devas ekvilibrumi ĉiutage, ĉar ne ekzistas preta aro de ideoj, sintenoj kaj pensmanieroj, kiujn oni povus simple alpropigi. Mi devas daŭre eksinteni al novaj aferoj. Antaŭ kelkaj semajnoj mi estis en Helsinko por fari programon pri somalianoj en Finnlando kaj intervjuis tiun konatan politikiston Husu, Abdirahim Hussein. Li diris precize same: ĉiutage li devas fari novajn decidojn pri tio, kiel li sin tenu al tio aŭ jeno.

Iasence povas pli malfacili esti ruso en Latvio ol somaliano en Finnlando – Somalio almenaŭ neniam provis aneksi Finnlandon. Olga Dragiljova diras, ke ŝi facile povas kompreni la senton de la latvoj, kiuj opinias, ke nun estas ilia vico esti la estroj de la domo.

– Ili pensas ke ilia lando estis okupaciata, ke ili perdis siajn rajtojn, kaj nun ili volas ricevi ĉion tion. De tie ja venas la naciismo. Aliflanke mi povas kompreni ankaŭ la alian grupon, kiu opinias, ke ili estas neglektataj de dudek jaroj, kaj malfacile akceptas, ke la enmigrado dum la sovetia okupacio povas esti spertata kiel perfortaĵo. Estas peze havi ĉion ĉi en la kapo samtempe.

Du urboj

Rigo efektive estas du urboj, unu latva kaj unu rusa, opinias Viktoria Birjukova. Ŝi mem loĝas en la rusa Rigo, sed ne ŝiaj du gefratoj.

Viktoria estas artisto kaj hejmfasonisto, naskita en Daugavpils en la plej ruslingva parto de Latvio. Kiam ŝi iĝis 18-jara ŝi transloĝiĝis al Rigo. Ŝia unua edzo, la patro de ŝia nun 15-jara filino Kjara, estis usonano. Komence de la 2000-aj jaroj la familio loĝis en Usono dum tri jaroj. Tiam la filino nomiĝis Chiara Russell, sed en Latvio nomoj devas esti skribataj laŭ latvaj reguloj.

Mi renkontas Viktoria Birjukova kaj ŝian filinon Kjara Rasela en la bele aranĝita, moderna apartamento de la familio en la centro de Rigo.

Viktoria proponas teon kaj rakontas, ke ŝi ne parolas la latvan aparte bone, parte ĉar ŝi devenas de la rusligva Daugavpils, parte pro la jaroj en Usono, kiam ŝi koncentriĝis al lernado de la angla.

– Nuntempe ja multaj kun ruslingva fono tamen flue parolas la latvan. Sed mi ĝojas, ke ni ne parolas latve hejme, tiel ni konservas nian propran identecon. Pri Kjara estis tiel, ke post kiam ni transloĝiĝis de ĉi tie al Usono, ŝi rifuzis paroli ruse kun mi, ĉar neniu alia tie parolis ruse. Do superregis la angla. Kiam ni revenis ĉi tien al Rigo ni trovis nin en alia ĉirkaŭaĵo, kaj baldaŭ iĝis male, ŝi rifuzis paroli la anglan kun mi, ĝian lokon prenis la rusa.

En Rigo ne estas aparte granda problemo ne scii la latvan, opinias Viktoria.

– Almenaŭ mi ne spertis tion. Sed la plej multaj el tiuj, kun kiuj mi interrilatas, ja estas ruslingvaj. Kompreneble mi povas diri kelkajn vortojn en la latva en la vendejo. Mi fakte estas trejnita tradukisto el la latva al la rusa kaj la angla, sed iel la latva tute malaperis kiam ni loĝis en Usono. Kaj homoj kutimas rapide ŝanĝi al la rusa, kiam mi komencas paroli latve, ili ne havas fortojn aŭskulti mian fuŝbabilon. Mia edzo aliflanke, li flue parolas la latvan, li kreskis ĉi tie en Rigo kaj liaj kolegoj en la arkitekta buroo estas latvoj.

Kiam Viktoria studis en la sovetia lernejo en Daugavpils en la 1980-aj jaroj, la plej multaj ne multe studis la latvan. Nun pli ol duono de la instruado estas en la latva en la "ruslingva" lernejo, kiun frekventas Kjara, kaj ŝi preparas sin por la finekzameno, kiu estos komplete en la latva.

— Ni havas dulingvan instruadon, diras Kjara. Ni ja kompreneble devas koni ĉiujn terminojn en la latva. Ekzemple en la leciono de biologio la instruisto klarigas unue en la rusa kaj poste en la latva. Kaj en la ekzameno de biologio ni ricevas aldonajn poentojn, se ni respondas en la latva. Tion oni ja povas kompreni, ĉar ĉiuj finekzamenoj estos en la latva. En matematiko oni ne bezonas tiom da latvaj vortoj. Ni kompreneble notas ĉefe en la rusa. En la lecionoj pri sociaj scioj ni havas lernolibrojn kaj laborkajerojn en la latva, sed tie ni faras ĉion en la rusa. Sed poste ni ja devas skribi la taskojn en la kajero en la latva. Fakte estas sufiĉe pelmele.

La pli juna fratino de Viktoria elektis latvan lernejon hejme en Daugavpils. Ankaŭ ŝi nun loĝas en Rigo, ŝi studas en la universitato kaj moviĝas en tute aliaj rondoj ol Viktoria.

— La du kulturoj ja estas sufiĉe malsamaj, eĉ se ni loĝas en la sama lando. En Rigo estas aranĝoj kaj lokoj, kie oni renkontas nur latvojn aŭ homojn, kiuj asimiliĝis kaj parolas la latvan flue. Kaj estas aliaj lokoj, kiuj estas tute rusaj, kie oni neniam renkontas latvon. Mia fratino parolas la latvan flue, kaj ŝi trovas sin ie meze, mi ne povas vere diri, ĉu ŝi identigas sin kun la latvoj aŭ kun la rusoj. Ĉar ŝia familio ja estas rusa, sed tiuj, kun kiuj ŝi interrilatas, estas ĉefe latvoj.

Estas pli facile interrilati kun homoj el la propra grupo, tial ekzistas latvaj kaj rusaj ejoj, diras Kjara.

— Se mi trovas min en latva ĉirkaŭaĵo, tiam mi daŭre sentas, ke mi estas rusa. En rusa ĉirkaŭaĵo mi sentas min trankvila, mi ne diferencas de la aliaj. Sed tiel ne estas pri la fratino de panjo, en latva ĉirkaŭaĵo ŝi sentas sin latva. Tio estas io, kion ŝi havas kun si de la infanaĝo, ĉar ŝi havis latvajn amikojn kaj tiel plu.

— Jes, tiamaniere ŝi estas iom alia ol ni. Verŝajne ĉar ŝi frekventis latvan lernejon, ŝi kreskis en latva ĉirkaŭaĵo, el tio rezultas ia simbiozo, diras Viktoria.

Kjara komencas listigi latvajn kaj rusajn kafejojn en Rigo.

— Costa estas tre rusa. Kaj Caif, tie ĉio estas skribita en la rusa, tie estas ĉiam rusoj. Sed estas aliaj lokoj, kie estas nur latvoj, kie la kelneroj ne parolas la rusan.

Viktoria daŭrigas la liston:
— Piens estas tute latva ejo. Kaj Chomsky estas tute rusa. Ja ekzistas tia disdivido. Mi ne scias, ĉu estas bona aŭ malbona afero. La edzino de mia frato estas latvino, kaj kiam ŝi vidas en Facebook, kiujn ejojn ni kutimas viziti, kiam ŝi vidas niajn fotojn, ŝi diras, ke estas kvazaŭ ni loĝus en alia Rigo. Ŝi neniam aŭdis pri la aranĝoj kiujn ni vizitas, kaj ni tre malofte trafas unu la alian hazarde, kvankam ni estas proksimume samaĝaj.

La priskribo memorigas pri la mirinda duobla urbo Besźel / Ul Qoma en la romano *The City and the City* de la brita aŭtoro China Miéville de la jaro 2009. Tie la loĝantoj lernis ne konscii pri tiuj personoj kaj fenomenoj, kiuj apartenas al la alia parto de la urbo, aktive bloki ĉiujn pensojn pri ilia ekzisto, eĉ se ili fizike povas troviĝi en la sama loko. Sed en Rigo tamen ne estas hermetaj muroj inter la du socioj. Kelkaj antaŭurboj ja estas ĉefe ruslingvaj, sed grandparte la latva kaj la rusa Rigoj kunekzistas. Eblas transiri de unu al la alia, kaj konfliktoj maloftas.

— Ĉiuj interrilatas trankvile, la etoso estas sufiĉe bona, homoj kunvivas sen apartaj problemoj. Tiuj radikalaj latvoj kaj tiuj rusoj, kiuj ĉiam opinias ĉion misa, ili tamen estas tre malmultaj. Ili estas homoj, kiuj ĉiam malkontentas pri ĉio, kiuj ŝatas kriaĉi kaj plendi. Oni aŭdas ilin, sed ili ne estas multaj, diras Viktoria.

La enirejo al tiu aŭ alia Rigo estas antaŭ ĉio la lernejo. Se oni frekventas "rusan" lernejon, oni apartenas al la rusa Rigo, eĉ se la instruado nun estas sesdekprocente latvalingva eĉ en la "rusaj" lernejoj.

Oni iom diskutis la ideon, ke la pli juna fratino de Kjara, kiu nun estas sepjara, eklernu en latva lernejo, sed tiel ne iĝis.

— Mia edzo proponis tion, sed mi ne opiniis la ideon bona. Jam estas sufiĉe peze komenci la unuan klason en la lernejo, krome fari tion en latva lernejo estus tre peze por ŝi. Sed fakte eblas ŝanĝi, ni konas dulingvan familion, kie la patro parolas latve kaj la patrino ruse. Ankaŭ iliaj infanoj eklernis en rusa lernejo, sed ili planas, ke la infanoj transiros al latva lernejo post la kvara klaso.

Kjara ekmemoras, ke ŝi havis konaton, kiu transiris al latva lernejo post la naŭa klaso.

— Ŝi parolis nur lernejan latvan, ŝi havis neniujn latvajn amikojn kiam ŝi komencis tie. Sed daŭris nur monaton, kaj ŝi iĝis kiel ĉiuj en la klaso.

Kjara mem laboretis en kafejo kaj rimarkis, ke ja eblas amikiĝi trans la lingva limo.

– Mi parolis kun latva knabino tie, kaj ŝi diris, ke ŝi nenion havas kontraŭ la rusoj, ŝi estis same amika al ĉiuj. Tie laboris kvin knabinoj, kaj unu el ili estis rusa. Sed ŝi bone parolis la latvan kaj estis amiko kun la aliaj, ili interrilatis ankaŭ ekster la laborejo, kaj estis neniuj problemoj. Ĉiuj estis tre afablaj al mi, neniu diris ion pri mia malbona latva. Mi rapide lertiĝis kaj komencis paroli kun ili ankaŭ pri aferoj kiuj ne rilatas al la laboro. Estas tre agrable, kiam al homoj ne gravas la nacieco de la alia. Mi vidis tian filmeton en la reto, pri tio ke oni ne dividu la homojn laŭ la haŭtkoloro kaj tiel plu, ĉar gravas aliaj aferoj. Kaj tion ankaŭ mi opinias.

Plej ofte ja estas tiel en Rigo – ne aparte gravas, ĉu oni parolas ruse aŭ latve, diras Kjara.

– Se mi iras al la vendejo kaj parolas latve, ĉiuj respondas en la latva. Se mi parolas ruse, ĉiuj respondas en la rusa. Eble kun akĉento, sed ili respondas ruse. Kaj ankaŭ en kafejoj, se mi ne komprenas kion ili diras en la latva, ili ekparolas ruse.

Viktoria ne tute konsentas kun sia filino – laŭ ŝi ofte okazas, ke junaj latvoj simple ne scias la rusan. Aliflanke tio malofte estas problemo, ŝi aldonas.

– Kaj oni ja evidente volonte dungas homojn kun lingvoscio por priservaj taskoj. En Svisio ili ja havas kvar oficialajn lingvojn, kaj tio estas nenia problemo.

Sed la rusan kiel oficialan lingvon oni ne bezonas en Latvio, almenaŭ ne laŭ Viktoria. Ŝi voĉdonis kontraŭ la ideo en la referendumo 2012.

– Kaj ne nur mi tiel voĉdonis, sufiĉe multaj rusoj fakte kontraŭis la ideon. Tio ja nenion ŝanĝus en la ĉiutaga vivo, sed kostus multe da mono. Novaj ŝtratŝildoj por ĉiuj stratoj, ĉiuj dokumentoj en du lingvoj, tio iĝus enorma burokrataĵo. Estas multe pli simple, ke ĉio estu en la latva – ĉiuj ja komprenas ĉiukaze. Do ni voĉdonis kontraŭ. Ni havas pli rusemajn amikojn, kiuj voĉdonis por. Sed ĉio tio nun estas jam forgesita.

Ĝenerale, ne la lingvo estas nun la granda politika demando, sed la rifuĝintoj, diras Viktoria.

– Multaj rusoj grumblas pri tio, ke la rifuĝintoj ricevos monon ne laborante. Kaj miras, ĉu tiuj rifuĝintoj vere intencas studi la latvan por poste ricevi laboron kiu donas nur kelkcent eŭrojn monate. Ankaŭ multaj latvoj kontraŭas - ja estas jam multaj rusoj ĉi tie, ĉu ni devas akcepti ankoraŭ pli da eksteruloj, ili diras. Mi eĉ ne scias, kion mi mem opinias. Se ili fuĝas, do certe ĉar ili devas. Sed tamen estas pli trankvile, kiam ĉi tie loĝas preskaŭ nur latvoj kaj rusoj.

Ĉu do rusoj vi estas? Kion vi respondas, se iu demandas?

- Pri tio mi ofte pensis. Ni ja estas rusoj, sed tamen ne. Kiam mi loĝis eksterlande, mi ofte ricevis la demandon, kaj tiam mi diris, ke mi estas ruso. Sed ne el Rusio. Mi ja ankaŭ ne povas diri, ke mi estas latvo. Estas ia konfuzaĵo, mi ne sciis, kion mi vere respondu. Sed supozeble mi estas latva ruso. Aŭ latvia, baltia ruso. Tion mi sentas, kiam mi ekzemple renkontas homojn el Moskvo, ili havas tute alian mensaranĝon kaj aliajn kutimojn, kvankam ni en la infanaĝo spektis la samajn filmojn kaj legis la samajn librojn.

Kiu do estas la diferenco?

- Kiam mi estis infano, ni kun la gepatroj veturis al Krimeo por libertempi. Tio estis ankoraŭ sovetia tempo, estis neniuj limoj. Ni aŭtis tien, kaj patro koleregis al tiuj rusoj, kiuj laŭ li estis laŭtaj kaj needukitaj. Aŭ ekstreme gastamaj, kun malferma animo, se ni nur sidis tie kaj tagmanĝis, iu povis sidiĝi ĉe nia tablo kaj komenci paroli pri ĉio kaj nenio.

- Sed tio ja estas bela, tiel tute ne estas en Latvio, interrompas Kjara.

- Ne, en Latvio homoj havas iom alian pensmanieron. Ĉi tie neniu venas viziti sen antaŭa interkonsento.

Ĉiuj rusoj en Estonio, Latvio kaj Litovio estas influitaj de la landoj en kiuj ili loĝas, sed pri tio oni ne multe pensis antaŭ ol Sovetio disfalis, diras Viktoria.

- Multaj el miaj amikoj sentas sin iom misorientitaj. En tiu tempo, kiam Sovetio ĵus disfalis, tiam ni opiniis nin tute rusaj. Ni sentis, ke ni povus en ajna momento ekloĝi en Rusio. Sed ju pli longe ni loĝas ĉi tie, des pli granda iĝas la distanco. Se iu nun dirus tion al mi, ke mi veturu hejmen al Rusio, tio ŝajnus tute freneza. En Rusio ja ĉio estas tute malsama.

Kjara diras, ke la rusoj el Rusio por ŝi sentiĝas kiel fremduloj.

- Mi rimarkas klaran diferencon inter veraj rusoj, kiuj loĝas en Rusio, kaj rusoj kiuj loĝas ĉi tie, aŭ en Litovio. Kiam mi parolas kun ruslingvanoj el Litovio, tiam mi sentas min same hejme kiel ĉi tie. Sed se mi parolas kun rusoj el Rusio, tio estas kvazaŭ... kvazaŭ paroli kun latvoj.

❖

Kion vi lernis hodiaŭ?

Maljuna virino sidas en sia rulseĝo ĉe la kafaŭtomato en la granda halo de la fervoja stacidomo en Rigo. Ŝi klopodas diri ion al grupo da rapidantaj lernejaninoj, sed ili ne aŭdas ŝin. Ili ŝajnas apenaŭ vidi ŝin. Kvazaŭ la virino en la rulseĝo tute ne apartenus al ilia mondo. Mi aliras ŝin por demandi, kian helpon ŝi bezonas.

– Ĉu vi povus esti afabla kaj premi la butonon por varma kakao, mi ne atingas. Ŝi donas al mi manplenon da moneretoj. Kiam ŝi ricevis sian kakaon en la maldika plasta taso, ŝi parkumas ekster la ĉefenirejo de la stacidomo por ĝui la sunon. Malmultekosta posttagmeza ĝuo.

La virino en la rulseĝo parolas ruse. La rusan lingvon oni daŭre aŭdas ankaŭ en la tunelo kun multaj butiketoj sub la fervojo, kaj eĉ pli en la granda subĉiela bazaro transe de la fervojo. Sed ĉu la busstacio ne estas ie ĉi tie? Mi demandas al dika mezaĝa virino ĉe stando kun vestaĵoj en brilegaj koloroj. Surprize vigle ŝi ekstaras, elvenas de malantaŭ siaj vestaĵstakoj kaj montras la vojon.

– Ĝi ne videblas de ĉi tie, vi devas ĉirkaŭiri kaj pasi malantaŭ la viandohalo, tiam vi ekvidos la busstacion transe de tiu strato, ŝi klarigas.

Absolute nenia fremda akĉento, ŝi evidente estas ruslingvano, samkiel la plej multaj aĉetantoj ĉi tie ŝajnas esti.

En la busstacio ĉiuj ŝildoj kompreneble estas en la latva, sed la bushoraro estas facile deĉifrebla, kaj la virino malantaŭ la giĉeto volonte parolas ruse. Ŝajne ankaŭ ŝi estas ruslingva. Mi aĉetas unudirektan bileton al Daugavpils, la ĉefa urbo de Latgalio – la plej ruslingva regiono de Latvio, ĉe la limo al Belorusio kaj Rusio. Kiam la moderna buso ekruliĝas el la centro de Rigo direkte al la sudoriento, ni preterveturas la raketsimilan televidturon, kiu staras sur sia propra insulo meze de la rivero Daugava. La vojo sekvas la riveron la iom pli ol ducent kilometrojn ĝis Daugavpils, "la urbo de Daugava". Almenaŭ ĉi tie ĉe la rivero la latvia kamparo ŝajnas bonfarta, ĉiuj kampoj estas kultivataj kaj la domoj ĉe la vojrando en bona stato.

Proksimume duonvoje ni traveturas la urbeton Jēkabpils, "la urbon de Jakobo", kiu estis fondita en la 17-a jarcento. Ĉi tie la etoso iĝas iom pli sovetieca ol en la kamparo, kun grizaj paneldomoj kaj enormaj, malbone prizorgitaj naftocisternoj malantaŭ griza betona muro. Tamen videblas ankaŭ la eŭropa integriĝo – unue ni preterveturas benzinejon, kiu apartenas al la finnlanda firmao Neste, kaj unu plian rapidmanĝejon de la finnlanda ĉeno Hesburger. Ĉe la sekva stratangulo estas benzinejo de la norvega Statoil.

Daugavpils estas la urbo, en kiu komenciĝas la tria mondmilito en la drama milita simulado elsendita de la brita BBC en februaro 2016. Separistoj kun subteno de Rusio okupas la urbodomon, NATO mobilizas kaj Rusio respondas per taktika nuklea atako kontraŭ la brita kaj usona flotoj ĉe la latvia marbordo. Sed nun estas trankvile ekster la aŭtobusa fenestro.

La vespero jam proksimiĝas, kiam ni fine preterveturas la rusian fortikaĵon de la 19-a jarcento en Daugavpils, la ĉefan vidindaĵon de la urbo, kaj turniĝas direkte al la centro. La domoj estas ĉefe sovetiaj naŭetaĝaj kolosoj, kaj la strato estas preskaŭ senhoma – oni ne tuj divenas, ke ĉi tio estas la dua urbo de Latvio.

Ĉi tie preskaŭ ĉiuj parolas ruse. Post registriĝo en la hoteleto apud la konsulejo de Belorusio mi trafoliumas la televidajn kanalojn. Preskaŭ ĉiuj estas en la rusa, neniu en la latva. La hotelo kaptas siajn kanalojn per satelita anteno, samkiel multaj aliaj. Per mia poŝradio mi ricevas lokan stacion, kiu ludas la kanton "Feel" de Robbie Williams kun postsekva interpretado en la rusan. "I just wanna feel real love, feel the home that I live in", kantas Williams. Dum la instrumenta parto la programgvidisto pasie deklamas la tradukon: "Mi volas senti veran amon! Senti la hejmon en kiu mi loĝas!" Kaj tiel li daŭrigas, strofon post strofo.

En Daugavpils ĉiuj parolas ruse, ankaŭ Robbie Williams.

Kiam mi eliras, la unua vidindaĵo estas la granda, blanke farbita malliberejo de la 19-a jarcento. La farbo forfalis jen kaj jen sur la prizona murego, sed evidentas, ke la malliberejo plu estas uzata – la muron kronas brile nova pikdrato, la lada tegmento estas nova, la kameraoj multaj, kaj malantaŭ la prizono staras longa vico de parkumitaj aŭtoj.

Transe de la ponto, sur la alia flanko de la fervojo, staras la tri grandaj preĝejoj: la rusortodoksa garnizona preĝejo el la komenco de la

Latvio

20-a jarcento kun siaj cepkupoloj, la Luther-preĝejo de la 1890-aj jaroj el ruĝaj brikoj kaj la blanka, katolika Maria-preĝejo kun siaj duoblaj turoj, diskrete kaŝata de novkonstruita, kesteca Volkswagen-vendejo kun la nomo Auto Welle. En alia lando la urboplanaj instancoj povus havi kritikajn vidpunktojn. La kvara preĝejo, tiu de la malnovkredaj ortodoksoj, malpli alta, humila ruĝa konstruaĵo, situas ankoraŭ pli diskrete, kelkajn domblokojn for de la ĉefstrato.

La kvar preĝejoj estas signo de la etna diverseco kiu ĝis la dua mondmilito regis en Daugavpils – kruciĝo de fervojoj kaj grava garnizona urbo. Sed la sanktejo de unu grava popolgrupo mankas sur la preĝeja monteto. Ĝis la dua mondmilito en la urbo estis pli ol kvardek sinagogoj. Dum la cara periodo Daugavpils nome diference de la cetero de la hodiaŭa Latvio apartenis al la tiel nomata ĉerta osedlosti, setla zono, la regiono, en kiu la judoj de la Rusia Imperio rajtis loĝi, kaj en la 19-a jarcento preskaŭ duono de la loĝantoj ĉi tie estis judoj.

La unua mondmilito peze trafis la urbon, same la posta milito de libereco de Latvio. La loĝantaro grave malkreskis, kaj komencis rekreski nur kiam jam alvenis la tempo de la dua mondmilito, sovetia okupacio, germana okupacio, persekutoj de la judoj – kaj fine denove sovetia okupacio. Unu kilometron de la preĝeja monteto, meze inter la rusa gimnazio kaj la superbazaro Rimi, mi trovas gigantan, brilan sovetian bajoneton, kiu suprenpuŝiĝas el la tero dek metrojn. La memorŝtono apud la bajoneto ŝajnas esti elfandita el betono kaj havas nur rusan tekston: "Laŭ ordono numero 0253 de la Supera Komandanto la 9-an de aŭgusto 1944 la jenaj taĉmentoj de la Dua Balta Fronto, kiuj elstariĝis en la bataloj lige kun la preno de la urbo Daugavpils, ricevis la honoran titolon 'Dvinskij'".

La Supera Komandanto nomiĝis Josif Stalin, sed lia nomo ne troveblas sur la memorŝtono. Sekvas listo de ĉiuj divizioj, ricevintaj la honorigon. "Dvinsk" estas la malnova rusa nomo de Daugavpils, kaj la rivero Daugava en la rusa estas nomata Zapadnaja Dvina, "okcidenta Dvina", por diferencigi de alia rivero kun la sama nomo en la rusia nordo. En la germana Daugavpils estis iam nomata Dünaburg, kaj inter la judoj Dinaburg. Sed nun ĉi tie validas nur la latva lingvo. Eĉ super la pordo de la rusa liceo malantaŭ la sovetia milita monumento estas skribite nur "Krievu Licejs" – "rusa liceo" en la latva. La sola loko kun nur rusa teksto nun estas la betonaj platoj ĉirkaŭ la enorma bajoneto, kies pinto daŭre brilas en la malfrua vespera suno.

Por la sekva mateno mi interkonsentis pri vizito en unu el la rusaj lernejoj de Daugavpils, por vidi kion signifas por la infanoj kaj instruistoj, ke 60 procentoj el la instruado nun devas okazi en la latva lingvo. La lerneja reformo estis enkondukita en la jaro 2004, kaj komence renkontis fortan opozicion flanke de la ruslingva loĝantaro. De tiam tamen la plej multaj ŝajne akceptis la nunan staton de la aferoj, kaj la politika diskuto dum la lastaj jaroj pli temis pri tio, ĉu oni devus eĉ pli malfortigi la rolon de la rusa lingvo en la iamaj ruslingvaj lernejoj, aŭ ĉu la nuna modelo kun dulingva instruado estas bona tia kia ĝi estas. Similaj reformoj estis entreprenitaj ankaŭ en Estonio kaj Litovio – la tute ruslingvaj municipaj lernejoj nun estas forigitaj en la tuta Baltio.

La rektoro de Lernejo Numero 3 en la centro de Daugavpils nomiĝas Vitalij Azareviĉ kaj estas ankaŭ loka politikisto de la partio Centro de Harmonio, kiun ĉefe subtenas la ruslingvanoj – li pli frue eĉ estis vicurbestro. Sed kiam li respondas retpoŝton li nomiĝas Vitālijs Azarevičs – tiu estas la oficiala latva nomformo. Kaj en mallonga ruslingva mesaĝo la rektoro sukcesas enigi du misliterumojn. Tion mi ne intencas tuŝi, kiam ni sidiĝas sur la sofo en malgranda kunvenĉambro, kie Vitalij Azareviĉ proponas kafon, sed li mem levas la temon.

– Mi jam tute malkutimiĝis skribi ruse, ni ja uzas nur la latvan lingvon en nia tuta administrado. La oficialan lingvon. Kaj rilate la instruadon, ni estis la unuaj en Daugavpils kiuj grandigis la proporcion de instruhoroj en la latva lingvo, tion ni faris jam antaŭ ol la leĝo postulis. Tial nia lernejo estas populara, ĉiuj gepatroj ja nature volas, ke iliaj infanoj lernu la latvan laŭeble bone.

Ankaŭ ĉiuj kunsidoj de la instruistoj nun okazas en la latva, kvankam majoritato de ili estas ruslingvanoj. En la gepatraj renkontiĝoj la gepatroj rajtas elekti la lingvon, diras Vitalij Azareviĉ.

– Mi demandas, kiun lingvon ni parolu. Plej ofte la gepatroj volas, ke estu la rusa, kaj tiam ni uzas ĝin.

En la klasĉambroj aliflanke aŭdiĝas preskaŭ nur la latva, kvankam la rusa estas la gepatra lingvo de ĉiuj infanoj en ĉi tiu lernejo – la latvaj infanoj ja frekventas la latvan lernejon, ne tiun por la minoritato kiu ĉi tie estas la majoritato.

La rektoro proponas ke mi vizitu triaklasanojn kiuj havas lecionon pri etiko. Ĉiuj infanoj ekstaras kaj salutas, kiam plenkreskulo eniras tra la pordo, kaj ĉiuj havas lernejan uniformon, precize kiel dum la sovetia tempo. La lerneja uniformo estis reenkondukita antaŭ kelkaj jaroj, kaj ankaŭ tie Lernejo Numero 3 estis la plej rapida lernanto, la unua en Daugavpils. Mi sidiĝas plej malantaŭe en la klasĉambro. La leciono pluiras en la latva. Daŭras preskaŭ dek minutojn, antaŭ mi aŭdas la instruiston diri kelkajn vortojn en la rusa – ŝi klarigas la komplikan koncepton "homaj rilatoj". Poste ŝi reiras al la latva, petas la infanojn fermi la okulojn kaj imagi kion ili farus, se ili sidus sub sorĉita ombrelo, kie neniu vidus ilin. Unu el la infanoj ludus poŝtelefonajn ludojn, alia invitus ĉiujn siajn amikojn sub la sorĉitan ombrelon, iu restus hejme anstataŭ iri al la lernejo, kaj iu helpus aliajn sen ke tiuj vidu ŝin.

– Kiel oni diras "timigi iun" en la latva? demandas knabo.

La instruisto klarigas.

Gravas, ke ĉiuj lernu la latvan bone, ni ja loĝas en Latvio, diras la rektoro, kaj li certe pravas. Sed en lia lernejo preskaŭ ĉiuj lecionoj en la pli altaj klasoj estas en la latva. Kaj formale tio ne estas problemo, ĉar la lernoplano starigas nur minimuman limon por la proporcio de lecionoj en la latva, neniun maksimumon. Sed eble tamen ne malhelpus, se iom pli el la instruado estus en la gepatra lingvo de la infanoj?

Mi telefonas al la rektoro de la Rusa Liceo por demandi, ĉu mi rajtas veni tien kaj vidi, kiel la aferoj funkcias en tiu lernejo – eble tie estas pli da instruado en la rusa? La lernejo ja nomiĝas la Rusa Liceo?

– Ni sekvas la instruplanon same kiel ĉiuj aliaj. En Latvio ekzistas neniuj municipaj lernejoj kun instruado nur en la rusa, eventuale iuj malgrandaj privataj lernejoj, diras rektoro Irina Paura.

Sed ŝi konsentas ke mi vizitu, kaj en la sekva mateno mi sidas en ŝia laborĉambro, kun vidaĵo al la giganta sovetia bajoneto kiu leviĝas el la tero. Nun pluvas ekster la fenestro. Irina Paura elprenas paperojn kun la instruplano de la lernejo, kaj montras, kiel la ruslingvaj kaj latvalingvaj lecionoj estas distribuitaj, tiel ke oni plenumas la postulon pri miniume 60 procentoj en la latva, kaj samtempe donas al la infanoj facilan komencon kun multe da rusa instruado en la unuaj jaroj.

– Niaj lernantoj havas tutlande tre bonajn ekzamenajn rezultojn. Kaj ili havas bonajn rezultojn ankaŭ en la rusa lingvo. Sed ili devas kompetenti ankaŭ pri la latva lingvo, ĉar la supera edukado en Latvio estas nur latvalingva. Cetere, multaj el niaj lernintoj pluiras al altlernejoj ankaŭ ekster Latvio. Plej ofte al aliaj EU-landoj, sed okazas ankaŭ, ke niaj lernintoj daŭrigas siajn studojn en Rusio, rakontas Irina Paura.

Poste ŝi scivolas, kial tio interesas min, kian libron mi verkas. Jes, la ideo ja estas lasi la ruslingvanojn de Baltio mem rakonti pri sia vivo el diversaj vidpunktoj, ĉar ĉe ni oni cetere ĉefe memoras pri la ekzisto de la ruslingvanoj ĉi tie nur, kiam la situacio inter la Okcidento kaj Rusio estas streĉita. Kaj tiam oni ĉefe parolas pri tio, ĉu la "rusoj" estas sekurecrisko, ia kvina kolono de Putin, mi klarigas.

– Ni ĉi tie ĉiukaze ne estas ajna kvina kolono! Vi povas ja mem vidi, ĉiuj niaj ŝildoj estas en la latva! Kaj ĉi tie en Daugavpils estas tute trankvile, ĉi tie neniu volas aliĝi al Rusio!

Ke ĝuste la lingvo en kiu estas skribitaj la ŝildoj en la lernejo konstruaĵo estus nerefutebla pruvo pri lojaleco al la ŝtata potenco estas interesa penso, kiu diras multon pri la signifo de la lingvo en la konstruado de la latvia ŝtato. Sed efektive ĉio ĉi tie estas skribita en la latva, ankaŭ en la planada komputilo en la apuda instruista kunvenejo, kiam ni serĉas lecionojn kiujn mi povus ĉeesti.

Unue mi vizitas dekan klason kiu havas lecionon pri la rusa. Ankaŭ ĉi tie ĉiuj ekstaras kaj salutas tuj kiam plenkreskulo eniras tra la pordo. En la Rusa Liceo la pli aĝaj lernantoj ankoraŭ ne havas lernejan uniformon, ĝi estis nur ĵus enkondukita por la lernantoj en la malaltaj klasoj. La leciono pri la rusa komprenebla estas komplete ruslingva. Hodiaŭ temas pri tio, kial kelkajn esprimojn oni foje skribu kiel unu vorton kaj foje ne. La instruisto petas la lernantojn mem proponi eblajn klarigojn.

Ni plu iras al leciono de matematiko. Ĉi tie la instruisto iom hontetas pro tio, ke sur la tabloj kuŝas rusaj lernolibroj de algebro. Fakte la libroj devus esti en la latva, sed ŝi prenis la rusajn librojn el la biblioteko, ĉar ŝi traktos temon kiu mankas en la malnova latva lernolibro, kaj la novaj ankoraŭ ne venis. La instruisto estas ruslingvano kaj parolas ruse kun la lernantoj antaŭ la leciono, sed rapide transiras al la latva kiam la leciono komenciĝas kaj ŝi devas klarigi la lernotaĵojn. Ŝi skribas kelkajn binomojn sur la nigran tabulon, ŝanĝas al la rusa por klarigi novan vorton, kaj resaltas al la latva. La leciono ja devas esti en la latva laŭ la lernoplano.

Fine ni vizitas unuaklasanojn kiuj havas lecionon pri la latva. Ĉi tie la infanoj jam portas lernejajn uniformojn. La instruisto diras vorton en la latva kaj ĵetas pilkon. La lernanto kiu kaptas la pilkon devas ripeti la vorton en plural kaj reĵeti la pilkon. En la sekva ekzerco ĉiuj stariĝas. Mi scias la latvan malpli bone ol la unuaklasanoj, ne certas kion fari, kaj restas sidanta. Montriĝas, ke ĉiuj, kiuj havas liniilon, devis stariĝi. Do mi ja faris ĝuste, mi ne havas liniilon. Tiuj, kiuj havas du liniilojn, devas kaŭri. Kelkaj faras.

– Sed mi havas tri! diras unu knabo fiere en la rusa.

La infanoj babiletas pri siaj liniiloj en la rusa ĝis la instruisto silentigas ilin.

– Nun ni transiros al la paĝo 19 en la libro, ŝi diras en la rusa.

Mi ja estas homo!

La ruĝa ligna dometo staras ĉe flanka strato, proksime al la Rusa Liceo, premita inter du longaj vicoj de sovetiaj paneldomoj, kiuj ŝajnas konkuri inter si pri grizeco. Sed hodiaŭ almenaŭ ne pluvas en Daugavpils. Svetlana Kursīte malfermas la pordon kaj mi eniras la etan antaŭĉambron.

– Ne, vi ne bezonas forpreni la ŝuojn, tute ne necesas! Tiel oni ja diru al gastoj. Kaj tamen estas plej ĝentile forpreni la ŝuojn, do mi faras tion. Maris, la 15-jara filo de Svetlana, kurte salutas – li sidas en sia ĉambro kaj ludas komputilludojn kun samaĝaj kamaradoj en Rigo, Rusio kaj Usono. Li frekventas rusan lernejon, la 18-jara fratino Samanta latvan. Maris plu ludas, ni aliaj sidiĝas en la hejmeca kuirejo kaj Svetlana ekboligas teakvon. Tra la fenestro videblas la negranda, verda ĝardeno – kaj la enorma paneldomo dek metrojn malantaŭ la barilo.

– Ili planis forigi ankaŭ ĉi tiun domon, kaj konstrui apartamentaron en ĉi tiu loko, sed iel tio neniam okazis, klarigas Svetlana kiam ŝi verŝas por ni teon.

La dometo iam apartenis al la parencaro de ŝia edzo, kaj post la falo de Sovetio oni redonis la posedaĵon.

– La paperoj konserviĝis en la familio, la domo ne estis malkonstruita spite la planojn, do oni redonis ĝin al la iamaj posedantoj. La gepatroj de mia edzo ricevis ĝin, kaj nun ni loĝas ĉi tie. Do ni ne bezonas pagi luon. Sed ni pagas por la akvo kaj por la elektro, multe da elektro, ĉar ni devas varmigi la akvon per ĝi. Tio iĝas tre kosta.

Svetlana laboris kiel vendisto en butiko, sed estas nun senlabora, kaj mankas mono. Mankas eĉ pli ol kutime. Sed almenaŭ la ekonomio de la lando denove kreskas – plej malfacila la situacio en Latvio estis ĉirkaŭ la jaro 2008, kiam la malneta enlanda produkto sinkis je kvinono. Svetlana ridetas malĝoje, kiam mi demandas, kiel ŝi mem rimarkis la financan krizon.

- La plej granda krizo estis, ke mia edzo mortis. Lia koro haltis. Li laboris ĉe la polico. En tiu tempo mi mem ĵus eklaboris. Mia edzo ne vere volis tion, sed mi sukcesis trovi postenon en vendejo. Tie mi laboris preskaŭ ok jarojn, sed nun antaŭ unu monato oni eksigis min, kaj estas tre malfacile trovi novan laboron ĉi tie.

Estas iom pli facile por tiuj, kiuj scias la latvan, diras Svetlana – sed ankaŭ por ili malfacilas. Tial multaj forloĝiĝas el Daugavpils, al Rigo aŭ al aliaj landoj. Post la falo de Sovetio la loĝantaro de la urbo malkreskis de preskaŭ 130 000 al iom pli ol 90 000. Populara celo por migrado estas Britio.

– Ege multaj veturas tien. Mi havas konaton, kiu trovis laboron tie. Ŝia filino restis ĉi tie ĉe la avino kaj vizitadis la lernejon. Nun ŝi finis la naŭan klason kaj veturis al sia patrino en Anglio. Ŝajnas ke ili restos tie. Kaj tiel faras multaj – kiam ili finstudis, ili forveturas de ĉi tie. La salajroj ĉi tie estas malaltaj, kaj la fakturoj estas tiel multaj, malfacilas elturniĝi. Tion oni rimarkas en la urbo, estas multe malpli da homoj sur la stratoj ol antaŭe. Somere estas pli da homoj, multaj revenas dum la libertempo. Kaj tiam ili miras kaj ĝemas demandante, kiel ni entute sukcesas vivi ĉi tie.

La 18-jara Samanta jam decidis kion ŝi volas fari, kiam ŝi finos la lernejon.

– Mi volas eniri la polican edukon en Rigo, mi ŝatus iĝi krimesploristo. Ĉar mi volas resti en Latvio, kaj ene de la polico estas laboro, eĉ ĉi tie en Daugavpils.

Por iĝi policano oni kompreneble devas esti latvia civitano kaj havi bonajn sciojn de la latva lingvo. Sed por Samanta tio ne estas problemo, ŝi ja frekventas latvan lernejon.

– La latva estas kiel mia dua gepatra lingvo, por mi ne havas signifon, kiun lingvon mi parolas. Mi eĉ ne rimarkas tion.

Ĉar Samanta studas en latva lernejo, ŝi aŭtomate ricevas la formalan lingvan kompetenton por ĉiuj postenoj, kiuj postulas tion. Ŝia pli juna frato Maris, kiu studas en rusa lernejo, devos trapasi apartan lingvoteston por ekhavi la formalan kompetenton. Tio estas iom pli komplika, kaj laŭ la origina plano ankaŭ Maris devus studi en tute latva lernejo – sed li ne bone sentis sin tie, do li ŝanĝis al alia, rusa lernejo. Tamen ĝuste la lingvo ne tre gravas, li diras.

– Ne vere. Ni ja ankaŭ nun havas multe da instruado en la latva, sed en kelkaj studobjektoj estas iom pli da rusa lingvo, kaj tiam pli facilas kompreni. Mi certe sukcesus ankaŭ en la latva lernejo, mi bone komprenas la latvan. Sed nun, kiam mi krome komencis paroli angle, mi foje miksas la lingvojn.

Unu avantaĝo de la ruslingva lernejo estas, ke la gepatraj renkontiĝoj estas en la rusa, diras Svetlana.

– En la alia lernejo ĉio estas en la latva. Nu, ion mi ja komprenas... Ne, serioze dirite, mi ne vizitas tiujn renkontiĝojn. Se io ne funkcias, la instruistoj povas telefoni, kaj tiam ni povas paroli ruse.

Kiam Svetlana mem frekventis lernejon en Daugavpils, dum la sovetia tempo, la latva ne estis grava studobjekto, kaj ŝi ne lernis multon – mankis la motivo, ĉar la lingvo ne estis bezonata en la ĉiutaga vivo. Krome la instruisto ne estis aparte bona. Kiam evidentiĝis, ke la lingvo tamen estos bezonata, Svetlana jam preskaŭ finis la lernejon.

Poste ŝi sukcesis trapasi la lingvoekzamenon kiu necesas por rajti labori en vendejo, sed tio ne signifas, ke ŝi vere regas la lingvon, ŝi diras.

– Se oni alparolas min en la latva, mi pardonpetas kaj respondas ruse. Mi ne povas devigi min paroli aĉan latvan, kaj mi ne kredas ke iu volus aŭdi tion.

Sed sian postenon ŝi perdis ne pro mankohavaj lingvoscioj.

– Ne, mi havas la lingvoatestilon, kaj mi faras mian laboron. Same ja estas pri multaj en mia aĝo, ili ne bone scias la latvan. Sed la entrepreno ekhavis novajn estrojn, kaj ili volis aranĝi lokon por siaj propraj homoj.

Preskaŭ ĉiuj klientoj en Daugavpils estas ruslingvanoj, kaj Svetlana memoras nur unu okazon, kiam ŝi estis skoldata de kliento, kiu malŝatis, ke ŝi ne parolas latve.

– Estis viro, kiu parolis latve, mi respondis ruse. Li eksplodis kaj postulis respondon en la latva. Mi pardonpetis, kaj diris, ke mi volas ŝpari liajn orelojn de miaj misaj deklinoj, sed li ne ĉesis postuli. Se oni loĝas en Latvio, oni devas paroli latve, li opiniis. Li estis tre agresema. Sed tiu estas la sola fojo kiam okazis io simila, kaj li ja estis ebria. Estas multaj tiaj uloj ĉi tie, ili drinkas kaj iĝas agresemaj, en tio la rusoj kaj la latvoj neniel diferencas.

Kvankam ĉiuj en Daugavpils parolas ruse, ĉiuj publikaj ŝildoj kaj eĉ reklamoj estas nur en la latva. Sed pri tio la loĝantoj de Daugavpils supozeble ne plu pensas, tiel ja statas la afero de pli ol dudek jaroj?

Svetlana ridas.

– Certe multaj ne vere komprenas, kio estas skribita. Vidu, jen nova ŝildo, kio ĝi povas esti? ili pensas. Sed tia estas la leĝo, ĉio devas esti en la latva. Foje estas io ankaŭ en la rusa, kun pli malgrandaj literoj. Tio okazas ĉefe en malpli grandaj butikoj. Sed cetere ĉio estas en la latva. Ĉu tio ne sentiĝas stranga?

– Mi ne scias... sed mi ja opinias, ke ili devus esti iom pli afablaj al ni, la aferoj ĉiukaze estas sufiĉe malfacilaj, kaj jen ili aldone premas nin per la lingvo, tiel ke restas nenio por fari krom forveturi de ĉi tie. Sed aliflanke, ankaŭ multaj latvoj forloĝiĝas, ankaŭ ili ne povas trovi laboron, kvankam ili scias la lingvon. Do, mi ne scias.

Krom la praktikaj problemoj pro la lingvo, ĉu por vi mem iel gravas, ke vi estas ruslingvano? Ĉu vi sentas vin rusa, kion vi diras, se iu demandas, kiu vi estas?

– Mi? Mi ja estas homo. Ĉu tio ne videblas?

Nu jes. Sed se okazus, ke iu volas scii, ĉu vi estas ruso, latvo aŭ io alia, kion vi respondus?

– Nu, supozeble mi estas ruso. Jes, mi estas. Latvoj malsame aspektas, oni vidas ke ili estas latvoj.

Ĉu gravas do?

– Ne, kial tio havus signifon? Gravas tio, kia estas la homo, kiel la homo kondutas, ne la nacieco.

Aŭdiĝas frapetoj ĉe la pordo, kaj envenas Lena, amiko de Svetlana. Ankaŭ ŝi volas paroli kun la eksterlanda ĵurnalisto, pri kies vizito ŝi aŭdis, kaj ŝi tuj ensaltas la diskuton pri rusoj kaj latvoj.

– Ĉi tiu ja estas multetna urbo, en multetna regiono. Belorusio kaj Rusio estas tuj apude, kaj tial multaj ĉi tie parolas ruse. Sed ni kompreneble neniel kontraŭas la latvan lingvon, kvankam ni parolas ruse hejme. Oni ne dividu homojn laŭ nacieco.

Sed kiam leviĝas la granda temo de la sezono, la rifuĝintoj, evidentiĝas ke tamen estas diferenco inter homoj kaj homoj.

– Kiel oni rilatas al rifuĝintoj ĉe ni dependas de tio, de kie ili venas, kiuj landoj estas kompreneblaj por ni. Se temus pri homoj el la dek kvin respublikoj de la eksa Sovetio, aŭ Anglio, aŭ Irlando, tiam la afero estus alia. Tie ni scias ion pri la homoj kaj la kulturo, ni komprenas ilin kaj tion, kio povas okazi ĉe ili. Sed Sirio estas nekomprenebla, tie oni ŝajnas daŭre militi, diras Lena.

Samkiel multaj aliaj en Daugavpils, ankaŭ la filino de Lena transloĝiĝis al Britio por labori tie. Sed ŝi revenis jam post kelkaj monatoj.

– Ŝi havas bonan edukon, ŝi estas programisto, kaj ŝi volis labori pri tio, pri kio ŝi kompetentas, eĉ se la salajroj malpli altas ĉi tie. Krome ŝi bone parolas la latvan. Al mi ŝi diras, ke mi sonas kiel ĉino kiam mi parolas latve, ĉar mi ignoras ĉiujn finaĵojn. Sed ne gravas al mi. La gejunuloj jam ne havas problemojn pri la lingvo, kaj ni aĝuloj, ni ja ne vivos eterne. Ĉio ŝanĝiĝas, ĉiuj scipovos la latvan, ĉio estos bona. Sed eĉ pli bone estus, se ne estus tiel malfacile iĝi civitano de Latvio, Lena poste diras.

– Mi naskiĝis en Belorusio, sed mi loĝas en Latvio de kiam mi estis dujara, dum kvardek jaroj. Mi vizitadis la infanvartejon ĉi tie, la lernejon, kaj tamen mi devis trapasi civitaniĝan ekzamenon por ricevi la pasporton de Latvio. Ja ne estu tiel, ĉu? Kaj ne estis facile, ne sufiĉis tio, kion mi lernis en la lernejo, kaj mi devis provi kelkfoje antaŭ ol mi fine sukcesis. Jes ja, nun mi estas civitano, sed tamen, kiel oni povas tiamaniere sin teni al homoj, kiuj loĝis en Latvio sian tutan vivon, tio ne estas ĝusta!

Svetlana kun siaj mankohavaj scioj de la latva apenaŭ sukcesus trapasi la ekzamenon, sed feliĉe ŝi ne bezonis tion.

– Mi ne devis iri tien, ĉar mia patro estas civitano, lia flanko de la parencaro devenas de la regiono ĉirkaŭ Daugavpils.

En la parlamentaj elektoj en 2014 Lena voĉdonis por la Centro de Harmonio, samkiel preskaŭ duono el la voĉdonintoj en Daugavpils. Sed ili tamen ne rajtis eniri la registaron, kvankam ili gajnis la elektojn, ŝi ĝemas. Kaj en la referendumo en 2012 ŝi kompreneble voĉdonis por ke la rusa lingvo ekhavu oficialan statuson. Same voĉdonis 85 procentoj el la loĝantoj de Daugavpils.

– Ĉiuj miaj konatoj tiam iris voĉdoni, por la rusa lingvo. Ja evidentas, ke estus multe pli bone por la homoj ĉi tie, se la rusa lingvo havus almenaŭ regionan statuson, tio igus la vivon multe pli facila, diras Lena.

– Sed kion tiukaze farus la Lingva Inspektejo, de kio ili vivus? ridas Svetlana.

La Lingva Inspektejo estas inter la ruslingvanoj la senkonkure plej malamata parto de la latvia ŝtata aparato. Kiam ajn la inspektistoj povas aperi en la laborejo, kontroli ke ĉiuj ŝildoj kaj prezetikedoj estas skribitaj en la latva kaj pridemandi la dungitojn por certiĝi, ke ili vere scipovas la latvan sufiĉe bone. Tio estas ege streĉa, diras Lena.

– Antaŭ kelkaj jaroj ili faris kontrolon en superbazaro ĉi tie en Daugavpils, kaj gardisto tie ekmalbonfartis. Li estis ege nervoza, li ja ne sciis, kion oni demandos al li. La sekvan tagon, kiam li devis ekiri al la laborejo, li unue eliris kun la hundo, ekhavis hemoragion en la cerbo, kaj mortis tuj. Li estis nur 40-jara. Li misfartis jam la antaŭan vesperon, kaj ankaŭ multaj aliaj en la vendejo fartis malbone. Unu knabino tie devis punpagi 280 eŭrojn, tio estis preskaŭ ŝia tuta salajro. Kaj aldone oni eksigis ŝin, kvankam ŝi jam longe laboris tie.

Eble ne estas tute certe, ke la morto de la gardisto estis kaŭzita ĝuste de la vizito de la lingvaj inspektistoj, sed la morto efektive okazis kaj la labordonanto pagis por la enterigo, ĉar la familio ne havis rimedojn. Tion skribas la loka gazeto en intervjuo kun la vidvino de la gardisto, kiun mi poste trovas en la reto.

Kaj evidentas, ke multaj timas la inspektistojn. La pridemandadoj estas pezaj kaj longaj, diras Lena.

– Ĉe ni daŭris po 40 minutojn, sed dependas de la inspektisto, povas daŭri ankaŭ malpli longe. Ili vokis nin al aparta ĉambro kaj ni devis rakonti pri ĉiaspecaj aferoj, kio estas skribita en nia laborkontrakto kaj tiel plu. Kial do? Pri tiaj aferoj ni ja neniam parolas kun la klientoj. Kaj ili povas fari ruzajn demandojn por konfuzi nin. Ili povas ekzemple demandi, kiom kostas la polvo sur niaj bretoj.

Svetlana rakontas, ke ŝia patrino, kiu estas ekonomiĉefo en latvalingva lernejo, estis malakceptita, kiam la lingvaj inspektistoj faris kontrolon.

– Ŝi devis punpagi, kaj partopreni lingvokurson por plibonigi sian latvan. Jen ili venis al tiu latva lernejo, kaj ili kontrolis ĉiujn, kiuj havis rusan familian nomon. Tiujn kun latva nomo ili ne kontrolis.

La rusa? Ne, dankon!

Andrejs Faibuševičs iĝis mondfama fulmrapide, post kiam brita gazeto skribis ke li malpermesis la rusan lingvon en sia drinkejo en Daugavpils. Sed tio ne veras, li mem diras.

— Tio estus ja neebla, oni ne povas malpermesi lingvon! Kion ili kredas, ke mi iradus inter la tabloj, subaŭskultus, kaj elĵetus homojn, se mi aŭdas ilin diri duonan vorton en la rusa? Tio estas ridinda.

Tamen estis ero da vero en la artikolo – la kelneroj en la gemuta kela klubejo Artilērijas Pagrabi, la Artileria Kelo, efektive ne parolas ruse kun la klientoj. Neniam. Ĉiuj kompreneble scipovas la rusan, alikaze oni ne elturniĝus en urbo, kie okdek procentoj de la loĝantaro estas ruslingvanoj. Kliento, kiu mendas en la rusa, ricevas sian bieron – kaj respondon en la latva.

Estas lunda vespero, kaj la Artileria Kelo principe estas fermita, sed Andrejs Faibuševičs invitis min tien por montri la ejon. Li stariĝas malantaŭ la baro kaj verŝas el la krano du glasegojn de la bona loka biero Latgale.

Niaj ĝisnunaj kontaktoj okazis en la angla, do ankaŭ la intervjuo estu en la angla. Sed kial Andrejs Faibuševičs ne volas paroli ruse en sia drinkejo, li ja finfine mem estas ruslingvano?

— Nu ja, mi ne estas tio, kion homoj kutime celas, kiam ili parolas pri ruslingvanoj. Mi frekventis latvan lernejon kaj elektis iĝi latvo. Sed ĉiukaze, mi volis montri ke oni ne bezonas paroli ruse por povi logi klientojn, eĉ ne en Daugavpils.

Kiam Sovetio falis, la latvoj devis konstrui la instituciojn de la nova lando, diras Andrejs.

— La civitanoj, tiuj, kiuj ne estis sovetiaj homoj, estis bezonataj por ŝtata laboro, ene de la armeo, polico, kortumoj. La komerca vivo aliflanke trafis grandparte en la manojn de la ruslingvanoj. Ili havis bonajn kontaktojn jam de la sovetia tempo, kun direktoroj sur diversaj niveloj,

kun komunismaj partioj, kun KGB. Kaj tial okazis, ke entreprenoj en Rigo kaj aliaj grandaj urboj komencis postuli, ke iliaj dungitoj scipovu la rusan. Tio ja estas kretenaĵo. Tio ne estus bezonata, se nia socio ne estus tiel dividita. Kaj estas kretenaĵo aserti, ke oni perdas klientojn, se la personaro ne parolas ruse. Ni ja havas amason da ekzemploj pri aferoj, kiuj estas nur en la latva, kaj tamen funkcias bone. Ekzemple ĉiuj ŝildoj estas nur en la latva, kaj estas neniuj problemoj.
Do vi volis pruvi, ke tio eblas?
– Jes. Ne indus nur paroli pri tio, ĉar ĉiam estas iu, kiu kredas scii pli bone. Oni bezonis ekzemplon, kaj ne en urbo kun latva majoritato, kie la rusoj fakte parolas latve, sed en urbo kiel Daugavpils. Kompreneble iĝis skandalo kaj amaso da artikoloj, sed ja funkcias. Klare pli ol duono el niaj gastoj estas ruslingvanoj, kaj multaj el ili diras, ke estis tute ĝuste elekti ĉi tiun lingvan politikon. Kiam ili venas ĉi tien, ili sentas sin en progresema, krea medio. Ĉiuj kreaj homoj venas ĉi tien, ĉiuj aktoroj, muzikistoj kaj tiel plu. Mi ne volas ofendi, sed estas fakto, ke la plej multaj krimuloj en ĉi tiu urbo estas ruslingvanoj. Kaj la krimuloj ne venas ĉi tien, ili ne sentas sin hejme ĉi tie. Sed plej gravas kompreneble, ke ĉi tiu devas esti klubo kun bona muziko. Por ke homoj volu venadi, devas esti alloga, interesa ejo.

Ne nur la malalta prezo de nafto kaŭzis la kolapson de Sovetio, influis ankaŭ rokmuziko, asertas Andrejs.

– Roko estas libereco, kaj Sovetion konkeris libereco. Se oni volas influi la sintenon de homoj, oni devas proponi al ili ion pli bonan ol ilia ordinara ĉirkaŭaĵo. Tial ĉi tiu ejo gravas. Ĉi tiu devas esti bona rokklubo, ĉi tiu devas esti libera teritorio, tio same gravas kiel la lingva politiko. Se ni havus nur ĉi tiun lingvan politikon, sed la priservado estus merdo, tiam neniu venus kaj ni devus fermi la pordojn. Sed ni iĝis popularaj.

Kio do okazas, kiam ruslingva kliento envenas kaj malkovras, ke la kelneroj ĉi tie ne respondas en la rusa?
– Estas diversaj reagoj. Kelkaj turniĝas sur la kalkanoj kaj foriras. Ili ne povas toleri, ke oni respondas al ili en la latva. Aliaj demandas, kial ni ne parolas ruse, ili ne rezignas, sed provadas igi nin respondi en tiu lingvo, kvankam ili komprenas ĉion kion ni diras. Kaj estas tiuj, kiuj akceptas la situacion kaj eble mem provas paroli latve. Se oni loĝas ĉi tie de dudek jaroj ja ne eblas, ke oni ne scias la latvan. Estas multaj diversaj reagoj, sed antaŭjuĝoj rompiĝas, kaj la rezulto estas pozitiva.

Sed ne nur pozitiva – Andrejs Faibuševičs estis nomata naciisto kaj faŝisto pro la lingva politiko de la klubo. Tio ne surprizas lin.

– En Daugavpils estas pluraj ejoj, kie la kelneroj rigardas vin kiel frenezulon, se vi provas mendi en la latva, kaj neniam oni respondas en la latva. Tiel estas de multaj jaroj, kaj neniu interesiĝas pri tio, sed tuj kiam ni malfermis, ni ekaŭdis ke ni estas faŝistoj. Tio kuŝas tre profunde, la ruslingvanoj tre ŝatas asertadi, ke ili estas internaciistoj, sed tio validas nur dum oni parolas ruse kun ili. Se vi provas paroli alian lingvon, vi tuj estas faŝisto aŭ nazio. Ili diras, ke ili volas havi harmonion inter ĉiuj popoloj, sed ili ne povas elteni eĉ unu vorton en la latva. Do, tio kion ni faras ĉi tie estas iaspeca ŝoka terapio por ili. Kombine kun iom da biero tio igas ilin vidi, ke ni ne estas monstroj kiuj volas sendi ilin al gaskamero, ni estas ordinaraj homoj. Estas maniero rompi iliajn stereotipojn pri latvoj.

La plej ruslingva urbo en Eŭropa Unio estas Narva, kun bona marĝeno: el la 65 000 loĝantoj proksimume 94 procentoj estas ruslingvanoj. Sed Daugavpils staras sur la dua loko, kun proksimume 90 000 loĝantoj, el kiuj 79 procentoj laŭ la censo en 2011 estis ruslingvanoj. Kaj Daugavpils ĉiukaze estas la plej ruslingva urbo en Eŭropa Unio kun propra univesitato, diras Andrejs Faibuševičs. Stranga konsekvenco de tio estas, ke la Artileria Kelo, kie oni ne parolas ruse, gajnas multe da mono de la eksterlandaj studentoj, kiuj venis al Daugavpils por studi la rusan. Ofte temas pri militistoj el landoj de NATO – por multaj el ili urbo kun rusa majoritato en alia lando de NATO estas pli taŭga alternativo ol studoj en Rusio.

– Ĉu vi vidas la blankan kaskedon kiu pendas ĉe la baro? Ĝi estas de West Point, la usona milita altlernejo. La universitato en Daugavpils havas specialan, aprobitan studprogramon de la rusa lingvo por eksterlandanoj, multaj usonanoj studas ĉi tie. Kaj ili venas al nia klubo, ĉar ĉi tiu estas loko, kie ili povas senti sin hejme.

Do vi gajnas monon pro la rusa lingvo?

– Jes, estas ja paradokso. Kaj kelkaj el la eksterlandaj studentoj komence iom miras, ĉar neniu ĉi tie parolas kun ili ruse. Sed niaj dungitoj scias la anglan, kelkaj scias ankaŭ la germanan kaj la francan.

La usonaj militistoj estas bonvenaj gastoj en la Artileria Kelo, sed eble iom malpli bonvenaj inter la ruslingvaj loĝantoj de Daugavpils kaj la cetera Latvio – estas granda diferenco inter tio, kiel latvoj kaj ruslingvanoj vidas la militajn minacojn al la lando. Nur 5 procentoj el la ruslingvanoj opinias, ke Rusio estas konsiderinda minaco al la sekureco de Latvio, dum la cifero inter latvalingvanoj estas 42, laŭ la esploro Baltic Barometer 2014. En Estonio la diferenco estas eĉ pli granda – el la estonlingvanoj 64 procentoj vidas Rusion kiel minacon, sed nur 4 procentoj el la ruslingvanoj. La ruslingvanoj krome multe pli favore sin tenas al la agado de Rusio en Ukrainio. Kiel do la okazaĵoj en Ukrainio influis la rilatojn inter la ruslingvanoj kaj la cetera socio en Latvio?

– La socio vere ŝanĝiĝis pro tio. Sed ne vere tiom pro la okazaĵoj en Ukrainio, kiom pro tio, kiel ili estas priskribataj en la rusiaj amaskomunikiloj.

Kiam mi parolas kun ordinaraj homoj, tamen tre malmultaj mencias Ukrainion, krom se mi mem tuŝas la temon. Ne ŝajnas, ke la homoj daŭre pensadus pri tio, la afero ne ŝajnas esti parto de ilia ĉiutaga vivo. Ĉu vere ĝi estas tiom signifa?

– Jes, ĝi ja tre gravas. Ĉar ni devas povi scii, kio okazos, se alvenos tago X, se Rusio faros ion similan ĉi tie. Se tiu tago alvenos, gravas kion ĉiu el ni pensos kaj faros. Se la tago neniam venos, tiam ne gravas, sed mi kredas, ke la risko ekzistas, eĉ se ĝi estas malgranda. Kompreneble nenio tia okazos pro loka iniciato ĉi tie, sed la ulo tie oriente povas aranĝi, ke okazu. En tiu tago gravas scii, al kiom da homoj ni povas fidi, kaj kion ili pensas pri ĉio ĉi, ĉar tio gvidos iliajn agojn. Kaj unu aferon mi scias: niaj klientoj ne pafos nin en la dorson. Tion mi scias. Sed mi scias ankaŭ, ke ekzistas sufiĉe multaj homoj, kiuj agos alimaniere. Se oni subite malfermos armilan deponejon, kie oni povas preni kion oni volas, ekzistas homoj, kiuj faros tion, kiuj pretas pafi.

Sed la probableco ke io tia okazos ja tamen devas esti ekstreme malgranda?

– Tamen ĝi ne estas nula. Sufiĉas scii, ke tio povas okazi. Se ni estus centprocente certaj, ke tio ne povas okazi, tiam ne necesus NATO, ne necesus la armeo, necesus nenio ajn. Sed ni scias, ke tio povas okazi.

LITOVIO

Kiam la sendependeco de Litovio estis restarigita en 1991, preskaŭ ĉiuj loĝantoj de la lando aŭtomate ricevis la civitanecon de Litovio.

La sovetia urbo

Ĉu en Daugavpils vere troviĝas homoj, kiuj pretas pafi la latvojn en la dorson, kiel asertas Andrejs Faibuševičs? Tion evidente ne eblas vere scii, krom en akuta situacio, kaj tia espereble neniam estiĝos. Sed jen kaj jen min trafas la akra rigardo de Vladimir Putin, kiam mi marŝas inter la standoj en la granda endoma bazaro apud la busstacio. "La plej ĝentila el ĉiuj homoj", estas skribite sur blanka t-ĉemizo kun foto de la prezidanto en militista uniformo. "Soldato ne dolorigos la etulon", estas skribite sur alia ĉemizo, kun idolportreto de Vladimir Putin en uniformo kaj mapo montranta la gigantan Rusion apud la liliputa Latvio. Proksime pendas pliaj Putinaj ĉemizoj – iu kun la rusia blazono, alia kun la sovetia. La sola ĉemizo kun latva teksto ĉe la stando havas pli pacan mesaĝon. *Pats labākais tētis pasaulē*, estas skribite sur ĝi. La plej bona patro en la mondo.

La plej multaj konstruaĵoj en Daugavpils devenas de la sovetia tempo – krom ĉiuj aĉetcentroj, kiuj estis konstruitaj jam post la falo de la imperio. Sed ja restas stratetoj kiuj memorigas pri tio, ke ekzistis vivo eĉ antaŭ Sovetio. La promenstrato, kies unu fino atingas la fervojan stacidomon, estas zorge renovigita, kaj nur cent metrojn de la aŭtobusa stacio mi trovas malgrandan, blankan stratangulan domon en ia secesia stilo, kun ĉarma tureto. Definitive ne de la sovetia tempo, prefere de la cara.

Sed la sekva haltejo estos urbo komplete sovetieca, peceto de Sovetio, kiu antaŭ kvardek jaroj estis teleportita al la litoviaj arbaroj por doni al ĉi tiu angulo de la imperio lumon, varmon kaj fidon al la estonteco. La nuklea centralo Ignalina kun la apuda urbeto Visaginas estis la konstrulaborejo de la jarcento.

La buseto ĉe la aŭtobusa stacio havas litoviajn numerŝildojn. Feliĉe mi aĉetis la bileton anticipe. Multaj strebas al la sovetia urbo. La malgranda, blanka buseto de la marko Mercedes iĝas preskaŭ plena. Plej multe da bagaĝo havas granda, ĝoja, iom ronda juna viro el la apuda

Belorusio. Li survojas al Visaginas por montri la modelojn de la aŭtuno al la vestaĵvendistoj de la urbo. En la sovetia planekonomio Belorusio estis grava liveranto de ŝtofoj kaj vestaĵoj al la tuta enorma regno, sed post la disfalo de Sovetio la merkato grave malvastiĝis. Tamen plu estas postulado por la produktoj de la vestaĵindustrio de Belorusio en iamaj sovetaj respublikoj, kaj jen la ĝoja viro trovis por si niĉon. Li eble ne estas la plej sukcesa vestaĵkomercisto de Belorusio, se konsideri, ke li devas transporti siajn specimenojn per aŭtobuso, sed oni ne povas akuzi lin pri manko de iniciatemo. Jam antaŭ ol ĉiuj trovis sidlokojn en la buso li profundiĝas en diskuton kun iom aĝa virino, kiu timas, ke la sidlokoj ne sufiĉos – ŝi ne aĉetis bileton anticipe.

– Estas multe da loko, plej malbonkaze la sinjorino ricevos mian lokon.

Glate li direktas la diskuton al la aŭtuna kolekto, kiun li ofertos al la vendejoj en Visaginas.

– Estas tre bona kvalito kaj akcepteblaj prezoj. *Sudarinja*, estimata bonsinjorino, mi povas rekomendi al vi la kolekton, vi tutcerte trovos ion, kion vi volas havi.

La bone vestita mezaĝa paro, kiu sidas antaŭ mi en la buseto, iom subridas al la entuziasmo de la kolportisto kaj lia malnovmoda alparolo. *Sudarinja*, tion oni ja diris antaŭ la revolucio. Sed kion li do diru? Kamaradoj estas for, kaj la bruske sovetia alternativo *ĵenŝĉina*, vi virino tie, ne tre bone funkcias en polurita vendoparolo.

La juna ŝoforo frapfermas la pordon, kaj tuj mankas aero en la varma buseto, kiu svinge ekimpetas surstraten. El la laŭtparoliloj fluas rusa popmuziko. Tuj kiam ni eliras el la centro, la ŝoforo forte premas la akcelilon, la alta buseto malagrable ĵetiĝas en la kurbiĝoj, sed almenaŭ envenas iom da aero tra la duonmalfermita fenestro ĉe la ŝoforo. Kaj subite la vojo direkte al la litovia limo estas kiel liniilo – sovetia, laŭplane rektega vojo de 18 kilometroj, ja tamen kun iom da vertikala vario. Ni preterveturas multe da foliarboj, jen kaj jen kampojn, unu-du bienojn. Se la bienoj kaj la vojo estus iom pli bonstataj, oni povus imagi, ke ni estas ie en la interno de suda Svedio. Kaj jen la neevitebla vojlaboro tuj antaŭ la limo. Kial en Latvio ĉiam estas vojlaboro ĉe la limo?

La limo mem apenaŭ rimarkeblas. En la sovetia tempo ĝi ja estis nur streketo sur la mapo. Kiam la baltiaj landoj sendependiĝis, oni enkondukis limkontrolojn, sed nun ĉiuj tri membras en EU, NATO kaj

Litovio

la Ŝengena traktato. La limo denove estas nur streketo sur la mapo, sed ene de alia unio.

Unue la buso vizitetas la malgrandan urbon Zarasai, kiu estis fondita jam en la 16-a jarcento. Multaj individuaj domoj, katolika preĝejo, jen kaj jen negrandaj sovetiaj paneldomoj. Evidentas, ke ni trovas nin en Litovio. Post nelonga halto ni daŭrigas la veturon direkte al Sovetunio. Malaperas ajnaj konstruaĵoj, nin ĉirkaŭas sentempa, densa pinarbaro, ĝis sub ni fine aperas larĝa, seskoridora avenuo, kiun apudas altaj pinoj. Maldekstre videblas vico de kvinetaĝaj sovetiaj loĝdomoj konstruitaj el brikoj kaj betono. La buso haltas ekster la urbodomo. Meze de la avenuo, sur alta kolono, flugas la arĝentkolora cikonio, la simbolo de la nuklea urbo. Sub la cikonio palpebrumas lumantaj ciferoj kiuj intermite montras la horon, la daton, la temperaturon kaj la nivelon de radiado. Hodiaŭ la mezurilo indikas 10 mikrorentgenojn en horo – ordinara fona radiado.

La finhaltejo estas ĉe la granda, novkonstruita aĉetcentro. La apuda, sovetia superbazaro estas nun vendejo por konstrumaterialoj. Pasis nur iom pli ol duonjaro de kiam Litovio transiris al la eŭro, do la prezetikedoj daŭre estas duoblaj – en malnovaj litoviaj lidoj, kaj en eŭroj. Mi aĉetas litovian SIM-karton por mia telefono en la kiosko ĉe la bushaltejo, kaj poste iras registriĝi en la sovetia hotelo en la alta domo transe de la strato. Ĉi tie dum la sovetia tempo loĝis vizitantaj inĝenieroj kaj aliaj specialistoj. La ĉambro estas renovigita kaj el la krano venas ankaŭ varma akvo, sed cetere la tuto daŭre faras tre sovetiecan impreson. De sur la balkono en la oka etaĝo malfermiĝas vidaĵo al vico de identaj altaj loĝdomoj el ruĝaj brikoj, ĉirkaŭitaj de pinarbaro.

La restoracio en la aĉetcentro nomiĝas *III Blokas*, la tria bloko, laŭ la neniam finkonstruita tria reaktora bloko de la nuklea centralo. La murojn ĉi tie ornamas historiaj fotoj el la fino de la 1970-aj jaroj, kiam oni komencis konstrui la urbon kaj la nuklean centralon. La meblado estas moderna, la manĝo bongusta, kaj en unu angulo okazas kuirokurso por infanoj. Ĉi tie la sovetia tempo estas nur enkadrigitaj, flaviĝintaj memoroj sur la muroj.

En la sekva mateno estas la tempo vidi la veran nuklean centralon. La lasta funkcianta reaktoro ja estis malŝaltita fine de decembro 2009, sed la nuklea materialo plu restas en la dua reaktora bloko, kaj daŭros multajn jarojn, antaŭ ol la centralo ne plu ekzistos.

Mi iom marĉandas pri la prezo, kaj ensaltas unu el la taksioj, kiuj staras ĉe la bushaltejo. La nuklea centralo situas dekon da kilometroj oriente de la centro de la urbo, ĉe Drūkšiai, la plej granda lago de Litovio – cetere ne tre ganda – kaj nur du kilometrojn de la limo al Belorusio. Parteto de la lago apartenas al Belorusio, kaj se oni siatempe konstruus la nuklean centralon nur tri kilometrojn pli oriente, ĝi plej kredeble eĉ nun funkcius. Sovetia, ruslingva nuklea urbo ne estus aparta malkoheraĵo en Belorusio, kiu entute daŭre restas tre sovetia kaj ruslingva. Sed nun la urbo kaj la centralo staras sur ĉi tiu flanko de limo, kiu same kiel aliaj dum la sovetia tempo estis nur streketo sur la mapo.

La enmigrado de laborantoj al la sovetia urbo de la estonteco igis Visaginas la sola urbo en Litovio kun granda ruslingva majoritato – el la iom pli ol 20 000 loĝantoj de la urbo hodiaŭ nur 16 procentoj estas litovoj. Kiam la urbo estis plej granda, en ĝi estis 33 000 loĝantoj, sed multaj forloĝiĝis kiam oni komencis la fermadon de la nuklea centralo.

La vojon al la centralo laŭas dikaj hejtotuboj. Iam la nuklea centralo hejtis la tutan urbon. Nun oni devas por tio uzi aliajn fontojn de energio, kaj multaj plendas, ke la prezo de hejtado forte altiĝis. La sovetiajn paneldomojn necesus izoli de ekstere, sed ankaŭ tio kostas. Multe da EU-mono estas investata en energiprojektojn, kiuj interalie signifas, ke lernejoj, infanvartejoj kaj aliaj municipaj konstruaĵoj estas izolataj, sed kiam temas pri privatigitaj loĝdomoj, la koston devas pagi la loĝantoj, kaj por tio ili ne havas monon.

La vojo pasas sub kvar alttensiaj lineoj, supozeble jam ne uzataj. Sur la dekstra flanko de la vojo, sur kvar betonaj kolonetoj, staras ŝildego kun la teksto "Nuklea centralo de Ignalina", kaj subite ĉe la vojrando staras vicego da parkumitaj aŭtoj. Maldekstre videblas granda, senfenestra, novkonstruita industria halo.

– Ĝi estas la malmunthalo. La aŭtoj apartenas al tiuj, kiuj laboras tie, rakontas la taksiisto.

Rekte antaŭ ni nun aperas la kolosa nuklea energiejo, kun siaj du restantaj reaktoraj blokoj. En stranga maniero ili kun siaj du ruĝ-blankstriaj ellastuboj pensigas pri la sovetie futurisma televidturo en Rigo. Min bonvenigas la informisto de la nuklea centralo, Ina Dauksienė, kiu spite sian litovan nomon perfekte parolas la rusan, sen ajna signo de akĉento. Ŝi frekventis rusan lernejon, ŝi klarigas.

La sekureckontrolo ĉe la enirejo al la reaktora konstruaĵo estas strikta. La seria numero de la fotilo devas akordiĝi kun tiu, kiun mi

Litovio

anticipe anoncis, kaj tri peze armitaj gardistoj kontrolas mian pasporton kaj paspermeson antaŭ ol ni rajtas trairi la metaldetektilon.

La longa, vitrita piedira ponto el la enirhalo al la reaktorejo aspektas precize simila kiel tiu en la nuklea centralo en Sosnovij Bor, apud Sankt-Peterburgo.

– Jes, ĉar ĉi tiu centralo estas farita laŭ la sama projekto. Nur la ellastuboj iom malsamas, diras Ina Dauksienė.

La konstruaĵo ĉi tie tamen ŝajnas iom pli bone prizorgita. Kaj ĝuste ĉi tie, meze de la koridoro, devus esti gardista budo.

En Sosnovij Bor la gardisto havis kalaŝnikovon. Li ja kontrolis, ke en mia atestilo estis skribita la sama seria numero de mia fotilo kiel en lia listo – sed li tute ne kontrolis la fotilon. Ĉi tie la gardisto staras fine de la koridoro, kaj li ne havas armilon. Li volas vidi nur la paspermeson.

– Kiam ni estis plej multaj, ni estis 5 700 dungitoj. Tio estis fine de la 1990-aj jaroj. Nun ni estas 2 130, diras Ina Dauksienė.

Kiu do restis, kiu devis foriri?

– La organizo ja iom ŝanĝiĝis, ĉar la centralo ne plu produktas elektron. Ni havas novan sekcion de malkonstruistoj, veldistoj kaj tiel plu, sed la ĉefa administrado konserviĝis, ni plu havas grandan parton de la inĝenieroj kaj spertuloj. Kaj ni bezonas multajn projektestrojn, okazas multaj projektoj lige kun la preparoj por la malmuntado kaj malkonstruado de la tuta centralo. Tio daŭros longe.

Post la vitrita ponto nin atendas nova kluzo, ĉi-foje por ŝanĝi la vestaĵojn al la blanka uniformo de la nuklea centralo: pantalono, longa subĉemizo, jako, blanka ĉapo kaj oranĝkolora kasko. Blankaj pantofloj atendas sur la alia flanko de la benko, kiu markas la sekureclimon. Poste ni vagas pluen, nun en la centojn da metroj longa, senfenestra koridoro, kiu kunigas la du reaktorajn blokojn. Ni renkontas kelkajn blanke vestitajn figurojn, kun kaskoj de alia koloro. Ja devis esti pli da homoj ĉi tie, kiam la centralo ankoraŭ produktis elektron.

Kiel granda fakte estas la signifo de la centralo por la urbo, mi demandas al Ina Dauksienė.

– Ne eblas imagi la urbon sen la centralo. Nek la centralon sen la urbo. Ĉio estis interligita, apartenis al unueca sistemo. La plej multaj el niaj laborantoj loĝas en la urbo, kaj kiam la centralo funkciis, en la urbo estis ankaŭ multaj liverantoj kaj entreprenistoj, kiujn la centralo bezonis. Kiam la reaktoroj estis fermitaj, multaj entreprenoj perdis sian ĉefan mendanton.

Multaj homoj ja venis ĉi tien el la tuta Sovetio kiam la nuklea centralo kaj la urbo estis konstruataj, ĉu multaj reveturis, kiam ekmankis laboro?

– Kelkaj ja reveturis, sed tio malfacilas, kiam oni jam vivis la ĉefan parton de sia vivo ĉi tie. Ĉi tien transloĝiĝis junaj homoj en la 1970-aj jaroj, ili formis sian familion ĉi tie, ili havas siajn amikojn kaj konatojn ĉi tie. Pli ol 90 procentoj el la dungitoj de la centralo estas civitanoj de Litovio, kaj la meza aĝo estas ĉirkaŭ 50 jaroj. En tiu aĝo ne tre facilas rekomenci la vivon. Kompreneble estas iuj, kiuj veturis reen al Rusio, al siaj parencoj, aliaj elmigris al Eŭropo aŭ Usono. Ni ja ĉiam havis ĉi tie tre altklasajn specialistojn, kaj multaj trovis laboron aliloke en la mondo. Sed la plej multaj tamen restas ĉi tie, kaj multaj plu laboras en la centralo. Ni havas virinon, kiu laboras ĉi tie ekde la komenco, nun jam kvardek jarojn. Ŝi lastatempe festis sian sesdekjariĝon.

Ĉe la enirejo al la reaktora halo estas plia sekureca limo. Ĉi tie ni devas fiksi bluajn plastajn sakojn sur niaj blankaj pantofloj, por eviti ke radioaktiva polvo fiksiĝu al la ŝuoj kaj estu portita al aliaj partoj de la centralo. Poste la pordo malfermiĝas, kaj ni estas en la enorma kubo kun metala planko. La kovrilo de la reaktoro ne estas unu peco, sed ronda mozaiko el brilaj, kvadrataj ŝtalaj platoj, kelkaj el ili flavaj, ruĝaj aŭ bluaj.

– La koloroj markas diversajn specojn de stirfostoj. Ĉi tiu estas reaktoro du, kiu estis malŝaltita en decembro 2009, ĉi tie la brulaĵ-fostoj plu restas en la reaktoro, klarigas Ina Dauksienė.

La reaktoro estas de la tipo RBMK, la sama speco kiel la eksplodinta reaktoro en Ĉernobilo, nur pli granda. La lasta el la tri reaktoroj, kiuj restis en Ĉernobilo post la katastrofo en 1986, estis fermita en la jaro 2000, sed en Rusio plu estas uzataj dek unu reaktoroj de la sama speco.

Subite aŭdiĝas zuma bruo, kaj la alta, blanka turo, kiu staris en la plej fora angulo de la reaktora halo, komencas malrapide proksimiĝi al ni. Apud la turo aperas viro en blankaj protektaj vestaĵoj kaj flava kasko.

– Ĝi estas ŝirmita levaparato, kiun oni uzas por ŝanĝado de brulaĵfostoj. Mi supozas, ke oni simple testas ĝin, diras Ina Dauksienė.

Ni lasas la ŝuprotektilojn ĉe la kontrollimo, reiras en la senfinan koridoron, kaj marŝas kelkcent metrojn orienten, direkte al la belorusia limo – aŭ eble okcidenten? Malfacilas havi komprenon pri la direktoj en ĉi tiu senfenestra koloso. Fine ni engrimpas en la 600 metrojn longan turbinhalon, kie suno brilas tra aperturo plej supre en la longa muro. Ĉi tie la malmuntado jam videble progresas. Pluraj grupoj de laboristoj disigas la aparatojn, kiuj iam estis la granda fieraĵo de Soveta Litovio. La erojn oni klasas laŭ la grado de radioaktiveco, kaj poste ili estas pritraktataj en la nova, EU-financita malmunthalo ĉe la enveturejo.

Fine ni vizitas la senfenestran kontrolejon, kie la plej multaj lampoj estas malŝaltitaj kaj la komputilaj ekranoj nigraj. La sovetia laŭtparolila telefono el griza kaj pale flava plasto aspektas forlasita sur la tablo de la skipoĉefo. La kvardek butonoj estas markitaj per ciralaj literoj. La rusa estis la lingvo de la nuklea centralo, kaj daŭre oni ĉi tie uzas la rusan en la plej multaj aferoj – la dungitoj estas ruslingvaj kaj ĉiuj teknikaj dokumentoj estas origine en la rusa.

– Ni ne tradukis ĉion al la litova, tio ja estus enorma laboro, kaj tio krome ne necesas, la rusa ja tamen estas unu el la oficialaj lingvoj de IAEA, la aŭtoritato de UN pri nuklea energio.

Ina Dauksiene mem parolas ĉefe la litovan en la laborejo, la dungitoj en la informsekcio estas grandparte litovoj. Sed en la ĉiutaga vivo ŝi ofte parolas ruse.

– Estas ja kiel oni diras, eĉ se en grupo de dek personoj estas nur nu ruslingvano, tio kutime igas onin paroli ruse. Hejme ni parolas ambaŭ lingvojn, la infanoj estas dulingvaj, sed frekventas litovan vartejon.

Post kiam ni trairis la radiadan kontrolon, reŝanĝis al niaj propraj vestaĵoj kaj atendas mian taksion reen al la centro de Visaginas, mi demandas, kiel okazis, ke Ina Dauksiene spite sian litovan fonon frekventis rusan lernejon.

– Tio okazis, ĉar ni longe loĝis en Estonio. Mi fakte naskiĝis en Latvio, la unuajn dek jarojn de mia vivo mi loĝis tie, sed poste ni transloĝiĝis al Estonio. Mia patro estis militisto. Do, ni loĝis en Talino, kaj mi devis aŭ vizitadi estonan lernejon, aŭ rusan. Sed ni kompreneble studis ankaŭ la estonan. Ĉiuj miaj malnovaj, ruslingvaj klaskamaradoj nun flue parolas la estonan kaj estas civitanoj de Estonio. Mi mem fakte volis resti en Estonio, sed mi ja estis nur dek ses, mi ne rajtis decidi.

Kiam la sovetia sistemo komencis montri signojn de malforteco, iĝis nefacile por litovo labori kiel profesia sovetia militisto en Estonio.

– Multegaj aferoj tiam komencis disfali, kaj miaj gepatroj volis reveni al Litovio. Do ni transloĝiĝis al Vilno en 1990, mi studis en la universitato tie, kaj tuj post la universitato mi ricevis laboron ĉi tie. Mi estis nur 22-jara, do la plej grandan parton de mia vivo mi fakte loĝas

— 149 —

en ĉi tiu urbo. La unuan tempon mi veturadis hejmen al miaj gepatroj ĉiun semajnfinon, mi sentis ke ĉi tiu estas teda vilaĝeto fore de ĉio. Sed poste mi trovis amikojn ĉi tie, kaj nun mi apenaŭ povas imagi loĝi aliloke.

La taksio alvenas kaj mi adiaŭas Ina Dauksienė, kiu nun loĝas en la nuklea urbo jam dudek jarojn. Kiam ŝi translokiĝis ĉi tien, Litovio jam estis sendependa de kelkaj jaroj.

Tiuj, kiuj ekloĝis ĉi tie en la sovetia tempo kaj kreskis kun la urbo eĉ pli malfacile povas imagi vivon aliloke. Unu el ili estas la esperantista muzikisto Jelena Piščikienė, kiu naskiĝis malproksime, en Siberio.

– La familio de mia patrino devenis de estonoj, kiuj estis ekzilitaj al Siberio jam en la cara tempo. Ankaŭ la sovetiaj aŭtoritatoj persekutis la estonojn tie en Tajŝet, preskaŭ la tuta familio de mia avino sur la patrina flanko estis ekzekutita. Nur la infanoj saviĝis. Kiam mia avo iĝis plenkreska, li edziĝis al ukraina virino. Ankaŭ mia patro havis miksan devenon, lia patrino estis pola, lia patro duone latvo kaj duone beloruso. Li estis sendita al Siberio, kiam li militservis, kaj li restis tie por konstrui la grandan hidroelektran centralon en Bratsk. Estis la granda tutsovetia konstruprojekto de tiu epoko.

Ni diskutas ĉe tagmanĝo en la unua vera restoracio kiu estis konstruita en Visaginas ankoraŭ en la sovetia tempo, sed jam pli proksime al ĝia fino. La taga plado estas tradicia orienteŭropa manĝaĵo – brasikaj rulaĵoj kun boligitaj terpomoj kaj bruna saŭco. Mankas la vakcinioj, kiuj igus la pladon tipe sveda. Ĉe la tablo sidas ankaŭ la edzo de Jelena, Edvard, kaj la jam plenkreska filo Edgar. Aŭ Edvardas kaj Edgaras, kiel ili nomiĝas en la litova. En Esperantujo la triopo estas plej bone konata kiel la muzikgrupo Asorti.

En ĉiu tiu restoracio Jelena kaj Edvard muzikis fine de la sovetia periodo, ĝis tromultiĝis la banditoj kun siaj pistoloj. Sed kiel okazis, ke Jelena entute ekloĝis ĉi tie, kaj ne restis en Siberio?

– Estas longa historio. Mi fakte kreskis en Kirgizio. Mia patro restis en Siberio post la militservo, kiel dirite, por konstrui la elektrejon en Bratsk. Unue ili loĝis en tendoj, ĉu vi povas imagi? La somero tie estas tre mallonga, kaj la cetero de la jaro tre malvarma. Sed la fortuloj eltenis ankaŭ tion. Poste li ricevis ĉambron en laborista komunloĝejo. Kiam li renkontis mian patrinon, ili ricevis pli grandan ĉambron en la sama loko, kaj tie ni loĝis ĝis mi iĝis trijara. Sed li volis ion alian, ion pli

Litovio

interesan, kaj en loko kie eblus ricevi pli bonan loĝejon. Tiam li aŭdis ke mineja kombinato en Kirgizio serĉas laborantojn.

Fine de la 1960-aj jaroj la tuta familio translokiĝis al la montara Kirgizio, kiu sude limas al Ĉinio kaj norde al Kazaĥio. Jelena havas nur bonajn memorojn de sia lerneja urbo Frunze, la ĉefurbo de Kirgizio, kiu estis nomita laŭ komunista estro, kaj post la falo de Sovetio rericevis la kirgizan nomon Biŝkek.

– La lernejo estis ruslingva, en nia klaso estis multaj naciecoj, estis ujguroj, koreoj kaj kirgizoj. Kaj ankaŭ germanoj, sed ĉiuj ni bone akordiĝis.

Post kiam Jelena finis la lernejon, ŝi volis vidi la mondon, kaj decidis veturi al Latvio, kie lia patro kreskis.

– Li rakontis pri siaj infanaĝaj memoraĵoj, kiel bona ĉio estis en Latvio, kiel bongustis freŝaj fragoj kun lakto. Sed antaŭ ĉio temis pri ia romantika sopiro, mi volis vidi ion novan. Kiam mi venis al Baltio, mi seniluziiĝis. Kompare kun Frunze ĉio ŝajnis nemoderna kaj intelekte postrestinta. Tamen mi trapasis la lokan konservatorion en Daugavpils, mi studis tie kvar jarojn, ludis fluton kaj spertiĝis kiel orkestrestro.

La vivo en Daugavpils laŭ Jelena estis pli teda kaj seninteresa ol en Kirgizio. Tamen ŝi ne reveturis – anstataŭe ŝiaj gepatroj translokiĝis al Baltio. Ŝia patro aŭdis pri la konstruprojekto de la jarcento en Litovio, la nova sovetia urbo kun moderna nuklea centralo, kiu leviĝos meze de la pina arbaro.

– Ili vendis la domon, kiun patro kun tia peno sukcesis konstrui tie en Kirgizio. Estis ege bona domo, la domo en kiu mi pasigis mian tutan infanaĝon. Estis bedaŭrinde, ke ili vendis la domon, ĉar patro investis tiom da laboro en ĝi, li metis sian tutan animon en la domon. Sed kiam li aŭdis pri la konstruprojekto ĉi tie li decidis, ke li volas fine reveni al sia hejma regiono. Kaj ankaŭ mia patrino ja havas radikojn en Estonio, ne tro distance de ĉi tie.

Fine de la jaro 1978 la patro de Jelena ekloĝis en Sniečkus, kiel tiam nomiĝis la nova nuklea urbo. Li tuj ricevis laboron ĉe konstruprojekto, kaj komence loĝis en laborista komunloĝejo. Tiam Jelena ankoraŭ studis en la konservatorio en la najbara urbo Daugavpils, kaj kiam ŝi unuafoje venis viziti, ŝi tuj ekŝatis la junan etoson de la nova urbo.

– Oni vere rimarkis ke la urbo estas alispeca, ĉi tie loĝis preskaŭ nur junaj homoj. Patro ne estis tipa tiama loĝanto de la urbo, li jam estis iom pli aĝa, cetere ĉi tie estis ĉefe gejunuloj en mia aĝo, kiuj venis por konstrui la urbon. Ĉio kreskis, ĉiuj ĉij domoj tiam estis konstruataj. La bela arbaro, la ĉarma lageto, la altiĝantaj domoj, estis sento de io nova en la aero. Tio estis io tute alia ol la polva, provinca Daugavpils. Ĉiuj ĉi junaj homoj estis kreantaj tute novan urbon, kiu kreskis tre rapide, la urbo estis aktiva, la junaj homoj plenaj de espero, naskiĝis multaj infanoj, ĉio evoluis, la atmosfero estis optimisma. Kaj mi estas tre danka pro tio, ke mi rajtis sperti tiun tempon. Ĝi daŭre donas al mi energion. Tiel estas por ĉiuj, kiuj partoprenis tiun tempon, oni restas juna en la koro spite ĉiujn jarojn kiuj pasas.

Post la konservatorio Jelena ricevis proponon pri laboro kaj loĝejo en la bela banurbo Saulkrasti norde de Rigo, sed ŝiaj gepatroj, kiuj ambaŭ nun estis konstante ekloĝontaj en la nuklea urbo Sniečkus, volis ke ŝi venu tien kaj loĝregistriĝu kun la familio, por ke ili povu ricevi pli grandan apartamenton. Kaj ŝi faris tion.

– Ne nur ĉar ili volis tion, simple al mi plaĉis ĉi tiu urbo, tial mi rifuzis la banurbon kaj ekloĝis ĉi tie. Sed ja estis malfacile por muzikisto trovi ĉi tie laboron. Estis amaso da junaj virinoj, edzinoj de konstrulaboristoj, kiuj serĉis postenojn, kaj ne malmultaj el ili estis muzikistoj. Mi klopodis ricevi postenon de muzikinstruisto en lernejo, sed ne sukcesis. Kaj pri tio mi nun ĝojas. Se mi trovus instruistan laboron, mi ne evoluus kiel muzikisto.

La estonta edzo de Jelena, Edvard, ekloĝis en Sniečkus jam iom pli frue, post sia militservo. Ankaŭ liaj gepatroj volis, ke li loĝregistriĝu ĉe ili, por ke la familio ricevu pli grandan apartamenton en unu el la novkonstruitaj domoj.

La filo Edgar rimarkas, ke evidente estis ankaŭ bonaj flankoj en la sovetia sistemo.

– Al vi oni distribuis apartamentojn. Nun oni devas aĉeti, kaj vidu, kiaj estas la prezoj de loĝejoj en Vilno, ja tute ne eblas al ordinara homo pagi tiom!

Edvard memorigas, ke ankaŭ en la sovetia tempo tre malfacilis ricevi apartamenton en Vilno, la atendotempoj estis longegaj.

– Jes, sed iu ja ĉiukaze ricevis ĉiun el la novaj apartamentoj, kiujn oni konstruis, diras Edgar.

Li mem nun loĝas en la apartamento kiun liaj gepatroj ricevis jam fine de la sovetia tempo, en unu el la lastaj domoj, kiujn oni konstruis en la urbo tiam ankoraŭ nomata Sniečkus. Li bone sukcesas kiel muzikisto kaj havas multajn taskojn diversloke en Litovio kaj en aliaj landoj.

Litovio

Eble povus esti oportune loĝi en la ĉefurbo, sed tio ne valoras la koston, li diras.

– Litovio ne estas tiel granda, mi povas veturi kien mi volas per la aŭto. Sed en ĉi tiu urbo estas malmulte da laboro, la plej multaj el miaj klaskamaradoj ne plu loĝas ĉi tie. Multaj transloĝiĝis eksterlanden.

La hodiaŭa Visaginas estas urbo, kiu iom post iom perdas sian loĝantaron, spite la projektan financadon, kiun alpumpas Eŭropa Unio por pagi la malmuntadon de la nuklea centralo. Tio estas kompleta malo de la sovetia urbo Sniečkus, en kiu Edvard ekloĝis post sia militservo.

– Kiel la unua el nia familio en la konstruado eklaboris mia fratino. Poste venis niaj gepatroj, la patro ricevis proponon pri laboro, kiun li ŝatis, kaj ili vendis la domon en Ĵemajtio, en nordokcidenta Litovio. Mi trovis ĉi tie laboron kiel arbara gardisto, por certigi, ke neniu detruu la arbojn dum konstruado, kaj tion mi ŝatis. Komence mi tamen veturadis al Ĵemajtio ĉiun semajnfinon, por renkonti miajn kamaradojn, sed poste mi kaj Jelena renkontiĝis. Mi membris en negranda bando, survojis al ekzercado. Ŝi ekvidis min kun la gitaro kaj komencis pridemandadi min, kie mi ludas kaj kion. Do ni komencis ludi kune, ni ludis en nuptofestoj kaj diversaj koncertoj. Mi supozas ke tio estis en 1981. Kaj de tiam ni estas kune. Se mi iras ien sola ĉi tie en la urbo, homoj demandas, kie estas Jelena, kial ŝi ne kunvenis.

Kiam la perestrojko de Miĥail Gorbaĉov jam estis komencita, iam en 1987, la unua vera restoracio kun muziko estis malfermita en la nuklea urbo. La bando de Edgar kaj Jelena trovis laboron tie.

Oni povus verki tutan libron nur pri tio, kio okazis en la restoracio kaj en la aliaj lokoj, kie la bando ludis dum la kaosaj jaroj ĉirkaŭ la disfalo de Sovetio, diras Jelena.

– Tiam la restoracio estis ŝtata entrepreno. Ni ricevis bonan salajron, kaj kontraŭ ĝi ni devis ludi ĝis la dekunua vespere. Krome ni ricevis trinkmonon de la publiko, se ili volis, ke ni ludu ion specifan. En tiu tempo la banditoj komencis aperadi, sed dum la sovetia periodo ili tamen kondutis pli-malpli disciplinite. Post la falo de Sovetio ili plurfoje minacis nin per pistolo aŭ tranĉilo. Eble por ili tio estis amuza ŝerco, sed por ni tio sentiĝis veraj minacoj. Tio povis okazi, ĉar ili volis ke ni ludu iun specifan muzikaĵon, sed ne volis pagi por tio. En Daugavpils unu muzikisto eĉ estis mortigita en restoracio, ŝajne pro iu simila kialo.

Baldaŭ nur banditoj vizitadis restoraciojn, ordinaraj homoj ne plu havis monon por tio, kaj eĉ se ili havus, ili ne volus sidi tie kun la

— 153 —

mafiuloj. Krome la salajro en la restoracio ĉiam malpli valoris. Eĉ la senpaga manĝo, kiun la muzikistoj pli frue ricevis, estis nuligita. Do, la bando ĉesis ludi en la restoracio kaj anstataŭe direktiĝis al nuptofestoj en diversaj proksimaj urboj kaj vilaĝoj, Edgar rakontas.

– Tio estis pli trankvila, kaj la enspezo estis pli bona. Ni ludis du tagojn, post la geedziĝo ĉiuj muzikistoj ricevis viandon, ĉokoladon kaj trinkaĵojn, kaj unu nuptofesto povis doni al ĉiu muzikisto la egalvaloron de du monataj salajroj.

Ni eliras el la restoracio, kiu ne plu havas salonon por muzikado. Edgar aŭtos al Vilno, ni aliaj piediras kelkcent metrojn al la poŝtejo, kie Jelena kaj Edvard nun loĝas. Aŭ duono de la poŝtejo – la alia flanko plu funkcias kiel poŝtejo, sed la malantaŭan, tenejan sekcion la paro privatigis kaj transformis al kombinitaj loĝejo kaj muzikstudio. La poŝtejo ne plu bezonas same grandan ejon, oni ne plu sendas same multe da pakaĵoj kiel en la sovetia tempo, klarigas Edvard dum li malŝlosas, unue la kradpordon al la interna korto de la poŝtejo, kie staras la granda turnea aŭto de la familio, poste la pezan metalan pordon al la iama tenejo.

La ejo estas zorge riparita, la plafono estas alta, kaj en la amplekse izolita studio pendas ĉiaspecaj muzikiloj, de balalajkoj al elektraj gitaroj.

– En la sovetia tempo ni ekzercis nin en nia apartamento, ni havis ĉiujn niajn aĵojn tie, mi ne scias, kiel la najbaroj povis elteni, diras Edvard.

Ni sidiĝas ĉe bela, hejme ĉarpentita tablo en la kuirejo, kie la samovaroj, kaseroloj kaj glasoj staras en bela ordo sur malfermitaj bretoj. Edvard plukas de sur breto botelon kun ĉina teksto kaj proponas glaseton da brando kun akra gusto.

– Ĝin ni aĉetis en Ĉinio, oni invitis nin al luksa vojaĝo tie, ĉar ni pasintjare gajnis la muzikan konkurson de la Esperanta redakcio de la Ĉina Radio, li klarigas.

Kun la falo de Sovetio la mondo malfermiĝis por la muzikanta familio, kiu la en la lastaj jaroj pasigas la somerojn vojaĝante en Eŭropo de unu esperantista renkontiĝo al la alia. Multo iĝis pli bona ekde la komenco de la 1990-aj jaroj, kiam la sportpantalonaj mafiuloj en la restoracio minacadis la muzikantojn per tranĉiloj kaj pistoloj. Sed siajn plej belajn memorojn Jelena tamen havas de la tempo, kiam la urbo de la estonteco estis konstruata.

Post la falo de la imperio

Jevgenij Linjov mendis robotetojn. Kiam ili estos liveritaj, li kune kun la infanoj komencos programi ilin. Li estas komputila teknikisto ĉe la kulturdomo en la nuklea urbo Visaginas. Por ricevi helpon rilate printaĵon mi vizitas lian laborĉambron, kie li sidas malantaŭ du ekranoj, du klavaroj, stakoj da paperoj kaj kompaktdiskoj. Kaj kompreneble mi volas ekscii, kiel li trafis ĉi tiun lokon.

Jevgenij naskiĝis en la sovetia Centra Azio, en Taĝikio, li frekventis la lernejon ĉi tie en Visaginas, kaj post la falo de Sovetio li dum kelkaj jaroj studis en Rusio. Sed tie oni vidis lin kiel fremdulon.

– Kiam mi finis la lernejon en 1994, mi petis lokon ĉe komputila eduko en Obninsk, cent kilometrojn sudokcidente de Moskvo. Mi volis iri tien pro la lingvo, al mi ŝajnis, ke estos multe pli simple studi en la rusa ol en la litova. Mi ne sukcesis bone lerni la litovan en la lernejo, tiam estis iom kaose, ĉio estis ŝanĝiĝanta. Sed mi ja estis jam civitano de Litovio, kaj tie en Rusio oni traktis nin kiel enmigrintojn. Unu fojon en la studenta loĝejo estis polica razio, ili serĉis drogojn aŭ ion tian, kaj ili esploris ankaŭ niajn ĉambron, ni estis kelkaj litoviaj civitanoj tie. Kiam ili petis vidi niajn identigilojn, ni kompreneble montris niajn litoviajn pasportojn. Kaj imagu kiom da blasfemoj ni tiam aŭdis de la rusia polico! Pri tio, kiaj aĉuloj ni estas, ĉar ni perfidis Rusion kaj prenis eksterlandajn pasportojn. Sed ja ne ni tion decidis. Ni provis klarigi al li, ke ĉiuj en Litovio iĝis litoviaj civitanoj, kiam Sovetio disfalis. Litovio akceptis nin kun malfermaj brakoj, tion ne faris Rusio. Kaj tiasence Litovio ja multe pli bonas ol Latvio, kie estas civitanoj kaj necivitanoj. Se en Litovio estas naciismo, ĝi ĉiukaze ne estas sur la ŝtata nivelo.

Sed kiel do okazis, ke Jevgenij, kiu kreskis el rusa familio en la fora Taĝikio en Centra Azio, nun loĝas en Visaginas en Litovio? Ja, pro tio, ke lia patrino havis gravan korproblemon. La kuracistoj en Dušanbo en Taĝikio konsilis al ŝi ŝanĝi klimaton – ŝia koro ne eltenus la ekstreman varmon kaj la maldensan aeron en la montara Taĝikio, ili diris.

– Vi devas translokiĝi se vi volas vivi, ili diris. Tiutempe la tuta Sovetio parolis pri la nova urbo de nuklea energio, kiu estis konstruata en Litovio. Mia duonpatro pensis, ke ni povus ricevi apartamenton ĉi tie, li veturis ĉi tien kaj trovis laboron kaj provizoran loĝejon. Kiam li venis hejmen li rakontis, ke ĉio estas bonega, ke ĉi tie loĝas agrablaj homoj – kaj ni tuj translokiĝis, panjo ne hezitis eĉ momenteton. Tio estis en 1986, mi estis naŭjara, kaj kiam ni venis ĉi tien, ĉio estis tute fremda por mi. Mi neniam vidis tiom da neĝo. Se en Taĝikio foje neĝis, ni tuj kuris eksteren por ĵeti neĝobulojn, ni sciis ke post kelkaj horoj la neĝo jam estos for.

Krom la neĝo ankaŭ la manĝaĵoj en Litovio estis fremdaj por Jevgenij kaj lia familio.

– Plej malfacile estis elteni la tiaman naŭzan sunfloran oleon. En Taĝikio oni kuiras manĝon kun kotonoleo, kaj feliĉe panjo bone prepariĝis kaj pakis tutan keston da kotonoleo en nian transloĝiĝan konteneron. Ŝi sciis, ke ĝin ne eblos trovi ĉi tie. Krome ni antaŭe neniam manĝis porkaĵon, mia avino estis islamano kaj pri tio ŝi estis tre severa, neniam devis esti porkaĵo en la domo, tion ŝi strikte kontrolis. Sed ĉi tie porkaĵo estis preskaŭ la sola havebla viando.

La transloĝiĝo el Centra Azio al Baltio en la aĝo de naŭ jaroj estis la unua granda renverso en la vivo de Jevgenij. La dua estis la disfalo de Sovetio. Tiam li estis en la aĝo de dek kvin.

– Estis iom peze tiam, precipe en la lernejo. Ni lernantoj havis tre negativan sintenon al la instruado de la litova. Estis malfacile vidi la utilon, ĉi tie ja neniu parolis la litovan. Kaj niaj litovaj instruistoj ne estis aparte kuraĝigaj, oni rimarkis, ke laŭ kelkaj ni tute ne devus esti ĉi tie. Vi ja ne naskiĝis ĉi tie, ili povis diri. En tiu tempo aperis ĉiaspeca naciismo, kaj ĝi ekzistis ankaŭ inter la instruistoj.

Sed ĉi tiu ja estas junaj urbo, certe preskaŭ neniu estis naskita ĉi tie, en tiu tempo?

– Ne, tio veras. Nun la urbo ja ekzistas jam kvardek jarojn, do estas homoj en mia aĝo, kiuj naskiĝis ĉi tie. Tiu estas la unua generacio, ilin oni kalkulas kiel denaskajn lokanojn. Sed mi estas unu el tiuj aĉaj enmigrintoj.

Jevgenij iom ridas. Lia kolego eniras la ĉambron kaj aŭdas kion ni diskutas.

– Nun oni ja ĉiukaze ne parolas pri okupaciantoj. Aŭ nur ŝerce. "Mi ne scias la litovan, mi ja estas okupacianto", aŭ simile, li diras kaj ridas.

Litovio

Sub sia nebutonumita ĉemizo li havas nigran t-ĉemizon kun la rusia blazono. Ĉu ankaŭ ĝi estas ŝerco? Li eliras antaŭ ol mi havas tempon demandi, kaj Jevgenij daŭrigas sian rezonadon.

– Ne, tiajn aferojn oni ne aŭdas nuntempe, ke ni estus okupaciantoj. Almenaŭ ne en nia urbo. Mi havas multajn litovajn amikojn, kiuj volonte parolas ruse kun mi, ili simple scias la rusan pli bone ol mi la litovan. Sed certe estus malfacile por mi trovi laboron aliloke en Litovio, en Vilno aŭ Kaunas – tie mi havus problemojn pro la lingvo. Speciale skribe, mi tro erarus pri la finaĵoj, ĉar la litova neniel estas pli simpla lingvo ol la rusa.

Ĝuste pro la lingvo Jevgenij ja veturis al Rusio por studi, en la 1990-aj jaroj. Sed li revenis al Visaginas por prizorgi sian malsanan patrinon, ne finfarinte la studojn. La salajro de la jam sola patrino ne sufiĉis por pagi la studojn en Rusio. Komence Jevgenij laboris ĉe diversaj privataj entreprenoj, sed nun li estas dungito de la kulturdomo jam de dek jaroj. La laboro estas plaĉa, sed la salajro ne tre bona, speciale ne post la krizo de 2008, li diras. La baza salajro ne malkreskis, sed malaperis ĉiuj aldonaĵoj.

Ĉu vi neniam pripensis resti en Rusio, trovi laboron tie?

– Jes, mi ja pensis. Mi havas du onklinojn en Rusio, ili fuĝis tien el Taĝikio kiam ĉe ili post la disfalo de Sovetio komenciĝis milito. Ili loĝas en tute malgranda urbo proksime al Volgogrado en suda Rusio. Mi veturis tien unu fojon kun panjo en 2007, ŝi tiel volis. Ŝia sano estis ĉiam pli malforta...

Jevgenij silentiĝas dum momento kaj kontemplas la muron. Li retenas la larmojn.

– Pasis jam preskaŭ ok jaroj de kiam ŝi forpasis. Ŝi iĝis 54-jara. Sed ŝi ĉiukaze vivis multe pli longe ol la kuracistoj en Taĝikio antaŭvidis, kaj tio okazis, ĉar ni ekloĝis ĉi tie, li poste diras.

La patrino de Jevgenij forpasis baldaŭ post la vojaĝo al Rusio.

– Ŝi volis renkonti siajn fratinojn, brakumi iliajn infanojn, vidi novnaskitan nepon kaj viziti la tombon de sia patrino. Ŝi certe jam sentis, ke estas la lasta ŝanco. Ni veturis tien somere, kiam mi havis libertempon, kaj aŭtune ŝi jam estis for.

Jevgenij denove silentas dum momento. Poste li rakontas, ke li ja havis la penson, ke li eble povus ekloĝi ĉe siaj parencoj en Rusio.

– Sed tie mi estus eksterlandano, gastlaboranto. La vivo estus malfacila por mi tie, kun mia litovia pasporto. Kaj krome mi nun sentas, ke miaj radikoj estas ĉi tie, eĉ se panjo ne plu vivas. Mi havas laboron ĉi tie, mi trovis ĉi tie amikinon, kaj nun ŝiaj gepatroj iĝis preskaŭ kiel miaj propraj, mi ne pensas pri ili kiel pri bogepatroj. Do mi forlasis tiujn pensojn. Kiel ruso en Rusio mi havus multe malpli bonan socian statuson ol mi havas kiel ruso en Litovio. Sed se mi loĝus en Latvio, se mi havus tian fremdulan pasporton, tiam mi certe transloĝiĝus al Rusio. Mia onklino ja diris tion, ke mi forlasu ĉion kaj venu al ili, se la vivo iĝus tro malfacila ĉi tie. Sed mi certas ke mi elektis ĝuste.

Mankohava scio de la litova lingvo tamen metas certajn limigojn, sed tiun problemon ne havos la infanoj, kredas Jevgenij.

– Ni faras multon, por ke ili lernu la lingvon. Kaj mi rimarkas ke Nikita, kiu jam estas iom pli aĝa, ŝatas ludi kun infanoj kiuj parolas litove, li opinias tion interesa. Li interesiĝas ankaŭ pri la angla, kaj min ne surprizos, se li decidos vidi la mondon kiam li iĝos pli granda. Miaj infanoj ne estos infektitaj de naciismo, ĉar mi mem ne havas tiun malsanon. Por mi ĉiuj homoj estas same valoraj. Mi nur havas iom da problemoj pri la lingvo, ĉar mi pigrumis en la lernejo, mi devus lerni la litovan tiam. Sed por la infanoj estos pli facile.

Kion por vi persone do signifas, ke vi estas ĝuste ruso kaj ne litovo?

– Mi supozas, ke mi sentas ian fieron pro tio, ke mi estas ruso. Sed ne vere tiom ke gravus. Kaj litovo certe dirus la samon pri si. Mi tamen fieras, ke mi konservas certajn rusajn tradiciojn, eĉ se mi ne interesiĝas pri religiaj festotagoj, ĉar mi estas ateisto.

Aliflanke estas klara diferenco inter rusoj en Litovio kaj rusoj en Rusio, tion Jevgenij rimarkis, kiam li libertempis en Egiptio kun sia edzino.

– Estis multaj rusoj en la hotelo tie, kaj laŭ mi ili kondutis strange loze. Unu vesperon ni vidis ruson, kiu jam estis tre ebria, li sidis tie kaj kriis: "Ĉu estas rusoj ĉi tie? Ĉu estas neniu ruso kun kiu drinki?" Mi ĉitis al Lena por ke la ulo ne rimarku, ke ni parolas ruse. Mi hontis pro li, nin oni edukis ne tiel. Kaj tie estis pluraj aliaj kiuj kondutis nedece, kvazaŭ ili ĵus estus ellasitaj el kaĝo kaj nun sentus sin liberaj. Kompreneble ne ĉiuj estis tiaj, sed sufiĉas kelkaj kiuj miskondutas, kaj oni ekhavas malbonan impreson pri la tuta grupo.

Sekvatage mi renkontas Irina Keizo, kiu ekloĝis en Visaginas en 2001 por labori kun infanoj kiuj estas dependaj de drogoj. La problemo kreskis rapide ĉirkaŭ la tempo de la disfalo de Sovetio, samtempe kun la disvastiĝo de la organizita krimo. Unu kialo, pro kiu la problemoj estis ekstreme grandaj ĝuste en Visaginas, estis ke la junularo en la ruslingva urbo ne havis perspektivojn por la estonteco, opinias Irina.

– Tion mi mem kredas, ĉiukaze. La homoj sentis sin izolitaj, temis pri socia neegaleco. Tiuj, kiuj frekventis litovan lernejon, povis facile pluiri al pli alta eduko en aliaj urboj, sed la gejunulojn ĉi tie haltigis la lingva baro. Kiel oni povus edukiĝi, se oni ne scipovas la litovan? Kaj kiel trovi laboron sen eduko? Ne ĉiuj ja tamen povas veturi eksterlanden, kaj precipe tio ne eblis tiam, kiam ni ankoraŭ ne membris en EU. Kaj la junuloj kiuj bezonis monon, komencis okupiĝi pri kontraŭleĝa komerco. Unue eble temis pri kontrabandaj cigaredoj, sed oni ne povas gajni ege multe per tio, se ne temas pri grandaj kvantoj. Drogoj estas pli oportunaj tiamaniere, vi veturas ien, aĉetas kvanteton, vendas la ĉefan parton, kaj jen vi gajnis monon kaj krome havas ion por fumi vespere.

Kaj ne nur gejunuloj ekhavis kontakton kun la organizita krimo post la falo de Sovetio – en la 1990-aj jaroj la tuta Litovio estis kvazaŭ sovaĝa okcidento, diras Irina Keizo.

– Oni ja eĉ ŝtelis brulaĵ-kasedon el la nuklea centralo, ĝin oni trovis en la arbaro nur multajn jarojn poste.

Irina Keizo ne scias precize, kiel tiu ŝtelo okazis, sed poste mi trovas la informon en gazeta artikolo de 2003, kiam la delonge perdita brulaĵ-kasedo fine estis trovita. La sep metrojn longa kaj 270 kilogramojn peza metalaĵo estis kaŝe forportita el la centralo sub buso. La ŝtelistoj provis vendi la uranon, sed ĉiufoje montriĝis, ke la aĉetontoj fakte estas agentoj de la litovia sekurservo. La vendantoj povis eviti malliberejon, ĉar ili montris kie la radioaktiva materialo estis kaŝita, sed daŭre ne ĉio estas trovita.

Tamen dum la lastaj dek jaroj multo ŝanĝiĝis en Visaginas, kaj la problemoj estas multe malpli severaj.

– Nun estas multe pli da ŝancoj por la gejunuloj, la mondo estas malfermita, kaj krome ili nun lernas la litovan. Sed kiam mi venis, ĉi tie estis multegaj drogitaj infanoj, kiujn neniu prizorgis. Kaj la urba estraro ne volis kunlabori kun nia organizaĵo, ili diris, ke jam estas programo por interŝanĝo de injektiloj, kaj tio sufiĉas. La sola afero, kiun ni volis, estis ejo kie ni povus komenci nian readaptadan programon por la infanoj, sed ili ne volis helpi nin. Do ni iris al la najbara urbo, kaj tie ili permesis al ni uzi malnovan, forlasitan biendomon, kiu dum la sovetia tempo estis la klubejo de iu kolĥozo. Tie ni komencis, kaj nun ĝi estas la plej granda readaptada centro de Litovio. Tiuj, kiuj trairas la programon, ne nur liberiĝas de sia drogdependo, sed ankaŭ ricevas bazan metian edukon, tiel ke ili povas pluiri en la vivo.

Mi renkontas Irina en la malgranda oficejo de la loka kablotelevida kompanio, ĉe kiu ŝi nun laboras. Ni rigardas en la apudan televidstudion. Granda foto de Visaginas, farita de sur la tegmento de la plej alta domo en la urbo, pendas sur la muro apud la tablo de la novaĵlegisto. Apud alia labortablo iu pendigis ruspatriotan Georgan rubandon kaj alian, mallarĝan rubandon kun la koloroj de la rusia flago.

Unu el la laborantoj ĉi tie estas Anastasia Tomm. Ŝi estas proksimume 25-jara kaj kromlaboras kiel raportisto kaj novaĵlegisto dum la somero – la ceteron de la jaro ŝi studas merkatadon en Britio.

– Mi reveturos venontsemajne, mi nun ekstudos la trian jaron, do mi baldaŭ diplomiĝos.

Kiam mi miras, kial ŝi decidis studi en Britio, kvankam tio estas multe pli kosta ol studoj en Litovio, ŝi diras ke tre gravis la lingvo.

– Kiam mi abiturientiĝis, mi opiniis, ke mi ne scipovas la litovan sufiĉe bone. Jes, mi povis paroli litove, sed mi ne sentis, ke mi volas studi en la litova. Mi volis studi aŭ en mia gepatra lingvo, la rusa, aŭ en la angla. Kaj ĝuste kiam mi abiturientiĝis, tre populariĝis studi eksterlande, speciale en Anglio, ĉar kun eŭropa eduko multe pli facilas trovi laboron. Krome oni ne bezonas studi same intense. Mi havos nur dek prelegojn semajne ĉi-jare, sed miaj amikoj kiuj studas en Rusio devos sidi en la prelegejo ekde mateno ĝis vespero.

Kiel intense oni studas en Litovio do?

– Tion mi fakte ne scias, ĉar preskaŭ ĉiuj miaj amikoj el Visaginas, kiuj abiturientiĝis samtempe, nun studas eksterlande, aŭ en Rusio aŭ en Anglio aŭ aliloke en Eŭropo. Verŝajne nur unu studas en Litovio.

Kial?

– Por ni malfacilas akceptiĝi en Litovio. La eduko ja estas senpaga, sed la akceptokvotoj estas malgrandaj, kaj oni devas tre bone sukcesi en la enira ekzameno. Ne multaj el ni el rusa urbo scipovas la litovan sufiĉe bone. Tial la plej multaj pluiras aŭ al Rusio aŭ al Anglio, kie pli facilas eniri. Sed tie ni devas pagi por la eduko, do poste ni ĉiuj verŝajne devos serĉi laboron ie en Eŭropo. La nuntempaj litoviaj salajroj neniam sufiĉus por repagi la studprunton.

La klaso de Anastasia estis la lasta kiu studis la litovan nur kiel fremdan lingvon, nun Litovio jam sekvas la ekzemplojn de Latvio kaj Litovio kaj enkondukis dulingvan instruadon en la lernejoj.

Litovio

– Mia generacio studis en la rusa, sed poste ili komencis maldungi instruistojn kiuj ne scipovis la litovan, kaj nun la instruado estas parte en la litova. Evidente ĉio estos pli facila por tiuj, kiuj nun frekventas lernejon, ili scipovos la litovan kaj eble sukcesos eniri litoviajn altlernejojn. Sed la problemo estas, ke mankas laboro en Litovio, kaj se oni havas litovian edukon, ĝi ne multon valoras en Eŭropo, kie la laboro haveblas. Tial pli bonas havi eŭropan edukon, kun ĝi ankaŭ ĉi tie pli facilos trovi laboron.

Ekster la televidstudio staras duonpreta brika koloso kiel monumento de la disfalo de Sovetio. Devintus iĝi kvinetaĝa domo kun butikoj sur la strata nivelo, samkiel la konstruaĵo kie troviĝas la televidejo, sed la konstruado haltis kiam la sovetia sistemo ĉesis ekzisti. Nun la malplenaj fenestraj truoj gapas nigraj kaj sur la tegmento kreskas betuletoj. Sed en kelkaj truoj de la preskaŭ finkonstruita tura parto estas enmetitaj novaj fenestroj. Ĉu la konstrulaboroj rekomenciĝis?

– Baf, ne, la posedanto simple enmetis la fenestrojn por ke la domo formale estu konsiderata konstrulaborejo kaj ne ruino. Ĝi staris en tiu stato tiel longe, ke ĉio jam estas difektita de la humideco, kaj oni postulas, ke li malkonstruu la tuton, sed ankaŭ tio kostas multe da mono, la kameraisto Nikolaj ridas.

Krom la disfalanta domego, kiu evidente oficiale estas konstrulaborejo, la plej multaj konstruaĵoj en Visaginas estas bonstataj, kaj la sportejo estas nun kovrata per izolaj platoj – kun financa subteno de EU, legeblas sur la informa tabulo ĉe la vera konstrulaborejo. Ĉe la agrabla plaĝo, inter la altaj pinoj, oni konstruis novan vojon por biciklado kaj marŝado, kaj la apuda malnova sovetia kulturdomo estas renovigita – ĉio kun subteno de EU.

Ĉe la urbodomo la arĝenta cikonio plu flugas sur sia alta pilastro kaj la lumantaj ciferoj indikas, ke la fona radiado restas normala. La monumenta ŝtonego, kiu markis la komencon de la konstruado en 1975, plu kuŝas sur sia loko kun siaj rusaj literoj, kaj kelkcent metrojn de ĝi mi trovas iom pli da rusaj literoj en vendeja fenestro. "Libroj en la rusa", estas skribite.

La malgranda librovendejo estas mirinde bone provizita, se konsideri ke en la urbo estas nur dudekmilo da loĝantoj – sed aliflanke multaj el ili ja estas alte edukitaj spertuloj pri nuklea energio, kiuj eble estas konstantaj klientoj ĉi tie. La libroj venas el Rusio, kaj tion oni rimarkas laŭ la kriaj titoloj en la breto por aktuala politika literaturo:

"La genocido de rusoj en Ukrainio – pri kio silentas la Okcidento", "La tuta vero pri Ukrainio – kiu profitas el la disigo de la lando" (la kovrilon ornamas foto de Barack Obama) kaj krome "La ukrainia ĥimero – la finalo de la kontraŭrusa projekto". Sed en la vendejo estas ankaŭ tuta breto kun verkoj de Aleksandr Solĵenicin.

Mi ŝajnigas rigardi la betulŝelajn suvenirojn en la bretaro apud la kaso kaj kaŝe aŭskultas la du vendistojn parolantajn kun virino kiu portas sitelon kun mirteloj. La sezono ŝajnas iĝi bona, kaj ŝia filo ĵus reedziĝis, ŝi rakontas.

– Tio ja estas bona novaĵo, la unua geedzeco ne estis tiel sukcesa, diras unu el la vendistoj al la alia, kiam la virino kun mirteloj foriris.

Ĉi tie ĉiuj ŝajnas koni unu la alian. Kaj supozeble oni vidas je longa distanco, ke mi venas ne de ĉi tie. Surstrate min subite alparolas en la angla viro, kiu ŝatus scii, ĉu eventuale mi ne povus transdoni al li kelkajn eŭrojn. La unua almozulo kiun mi renkontas en Litovio – kaj li parolas angle. Mi tiom surpriziĝas, ke mi simple ĉirkaŭiras la tute orde vestitan, mezaĝan viron.

– Kial vi ne volas doni al mi monon, la viro tiam demandas iom ofendite.

Nur poste mi ekpensas, ke li eble havis interesan historion por rakonti.

Kelkcent metrojn de la librovendejo mi trovas pordon kun la ŝildo "Biblioteka" en la litova. Mi eniras. En unu el la salonoj en la cetere tre sovetieca ejo oni instalis vicon da komputiloj, kiujn klavumas du vizitantoj, virinoj jam proksimaj al la pensia aĝo. Sur la muro pendas gipsa statuo de fluganta virino, kun libro en la maldekstra mano kaj plumo en la dekstra.

En unu el la salonoj muron ornamas modelo de la urbo Snieĉkus tia, kia ĝi devus fine iĝi – sed la nomŝildo estas ŝanĝita, nun estas skribite Visaginas sur peco de kartono, kiu estas fiksita sur la origina nomo. Sed mi ne rekonas ĉiujn domojn sur la modelo, kaj kie estas la domo, en kiu ni nun troviĝas? Mi demandas la grizharan bibliotekiston. Montriĝas, ke ŝi laboras ĉi tie de kiam la biblioteko estis konstruita.

– Tiu modelo montras, kiel oni unue planis konstrui la urbon, sed neniam iĝis precize tiel. Kaj la modelo cetere estas la sola aĵo kiu restas de la muzeo de Snieĉkus, kiun ni havis en ĉi tiu ĉambro. Mi bone memoras, kiam ĝi estis malfermita, la vidvino de Snieĉkus partoprenis, kaj oni faris multajn paroladojn. Sed post la falo de Sovetio la estroj ne

Litovio

volis ke la muzeo restu, iu venis ĉi tien kaj forportis ĉiujn eksponaĵojn. Lastatempe oni komencis serĉi, ĉar inter ili estis kelkaj unikaĵoj, kaj ja temas pri nia hstorio, sed nun neniu plu scias, kie tiuj aĵoj estas.

La bibliotekisto parolas bonegan rusan, sed ŝajnas esti litovo, unu el la malmultaj, kiujn mi renkontis en Visaginas. En la alia fino de la labirinta biblioteko estas arta ekspozicio, kiun ŝi volas montri al mi. Survoje tien ŝi gestas al bretaroj kiuj estas plenplenaj je malnovaj libroj, kaj diras ke tiuj estas donacitaj de la klientoj.

– La junularo ne plu legas librojn, multaj venas ĉi tien kun aĵoj de kiuj ili volas liberiĝi. Kaj ni ja ekhavis iom da kroma spaco, kiam oni ordonis, ke ni forkribru preskaŭ ĉiujn sovetiajn librojn, oni lasis nur la klasikaĵojn. Cetere, la hodiaŭa junularo ankaŭ ne scias la rusan, ili pli bone konas la anglan. Kiam ili vizitas Visaginas ili opinias ke estas strange ĉi tie, kvazaŭ ili venis al Rusio.

La rajta batalanto

Kiam la ruslingva distra programo en la radio iom post iom malaperas en kreskanta bruo, la ŝoforo turnas la butonon ĝis li trovas ion alian en la rusa. La nova programo venas de komerca muzikstacio. La ligo inter Visaginas kaj Vilno, la ĉefurbo de Litovio, estas malhele blua buseto de la marko Ford Transit. La busoj veturadas sepfoje tage, kaj la vojaĝo daŭras iom pli ol du horojn. La vojo sekvas la limon de Belorusio, kaj multaj el la loĝantoj en la regiono estas ruslingvaj.

Post Visaginas kaj la vilaĝoj ĉe la belorusia limo Vilno kun siaj pli ol duonmiliono da loĝantoj impresas kiel vera grandurbo. Kiam la buseto atingas la finhaltejon ĉe la plata, blanka aŭtobusa stacidomo de Vilno, mi transiras la straton al la fervoja stacio, kiu estis funde detruita dum la dua mondmilito, kaj poste rekonstruita en la monumenta klasikisma stilo de Stalino en la 1950-aj jaroj. La distanco estas nur kelkcent metroj, sed tri optimismaj taksiistoj tamen havas tempon demandi, ĉu mi ne bezonas veturigon. Ĉiuj alparolas min ruse.

Kiam mi demandas la virinon malantaŭ la giĉeto ĉu ankaŭ ŝi eventuale parolas ruse, ŝin ŝajnas amuzi, ke mi entute demandas.

– Vi eĉ ne imagas kiom, ŝi respondas, kaj vendas al mi bileton por la antaŭtagmeza trajno al Klaipėda post du tagoj.

Laŭ la censo nur 12 procentoj el la loĝantoj en Vilno estas rusoj – fakte estas pli da etnaj poloj, ĉar Vilno inter la mondmilitoj apartenis al Pollando. Sed ankaŭ multaj el la poloj ĉi tie parolas ruse, kaj oni ofte aŭdas la lingvon surstrate.

– Ĉu vi ne havas kelkajn kromajn cendojn? demandas la viro kiu renkontas min ĉe la elirejo el la stacidomo. En la rusa.

Ĉi tie la almozuloj evidente ne parolas angle. Mi donas al la ulo la monerojn, kiujn mi ricevis ĉe la giĉeto, sed rifuzas la novajn insistajn proponojn de la taksiistoj. Mi marŝos al la hotelo, mi decidis. La deklivo estas iom pli kruta ol mi atendis, sed tio ne tro ĝenas – Vilno estas nekutime bela urbo por promenoj.

Litovio

En la 19-a jarcento Vilno estis grava centro por la juda loĝantaro en la setla zono, la parto de la Rusia Imperio en kiu estis permesite al judoj loĝi, kaj la urbo foje estis nomata la Jerusalemo de Litovio. Dum la intermilita tempo, kiam Vilno estis regata de Pollando, preskaŭ duono el la proksimume 200 000 loĝantoj de la urbo estis judoj. Ilia ĉefa lingvo estis la jida, kaj en 1925 Vilno iĝis la ĉefa centro de la jidlingva juda esplorinstituto YIVO (Yidisher Visnshaftlekher Institut), kies fondon subtenis Albert Einstein kaj Sigmund Freud. La instituto laboris por konservi kaj espori la lingvon, kulturon kaj literaturon de la orienteŭropaj judoj.

Preskaŭ ĉiuj judoj kaj ĉio juda en Vilno kaj la cetero de la hodiaŭa Litovio estis neniigita dum la germana okupacio de 1941-44. Sed kvazaŭ mirakle YIVO tuj antaŭ la nazia invado de Vilno havis tempon movi sian ĉefan centron al Novjorko. La instituto povis daŭrigi sian laboron, kaj post la milito eĉ rericevis tiujn partojn de sia malnova arkivo en Vilno, kiujn la nazioj evakuis al Berlino. Dokumentado de la neniigota popolo ial gravis por ili.

Kaj fine de septembro 2015 YIVO povis soleni sian 90-jaran jubileon en Vilno.

Parto de la festado estas koncerto de la usona klezmera grupo Klezmatics, kiun mi malkovris ĝustatempe por ricevi bileton. La granda halo de la malnova urbodomo de Vilno estas plena, la biletoj rapide elĉerpiĝis. Klezmatics ludas kelkajn el siaj plej konataj kantoj en la jida, kaj poste estas la vico de la ĉefa programero de la vespero: speciale komponita, parte improvizata muzikaĵo, kiu akompanas filmojn pri juda vivo en la regiono ĉirkaŭ Vilno en la 1920-aj kaj 1930-aj jaroj. Granda parto el la materialo, kiu venas el la arkivo de YIVO en Novjorko, estis filmita de judaj enmigrintoj en Usono, kiuj kunportis siajn kameraojn dum libertempado en la malnova hejmlando. La filmoj montras feliĉajn somerajn tagojn en la kamparo, sed iĝas tragikaj kiam oni scias, kio okazis al ĉiuj kiuj restis ĉi tie post la reveturo de la someraj vizitantoj.

La prezentadon finas ĉena danco en kiu partoprenas la tuta publiko, akompanata de ĝojaj tonoj. La vivo pluiras, spite la holokaŭston.

Sed jidlingvanoj mankas ĉi tie. La malmultaj judoj kiuj restas en la hodiaŭa Vilno parolas ĉefe ruse kaj havas siajn radikojn en aliaj partoj de la iama Sovetio, unuavice en Rusio kaj Ukrainio. Sekve ankaŭ en la publiko multaj parolas ruse inter si, sed sur la scenejo ilia lingvo ne havas lokon – tie aŭdiĝas nur la angla, la litova, kaj kelkaj vortoj en la jida.

Sekvatage mi renkontas Oksana Bekerienė, aktivulon kiu batalas por la rajtoj de la ruslingvanoj en Litovio. Ŝi renkontas min ekster la hotelo kun nenova aŭto. En la malantaŭa benko kuŝas fiŝkaptiloj.

– Estas la aŭto de mia frato, li multe fiŝkaptas, ŝi klarigas.

Ni parkumas proksime al la malnova urbo kaj faras longan promenadon dum ŝi rakontas pri la multkultura historio de Vilno. Fine ni eniras kafejeton, kaj ŝi insistas, ke ŝi pagu por kapuĉino kaj bakaĵo. Ja mi estas la gasto ĉi tie, laŭ ŝi.

Ni grimpas eksteren tra fenestro, kiun oni helpe de ŝtupareto kaj pordotapiŝo transformis al krompordo – kaj jen ni trovas nin en la malgranda interna korto de la kafejo.

– Mi ŝatas ĉi tiun korteton, ĝi similas malnovajn internajn kortojn en Sankt-Peterburgo. Kaj ĉi tie oni rajtas fumi, mi esperas ke tio ne ĝenos vin?

Oksana Bekerienė fajrigas cigaredon, gustumetas la kafon kaj ekrakontas, kial ŝia organizaĵo volas pliigi la ruslingvan lernejan instruadon en Litovio.

– Rusaj lernejoj ja ekzistis ĉi tie dum jarcentoj, multe pli longe ol lernejoj kun instruado en la litova. La lerneja instruado estas grava problemo por la naciaj minoritatoj de Litovio, ĉar nun oni jam transiris al sistemo, kie la litova estas la ĉefa lingvo de instruado ankaŭ en lernejoj de la minoritataj grupoj. La leĝo estis skribita jam en 2011 kaj la ŝanĝo ekvalidis en 2013. Antaŭ tio la minoritatoj ricevis instruadon en sia propra lingvo, unuavice en la rusa aŭ la pola, sed nun ĉiuj bazaj studobjektoj estas instruataj en la litova. Jam en la unuaj klasoj 30 procentoj de la instruado estas en la litova.

Oksana Bekerienė opinias, ke la ruslingvaj infanoj devus havi instruadon en la rusa almenaŭ dum la ses unuaj lernejaj jaroj.

– Ni ja havas tute aliajn tradiciojn ol etnaj litovoj. Ni ĉiuj vivas ĉi tie kune, kaj diversaj kulturoj ne estas problemo, sed kiam la infanoj frekventas litovan lernejon, ili ne plu komprenas siajn proprajn radikojn. Se ili estus instruataj en la rusa, ili ankaŭ lernus la bazan terminologion en la rusa, ili povus konstrui sian propran bildon de la mondo, kaj ili poste pli facile povus evoluigi siajn sciojn ankaŭ en aliaj lingvoj.

La propono doni al la minoritato bazan instruadon en la propra lingvo ne vere sonas ege radikala, sed la demando pri la rolo de la rusa lingvo en la lernejoj kaj en la publika vivo ja estas tre sentema en la landoj de Baltio. La politikistoj kaj aktivuloj, kiuj kuraĝas tuŝi la tabuan temon, tial ofte estas aŭ iĝas marĝenuloj. Sekve ili ne malofte havas vidpunktojn kiuj radikale devias de la ĝenerala politika konsento ankaŭ en aliaj demandoj.

Tiel estis pri la politika aktivulo Vladimir Linderman en Rigo, kaj tiel montriĝas stati ankaŭ pri Oksana Bekerienė, kiam mi demandas, ĉu la okazaĵoj en Ukrainio influis la sintenon al ruslingvanoj en Litovio. Ŝi nome opinias, ke ukraina popolo ne vere ekzistas. Kaj Rusio ĉiukaze havas nenian kulpon en la okazaĵoj, ĉar la konflikton kaŭzis la subpremado de la rusoj fare de la naciisma registaro de Ukrainio, ŝi opinias.

– Ili provis uzi sian rusofobian politikon por forgesigi ĉiujn problemojn de la lando. Tial estis neeviteble, ke iĝis konflikto. Se oni malobservas la homajn rajtojn, tio neniam povas finiĝi pace, ĉiam iĝas konflikto.

Sed ĉu vi tute ne vidas la rolon de Rusio en ĉio, kio nun okazas?

– Mi diru kiel estas. Mi opinias, ke ukraina nacio ne ekzistas. Ankaŭ ne ekzistas belorusa nacio. Belorusaj kaj ukrainaj naciistoj povas skoldi min se ili volas, sed mi opinias, ke la ukraina kaj belorusa etnoj estas io, kion oni elpensis nur komence de la 19-a jarcento. Kaj mi absolute ne opinias, ke Rusio komencis la militon tie. La kulpon havas la ŝtato, ĉar ĝi malobservis la rajtojn de homoj.

Oksana Bekerienė forbalaas ĉiujn demandojn pri la milita subteno de Rusio al la ribeluloj en la oriento de Ukrainio.

– Oni parolas multe, sed mi ne vidis tiun subtenon. La sola afero kiun mi scias, estas ke ni havas organizaĵon, kiu kolektis helpon por la suferantoj en Doneck kaj Luhansk. Ili kolektis ne militan materialon aŭ armilojn, ili kolektis monon por manĝaĵoj, vindaĵoj, kafo kaj teo. Kaj oni akuzis ilin pro subtenado de terorismo, ĉu vi komprenas? Ne, mi evidente ne scias, kiel multaj rusoj kaj rusaj militistoj estas tie, ĉar mi ne estis tie mem. Sed la radikoj de ĉi tiu konflikto ne estas en Rusio, ili estas aliloke. Oni ja ne povas akuzi Rusion pri tio, ke ĝi kaŭzus la Eŭromajdanon? En kiu alia eŭropa lando oni permesus ion tian? Oni ja dispelus la popolamason.

Sed la registaro ja klopodis dispeli la amason de protestantoj en Kievo, kun katastrofaj rezultoj, mi kontraŭdiras.

– Ha ha, ili tiom klopodis, ke la trupoj estis batitaj de la protestantoj!

La pafado kontraŭ la homamaso, kun cento da pereintoj, ŝajne ne estas parto de la rakonto de Oksana Bekerienė.

Nu jes, sed ja ne pri Ukrainio ni devis paroli. Tamen, la kolektado de helpo por la ribelaj regionoj de orienta Ukrainio fare de la rusaj aktivuloj eble estas klarigo por la troigita intereso, kiun la litovia sekurservo laŭ Oksana Bekerienė montras rilate rusajn organizaĵojn kaj renkontiĝojn en la lando. Ŝin zorgigas interalie, ke la sekurservo interesiĝas pri ruslingvaj gimnazianoj, kiuj partoprenis internacian someran tendaron en Kirgizio por honori la sovetian venkon en la dua mondmilito.

– Antaŭe ne estis problemo ke ili vizitis tiajn tendarojn, nun tio subite estas sekurecrisko. La sekurecpolico venis al la lernejo, konfiskis iliajn komputilojn, kaj ili premas la gepatrojn, tio estas tute neakceptebla.

En aŭgusto 2015 tri rusaj aktivuloj el Latvio estis forpelitaj el Litovio. Ili estis invititaj al konferenco pri ekstrema naciismo, kiun rusaj aktivuloj en Litovio, inter ili Oksana Bekerienė, organizis en la litovia havenurbo Klaipėda, urbo kun granda rusa minoritato.

– La unua gasto, kiun ni atendis, estis Aleksandr Kuzmin, homrajta aktivulo el Latvio, helpanto de Tatjana Ĵdanok en la Eŭropa Parlamento. Li veturis per buso el Rigo, kaj ĉe la limo eniris limgardistoj por kontroli la pasportojn, kvankam apenaŭ plu estas limo tie. Li rajtis enveturi, sed kiam li atingis la aŭtobusan stacion en Klaipėda, lin renkontis limgardistoj kiuj informis lin, ke li tuj devas forlasi Litovion, ĉar li minacas la sekurecon de la lando. Kaj li ne rajtos reveni dum kvin jaroj.

Tatjana Ĵdanok estas latvia rusa matematikisto, kiu en la fino de la 1980-aj jaroj en sovetia Latvio aktivis en la movado Interfronto, kiu ĉiurimede volis konservi Sovetion. Nun ŝi estas estro de la partio la Rusa Unio de Latvio, kies subteno en la parlamentaj elektoj estis proksimume du procentoj – la plej multaj ruslingvanoj en Latvio anstataŭe voĉdonas por pli modera partio, la Centro de Harmonio. En la elektoj al la Eŭropa Parlamento Ĵdanok tamen sukcesis mobilizi la ruslingvajn protestajn elektantojn kaj ŝi estis elektita eĉ dufoje.

Dum la referendumo, kiu kontraŭ ukrainia kaj internacia leĝo estis organizita sub rusia okupacio en Krimeo en la printempo de 2014, Ĵdanok estis unu el la "internaciaj observantoj" kiujn Rusio invitis por legitimi la rezulton.

Kaj la helpanto de Ĵdanok, Aleksandr Kuzmin, do estis unu el la spertuloj kiujn la organizaĵo de Oksana Bekerienė invitis por prelegi

Litovio

pri ekstrema naciismo. Kiam Kuzmin kaj du pliaj partoprenontoj el Latvio estis elfermitaj el Litovio, la organizantoj decidis nuligi la tutan aranĝon, Oksana Bekerienė rakontas.

– Unu el la homoj kiujn oni kaptis estis Aleksandr Rĵavin el Latvio. Li estas nenia ekstremisto, li esploras militajn tombejojn de la unua kaj dua mondmilitoj kaj studas arkivojn. Mi tute ne povas kompreni, kial ili prenis lin. Kaj tio okazis en stranga maniero. Ni volis enkonduki la konferencon metante florojn ĉe la monumento de la sovetiaj liberigantoj en Klaipėda, ĉar la agreso de Germanio dum la dua mondmilito estas la plej evidenta ekzemplo de tio, al kio povas konduki ekstrema naciismo. Kiam ni survojis reen de la monumento aliris nin kelkaj civile vestitaj personoj, kiuj petis niajn legitimilojn. Poste ili prenis lin kaj kondukis lin al la oficejo de la limgardistoj. Tie oni donis al li skriban decidon, laŭ kiu li ne rajtas restadi en Litovio.

Oksana Bekerienė tute ne komprenas la decidon de la aŭtoritatoj elpeli la partoprenantojn de la seminario. Ĝin ne komprenas ankaŭ la internacia homrajta organizaĵo Human Rights Watch, kiu en oficiala komento antaŭ ĉio kritikis, ke "la homrajta aktivulo Aleksandr Kuzmin" ne estis informita pro kio oni konsideras lin risko por la nacia sekureco de Litovio, kaj ke la decido pri envetur-malpermeso estis skribita nur en la litova.

Ĉar la litoviaj aŭtoritatoj rifuzas konigi la kialojn de la decido – formale por protekti la privatecon de Kuzmin – malfacilas prijuĝi, ĉu vere li aŭ la aliaj forbaritaj personoj konsistigas riskon por la sekureco de Litovio. Kuzmin supozeble estas regule observata de la latvia sekurservo, kiu eventuale povis averti siajn litovajn kolegojn pri la planita vojaĝo.

Supozeble la litovia sekurservo tiam simple suspektis, ke Kuzmin povos diri ion maltaŭgan dum la seminario. Sed oni povas sin demandi, ĉu ne la publika atento al la forpelado de la partoprenontoj pli kontribuas al radikaliĝo de la eblaj subtenantoj de Kuzmin kaj liaj kamaradoj ol ajnaj paroladoj kiujn ili povus fari dum malgranda seminario.

— 169 —

La enmigrinto

Juna viro ĉirkaŭiras kaj petadas monon por bileto, li devas veturi hejmen. La viro parolas ruse, ŝajnas ke li fordrinkis sian revenbileton. Per ĉi tiu trajno li evidente ne sukcesos veturi, la almozado ne bone progresas.

La mallonga antaŭtagmeza trajno el Vilno al la ĉefa havenurbo de Litovio, Klaipėda, retroveturas al la kajo, kie kelkaj vojaĝontoj jam frostetas en la maldensa pluvo. Unu pordo de ĉiu vagono malfermiĝas, kaj tuj aperas vicoj – ĉe ĉiu pordo staras konduktoro kiu kontrolas la biletojn de la enirantoj.

Kiam mi trovas mian lokon, montriĝas ke mezaĝa virino jam okupis ĝin kaj du pliajn per siaj valizoj. Ja ne gravas kie oni sidas, estas multe da loko, ŝi ŝajnas opinii. Mi sidiĝas sur libera loko, sed baldaŭ aperas ĝia posedanto kiu pelas min aliloken. Mezvoje al Klaipėda eniras alia decidema, mezaĝa virino, kiu rezervis unu el la okupitaj lokoj. Ŝi ne kapitulacas, kaj kiam la obstina posedanto de la valizoj rifuzas movi siajn aĵojn, oni dum momento laŭte parolas litove, ĝis la konduktoro estas vokita. Baldaŭ unu el la valizoj staras meze de la koridoro, kie ĝi faladas en diversaj direktoj kiam la trajno turniĝas, kaj ĝi blokas la irejon. Sed ni ja baldaŭ alvenos.

Klaipėda estis grava komercurbo jam en la 13-a jarcento, kiam ĝi estis nomata Memel. Ĝis la unua mondmilito ĝi estis parto de la germania Orienta Prusio, sed post la milito ĝin regis la venkintaj potencoj. La registaro de la sendependiĝinta Litovio tamen volis havi la gravan havenurbon, kaj tial en januaro 1923 organizis "popolan" leviĝon por povi aneksi ĝin.

Printempe de 1939 la nazia Germanio starigis al Litovio ultimaton kaj postulis ke la urbo estu redonita. La izolita kaj malforta Litovio subiĝis al la postulo. Jam post kelkaj tagoj Hitlero vizitis la urbon kaj faris paroladon al la loĝantoj, el kiuj multaj estis germanlingvanoj. Tiel Klaipėda poste ne estis parto de tiu Litovio, kiu laŭ la pakto Molotov-

Ribbentrop estis aneksita de Sovetio en 1940. Antaŭ ol la sovetiaj trupoj eniris la urbon en 1945 preskaŭ ĉiuj loĝantoj fuĝis al Germanio. Post la milito la urbo estis en ruinoj, kaj multaj el la novaj loĝantoj venis el tute aliaj partoj de Sovetio. Tial la rusa daŭre estas grava lingvo en Klaipėda, male ol en la plej multaj aliaj urboj de Litovio.

Ne multo restas el la malnovaj konstruaĵoj en la centro de Klaipėda, kaj en vespero de ordinara labortago ankaŭ la urbanoj malmultas. Jen kaj jen staras malnovaj domoj, sed la plej multaj konstruaĵoj ŝajnas esti starigitaj dum la sovetia tempo. La plej stranga el ili estas la katolika Preĝejo de Maria, granda, bruna kesto, kiu ŝajne erare ricevis konstrupermeson en 1956, kiam post la morto de Stalino la subpremo iom malfortiĝis. Tamen la aŭtoritatoj baldaŭ ekpentis, kaj kiam la preĝejo pretiĝis en 1960, la konstruestroj kaj la gvidaj membroj de la paroĥo estis arestitaj. Oni akuzis ilin pri spekulado per konstrumaterialoj kaj ili estis kondamnitaj al kvar ĝis ok jaroj en malliberejo. La preĝeja turo estis faligita en 1962 kaj la konstruaĵo iĝis koncertejo. Nur en 1987, kiam la perestrojko de Miĥail Gorbaĉov komencis efiki, oni permesis diservojn en la ejo. Nun la preĝejo denove havas sian turon, kaj meze de la fasado de la turo staras blanka statuo de virgulino Maria kun malfermitaj brakoj.

En proksima butiketo staras kelkaj adoleskaj knaboj kaj sakregas senĝene – proksimume unu el tri vortoj en la diskuto estas kruda blasfemo. Oni ĝenerale sakras neeltenebla multe en Klaipėda, diras Inga Gatcuk, kiam mi poste renkontas ŝin en ŝia apartamento en sovetia, kvaretaĝa paneldomo, iom pli ol kilometron de la preĝejo.

Ŝiaj infanoj estas en la lernejo kaj ŝia edzo pli distance, sur komerca ŝipo kiu survojas el Hispanio al iu loko en Afriko. Ŝi mem enkapigas litovajn vortojn. Ŝi estas ja enmigrinto en Litovio.

– Ni venis el Kazaĥio, ni eklogis ĉi tie antaŭ kvar jaroj. Ni ricevis restadpermeson, ĉar mia edzo havas litovajn radikojn. Li longe volis forlasi Kazaĥion, sed li absolute ne volis al Rusio. Li fakte mem kredis, ke li estas latvo, ke lia patro estis latvo, sed montriĝis ke la familio de la avo venis de ĉi tie, el Klaipėda. Ili fuĝis de ĉi tie al Rigo en 1939. Ĉiukaze, post kiam mia edzo eksciis, ke li estas litovo, li aŭdis ke ekzistas programo de remigrado por litovoj, ke li havas la rajton ekloĝi en Litovio. Do ni faris tion. Aŭ li remigris, kaj ni sekvis lin.

Inga Gatcuk kaj ŝia edzo ambaŭ kreskis en ruslingva medio en la plej granda urbo de Kazaĥio, Almato, sed ŝia edzo kiel dirite kredis ke li estas latvo. Inga Gatcuk ĉiukaze estas ruso, almenaŭ ŝi mem opinias tion.

– Kiam mi diras ke mi estas ruso, mia edzo ĉiam kontraŭdiras. Mia nomo ja ne estas rusa, kaj mia parencaro estas prefere pola-ukraina. Kazaĥio estis loko, kien oni ekzilis homojn jam en la cara tempo, kaj sur la flanko de mia patra avino mi devenas de familio, kiu estis ekzilita al Kazaĥio el Pollando post pola popolleviĝo en la 19-a jarcento. La patrino de mia avo edziniĝis al ukraina kozako. Tio estis mezalianco, la pola familio ne povis akcepti tian edziniĝon kun persono de malpli alta klaso, do ili rompis ajnan kontakton kun ŝi. Tial mi scias nenion plian pri mia parencaro sur tiu flanko. Sed mi ĉiukaze opinias ke mi estas rusa, ĉar mi pensas en la rusa, kaj laŭ mi la lingvo estas la ĉefa afero.

En Klaipėda estas facile elturniĝi en la rusa, sed tamen ne estis tute facile adaptiĝi al la vivo ĉi tie. La rusoj en Klaipėda estas tute aliaj ol la rusoj en Kazaĥio, opinias Inga.

– Klaipėda estas speciala urbo. La homoj ja venis ĉi tien el la tuta Sovetio, kaj multaj el ili certe estis tiaj, kiuj havis problemojn kun la polico. Ĉi tiu estis granda konstrulaborejo, kie eblis malaperi. Estas multe da sakrado kaj brando ĉi tie. Kiam la infanoj komencis en la lernejo ili venis hejmen kun grandaj okuloj: "Panjo, ili sakras en la lernejo! La infanoj fumas en la lernejo! Ili drinkas!" Mi devis klarigi al ili, ke tiaj aferoj okazas ankaŭ en Kazaĥio, sed ke ili tie frekventis bonan lernejon. Ĉi tie ne estas multaj rusaj lernejoj, ni devas preni tion kio estas. Sed ĉi tiuj krudaj blasfemoj, ili ŝokis ankaŭ min. Ĉi tie gejunuloj, eĉ studentoj, povas sidi en la buso kaj paroli tiel, ke ĉiu dua vorto estas sakraĵo. Ne ĉar ili estus koleraj pro io, ili simple parolas tiel. En Kazaĥio oni tuj skoldus ilin.

La ruslingva loĝantaro en Kazaĥio estis grandparte posteuloj de ekzilitaj intelektuloj aŭ bone edukitaj specialistoj el aliaj partoj de Sovetio, kaj tio povas esti parta klarigo de la kulturaj diferencoj, opinias Inga.

– Ajnakaze estas fakto, ke la rusoj tie estis iom aliaj. Kaj en Kazaĥio oni neniam vidas ebriulojn en la urbo. Kompreneble homoj drinkas kiam estas festeno, sed ĉi tie oni povas vidi ebriulojn en la urbocentro jam matene. En tio cetere estas neniu diferenco inter la litovoj kaj la rusoj. Kaj ankaŭ la litovoj sakras, ili sakras en la rusa!

Alia strangaĵo estas, ke multaj lokaj rusoj rifuzas lerni la litovan, diras Inga.

Litovio

– Povas esti tute ordinaraj homoj, miaj proksimume kvardekjaraj konatoj, kiuj loĝis ĉi tie sian tutan vivon. "Kial ni studus la litovan", ili povas miri. Tion mi ne povas kompreni, ili ja elfermas sin mem el multego, el interrilatado trans la lingvolimo, el festenoj, el ĉio tia. Ne, ili rifuzas. Supozeble ili iel sentas sin maljuste traktitaj. Sed la junularo ĉi tie, ili ĉiuj scipovas la litovan. Oni ja multe instruas litove en la lernejo. Kaj ĉiuj taskokajeroj estas en la litova, kvankam estas rusa lernejo. Tio estis peza por niaj infanoj en la komenco, tre multaj aferoj estis skribitaj en la litova. Mi devis sidi kaj provi traduki helpe de ĉi tiu vortaro, ŝi diras, kaj montras al la dika volumo sur la kuireja tablo.

Ŝi mem volis eklerni la litovan laŭeble tuj post la transloĝiĝo. Kiam ŝi serĉis kursojn ŝi ekhavis kontakton kun la informcentro por enmigrintoj, kie ŝi mem poste trovis laboron. La plej multaj enmigrintoj en Klaipėda venas el aliaj partoj de la iama Sovetio, kaj la rusa estas ilia komuna lingvo.

– Iuj edziniĝis al litovoj, aliaj simple ekloĝis ĉi tie, ĉar la vivkondiĉoj estas pli bonaj. Mia amikino, kun kiu mi komencis studi la litovan, venas el Moskvo. Ŝia tuta familio estas komplete rusa, sed ili transloĝiĝis ĉi tien, ĉar la vivo estas pli bona ĉi tie.

Multaj el la lokaj rusoj en Klaipėda aliflanke plendas pri tio, kiel malbona la vivo estas en Litovio, sed ial neniam okazas, ke iu el ili pretus ekloĝi en Rusio, kvankam ili laŭdegas la landon, diras Inga.

– Kiam ili komencas miri, kial mi entute ekloĝis ĉi tie, ĉar ĉio ja estas tiel malbona, mi demandas, kial ili ne mem ekloĝas en Rusio, se ĉio estas tiel bona tie – ja estas rusia programo de helpo al remigrantoj. Tiam estiĝas kompleta silento. El Kazaĥio ja sufiĉe multaj transloĝiĝas al Rusio, sed mi ne scias eĉ pri unu kiu farus tion de ĉi tie, el Litovio. Mi aŭdis pri neniu! La vivo simple pli bonas ĉi tie, tion oni devas konfesi. Estas pli trankvile loĝi ĉi tie.

Sed eĉ se la vivo en Litovio pli bonas ol en Rusio, ankaŭ ĉi tie estas multaj problemoj. Tial kelkaj litoviaj politikistoj volonte elstarigas rusojn kiel minacon al la nacia sekureco, kiel la kvinan kolonon de Putin, Inga poste diras.

– La salajroj ja estas malaltaj, kaj en Klaipėda oni vidas ĉefe virinojn, infanojn kaj maljunulojn – preskaŭ ĉiuj viroj veturis eksterlanden por labori. Tiam estas komforte povi montri en alia direkto kaj averti pri la danĝeraj rusoj, por ke la litovoj forgesu siajn proprajn problemojn. Sed tiuj babiloj estas senkialaj. Preskaŭ ĉiuj miaj rusaj konatoj volas, ke iliaj infanoj frekventu litovan infanĝardenon, por ke ili alproprigu la lingvon. Kaj aliflanke mi havas litovajn konatojn kiuj metis siajn infanojn en ruslingvan vartejon, por ke ili lernu la rusan. Ne, tiuj babiloj pri kvina kolono estas nura politika manipulado.

Mi dankas pro la teo kaj elfosas la vizitkarton kiun mi ricevis de la taksiisto. Li estis ruslingvano, do mi voku lin, mi diras.

– Ĉiuj taksiistoj en Klaipėda parolas ruse, estas egale kiun firmaon vi vokas, ridas Inga.

Mi tamen vokas mian konaton, li ja krome scias precize, kie li lasis min antaŭ iom pli ol horo. Kaj kiam mi eliras, lia aŭto jam staras tie. La tutan vojon al la haveno li parolas pri tio, kiel multe pli bone ĉio estis antaŭ kelkaj jaroj, kiam la komercaj kontaktoj kun Rusio ankoraŭ estis bonaj kaj kiam estis multe da rusiaj turistoj en Klaipėda.

La vojaĝo de la limo de Estonio kaj Rusio en la nordo al la limo de Litovio kaj Rusio en la sudo proksimiĝas al sia fino. Mi aĉetas bileton por la prameto por la duonkilometra vojaĝo el la haveno de Klaipėda al la Kurona duoninsulo. La mallarĝa, cent kilometrojn longa terlango estas libertempa paradizo, kies norda parto apartenas al Litovio. La suda parto iam apartenis al la germania Orienta Prusio, sed nun estas parto de la rusia enklavo Kaliningrado.

La turisma sezono jam preskaŭ finiĝis, sed komenciĝas la fungosezono. Multaj sur la pramo havas kun si korbon, kaj kelkaj ankaŭ biciklon. Aliaj eniras la sudenirantan buson kaj eliradas jen kaj jen ĉe la vojrando. Mi sidas sur mia loko ĝis la finhaltejo, la malgranda libertempurbo Nida, iom pli ol tri kilometrojn de la rusia limo. De ĉi tie mi daŭrigos la vojon direkte al Rusio sur luita biciklo.

Kiam la biciklovojo finiĝas inter la altaj pinoj, plantitaj en la 19-a jarcento por malhelpi ke la dunoj estu forportitaj de la vento, mi daŭrigas piede laŭ la bela sabla plaĝo, direkte al la gardoturo kiu malklare videblas rande de la arbaro. Iu staras ĉe la baro meze de la plaĝo. Ĉu litova limgardisto? Ĉu indas iri pli proksimen?

Kiam mi ja iras pli proksimen mi vidas, ke la viro kiu gardas la limon de EU kontraŭ Rusio ne havas uniformon. Li nomiĝas Simon Kentgens, venas el Roterdamo, kaj miras ke mi konas Nieuwe Binnenweg, kiu situas ne malproksime de lia ateliero. Ĉi tie en Nida li partoprenas baltian artistan aranĝon kaj samkiel mi ekhavis la brilan ideon eltrovi, kie finiĝas Litovio.

Mi elprenas el mia dorsosako la botelon de litova ŝaŭmvino, kiun mi ĵus aĉetis en la superbazaro en Nida, kaj la glason aĉetitan en la nuklea urbo Visaginas. La botelon mi puŝas en la sablon ĉe la akvorando, kie la ondoj malvarmigas ĝin dum mi rakontas pri mia vojaĝo. Tiam Simon faras la demandon.

– Sed ĉu la rusoj en Baltio do estas diskriminaciataj?
La ondoj preskaŭ forŝtelas la botelon dum mi pripensas la respondon.

Multaj el miaj intervjuitoj diris, ke estas malpli facile avanci en la socio se oni havas rusan nomon, precipe se oni krome ne tute perfekte scipovas la oficialan lingvon de la lando. En Estonio kaj Latvio mi aŭdis kritikon pri la civitanecaj leĝoj, kaj multaj ruslingvanoj ĝis nun ne sukcesis iĝi civitanoj de la lando en kiu ili loĝis sian tutan vivon. Aliflanke la ministro de eksterlandaj aferoj de Estonio estas ruslingva, kaj same la urbestro de Rigo, do evidente ne tute maleblas avanci eĉ se oni havas rusan fonon.

La evoluo krome ĉefe iras en la ĝusta direkto, almenaŭ se fidi la enket-esploron Baltic Barometer.

En 2004 ne malpli ol 41 procentoj el la ruslingva loĝantaro en Estonio identigis sin unuavice kun Rusio, kaj nur 2 procentoj kun Estonio. En Latvio 36 procentoj el la ruslingvanoj unuavice identigis sin kun Rusio, dum la cifero en Litovio estis nur 6 procentoj. La granda diferenco supozigas, ke la leĝoj pri civitaneco havis grandan signifon por la identeco de la ruslingvanoj – Litovio ja estis la sola el la tri landoj, kiu aŭtomate donis civitanecon ankaŭ al la ruslingvaj, enmigrintaj loĝantoj de la lando.

Eĉ pli interese tamen estas, ke la diferenco nun ŝajne malaperis. En simila esploro farita dum la printempo de 2014 nur 4 procentoj el la ruslingvanoj en Baltio unuavice identigis sin kun Rusio. La cifero estis la sama en ĉiuj tri landoj. La plimulto de la ruslingvanoj unuavice identigis sin kun sia hejmurbo aŭ sia loĝlando – Estonio, Latvio aŭ Litovio. Se diskriminaciado estus serioza problemo en la ĉiutago de la ruslingvanoj, apenaŭ eblus ke la evoluo estu tiel rapida.

Samtempe la esploro konstatas inter la ruslingvanoj en Baltio grandan malkontenton pri la funkciado de la demokratio. Pli ol duono el la ruslingvanoj en ĉiuj tri landoj laŭ la sama esploro daŭre opinias, ke la sovetia tempo estis la plej bona epoko en la historio de la propra lando. En Estonio kaj Litovio nur unu el kvin ruslingvanoj opinias, ke la plej bona tempo estas nun, en Latvio malpli ol unu el dek.

Al la sovetia epoko plej sopiras la maljuna generacio, sed la esploro montras, ke eĉ la juna generacio precipe en Latvio malkontentas pri la demokratio kaj povus akcepti pli aŭtoritatisman gvidadon de la lando kiel solvon de la problemoj.

Krome estas fakto, ke ĝuste la ruslingvanoj en multaj kazoj estis trafitaj aparte forte de la ekonomia krizo ĉirkaŭ la jaro 2008, kies efikoj plej senteblis en Latvio. Aliflanke Latvio nun trapasis la plej malbonan periodon kaj la ekonomia kresko estas pli rapida ol dum longa tempo.

Do ne ekzistas simpla respondo al la demando, mi diras al Simon, dum mi kaptas la botelon kiun la Balta maro klopodas forrabi. Ni sidiĝas sur la sablo kaj tostas per litovia ŝaŭmvino, laŭvice, ĉar ni havas nur unu glason. La limgardisto en sia turo ĉe la rusia limo, kelkcent metrojn pli sude, certe miras pri kio ni okupiĝas.

LA BUSO
AL LA
ESTONTECO

Buso numero 68 el la centro de Talino al Lasnamäe estas longa balgobuso de la plej nova modelo. La loĝantoj de aliaj urbopartoj foje plendas, ke ĝuste la rusoj en Lasnamäe ĉiam ricevas la plej bonajn kaj modernajn busojn. Krome la busoj veturas ĉiun kvinan minuton. Supozeble temas pri la danko de la reganta Centra Partio pro ĉiuj rusaj voĉoj, la estonoj foje grumblas.

Kun siaj pli ol cent mil loĝantoj Lasnamäe estas la klare plej granda urboparto de Talino. Ĉi tio estas la estonteco, oni diris en la 1970-aj jaroj, kiam komenciĝis la planado de la enorma antaŭurbo kun duone subtera, seskoridora aŭtovojo inter la paneldomoj. Origine la finkonstruita Lasnamäe celis havi preskaŭ 180 000 loĝantojn, sed la disfalo de Sovetio haltigis la enmigradon el aliaj partoj de la imperio.

La muzikaĵo "Haltigu Lasnamäe" de Ivo Linna estis populara dum la estona kantanta revolucio – kaj la konstruado ja haltis, kiam la revolucio venkis. Sed tio, kio jam estis konstruita, restas, kaj laŭ la plej freŝa censo pli ol 70 procentoj el la loĝantoj ĉi tie estas ruslingvanoj.

La buso el la bonfarta centro de Talino enveturas la kanjonon kiu dividas Lasnamäe. La nomoj de la bushaltejoj ĉi tie devenas de vilaĝoj, kiuj iam staris en la loko de la nuna betona ĝangalo. Ankaŭ en Lasnamäe estas pli kaj malpli bonaj kvartaloj. Kelkaj domoj estas freŝe renovigitaj. Tie la brilaj aŭtoj staras malantaŭ barilo kun aŭtomata malfermilo. En aliaj domoj oni ŝajne ŝanĝis nenion krom la trablovataj sovetiaj fenestroj. Ĉi tie troviĝas dekoj da lombardejoj por tiuj, kies mono ne sufiĉas ĝis la sekva salajro – kaj same multe da hazardludejoj por tiuj, kiuj revas pri vivo sen zorgoj. En piedira tunelo sub la aŭtovoja kanjono butiko de uzitaj vestaĵoj reklamas novan liveron el "Eŭropo", kie ajn tiu loko situas. "Kune ni transvivos la pezajn tempojn", estas skribite sur la jam iom eluzita ŝildo.

En la dua etaĝo de unu el la neriparitaj, naŭetaĝaj domblokoj Filipp fajrigas la gasfornelon por boligi teakvon kaj poste eliras sur la balkonon por fumi la unuan cigaredon de la tago. Estas preskaŭ la deka kaj duono, kaj li ĵus ellitiĝis post malfrua laboro kiel gardisto. La gasfornelo estas malnova, la verda kuireja tapeto eble estis nova iam en la 1990-aj jaroj, kaj la forte eluzita kuireja lavtablo estas de sovetia modelo. Tamen ĉi tiu 32-kvadratmetra, unuĉambra apartamento estis granda plibonigo, kiam Filipp kaj lia patrino antaŭ du-tri jaroj sukcesis aĉeti ĝin por 30 000 eŭroj, Filipp rakontas, kiam li revenas de sur la balkono kaj verŝas la akvon sur la tefoliojn, kiujn li metis rekte en niajn tasojn.

– Mi kreskis en koridora ĉambro. Estis malnova, sovetia komunloĝejo por laboristoj, ĝi devis esti portempa, sed ĝi daŭre staras tie.

Por la 27-jara Filipp kaj lia patrino estis bonŝancego, ke ili sukcesis aĉeti la apartamenteton tiel malmultekoste – tio eblis nur, ĉar ĝi ne estas riparita kaj modernigita, li diras. Sed nun ili krom la interezo de la prunto devas pagi por hejtado kaj elektro. Kun unu salajro tio tute ne eblus, kun du salajroj nur malfacile.

Jes, Estonio sukcesis plej bone el ĉiuj eksaj sovetiaj respublikoj, ĉi tie la vivnivelo estas la plej alta. Sed multaj vivas malriĉe, kaj ruslingvanoj havas aldonan handikapon kiam ili serĉas bone pagatan laboron.

– Mi laboras en estona gardista firmao, kaj la ĉefoj tie kompreneble estas estonoj. Iam mi sentas, kvazaŭ la estonoj estus membroj de fermita klubo, jen ili staras kaj intrigas, kaj mi klopodas aspekti ĝoja kaj indiferenta al ili kiam mi preterpasas.

Filipp provis siajn ŝancojn en Britio dum kelkaj monatoj, sed ne trovis pli bonan laboron tie. Foje li pensas, ĉu la vivo ne estus pli bona, se Sovetio ne estus disfalinta.

– Mi tre bone komprenas, ke la estonoj volis iĝi sendependaj. Sed eble estis ŝanco reformi Sovetion. Kiel oni faris en Ĉinio, tie ja ne plu estas socialismo.

Sur la kuireja tablo kuŝas kelkaj eluzitaj libroj de Aleksandr Solĵenicin de la jaro 1991, kiam oni fine permesis la presadon de la verkoj de la Nobel-premiito en Sovetio. Sed ilin Filipp ne legis.

– Ne, tio estas libroj de mia patrino. Mi ne havas fortojn legi pri la Arkipelago Gulag, la vivo estas sufiĉe peza eĉ sen tio.

Mi dankas pro la teo kaj reiras al la aŭtovoja kanjono, preter unu plia lombardejo. Daŭras iom pli ol tri minutojn ĝis la moderna busego aperas. Post kelkaj haltejoj mi eliras ĉe Lasnamäe Centrum, enorma, novkonstruita aĉetcentro, kiu ne apartenas al la mondo de Filipp. Ĉi tie ĉio estas polurita kaj kosta, kelkaj klientoj parolas estone, kaj sur la parkumejo staras novaj, luksaj aŭtoj. En la gazetrako staras freŝa

— 180 —

La buso al la estonteco

numero de la magazino *Müstiline ajalugu*, "Mistika historio", kiun ornamas portreto de fama lipharulo kaj la teksto "Stalino – la tirano de Rusio". Ĉi tie Stalino jam estas mistika historio kaj la sovetia tiraneco pure rusia afero, sen rilato al la nuna Estonio.

Ĉe la sekva haltejo ni revenas al la postsovetia mondo. La koloraj lampoj sur la kristnaska arbo ekster la aĉetcentro Mustakivi pendas alte, por ke neniu povu ŝteli ilin – la malsupra triono de la arbo restas en mallumo. Aĝa virino staras en la gutetanta pluvo kaj vendas fruktojn de sur nestabila tablo, apude alia vendas ĉapojn kaj gantojn. Ĉiuj ĉi tie parolas ruse. Aŭ ne precize ĉiuj.

Malantaŭ la rusta barilo ĉe la malnova sovetia infanvartejo kun skvame forfalanta farbo aŭdiĝas virina voĉo, kiu parolas estone.

– Vi ne rajtas eliri tra la pordego, vi devas resti sur ĉi tiu flanko!

Du knabinetoj eble kvarjaraj ĝoje saltetas reen al la interna korto de la vartejo. La varteja instruisto plu parolas estone al la infanoj kiuj ĉirkaŭkuradas en siaj brilkoloraj vestaĵoj. Jam la dua estonlingva varteja grupo, kiun mi trafas dum la sama tago. Ankaŭ ĉi tie multaj ruslingvaj gepatroj elektas meti siajn infanojn en estonajn grupojn, por ke ili lernu la lingvon kiel eble plej frue.

Sekvatage mi stariĝas ĉe la aŭtovojo por veturi al la televidejo. La finhaltejo de la buso numero 68 en la direkto al la centro nomiĝas Estonia. Tiu estas la nomo de la nacia teatro de Estonio, sed oni ja povas interpreti la aferon simbole, diras la ruslingva estonia filmisto Sergej Trofimov, kiam ni tagmanĝas en la kafejo de la televidejo.

– Multaj el ĉi tiuj homoj troviĝas en la marĝeno de la estonia socio. Ili ĉiutage veturas per la buso al la vera Estonio, per la buso kun la ŝildo Estonia. Sed ĉiuvespere ili reveturas al Lasnamäe, al la rando de la socio.

Sergej nun laboras ĉe la nova, ruslingva televidkanalo ETV+ kiel aĉetanto de materialo, kaj li loĝas fore en la estona kamparo – li forlasis la malriĉan Lasnamäe de sia infanaĝo. Sed kiel aspektas la estonteco por la granda majoritato de la ruslingvanoj en Estonio?

La ruslingva televidĵurnalisto Jevgenia Voloĥonskaja-Saumann havas estonlingvan edzon kaj dulingvajn infanojn. Ŝi certe povas diri ion optimisman pri la iom-post-ioma malapero de la malakordo inter la popolgrupoj.

Ne, iĝos nenio optimisma, diras Jevgenia.

– Ne se vi parolas kun mi. Daŭros plurajn generaciojn, antaŭ ol la aferoj statos bone. La ruslingvanoj devas kompreni, ke ili estas

— 181 —

enmigrintoj en ĉi tiu lando, sed tion ili ne volas. Ili ne volas kompreni, ke ĉi tio ne plu estas Sovetio, ke ili nun loĝas en alia lando. Ĉi tio estas Estonio, kaj se ili ne volas adaptiĝi, pli bone ke ili forveturu de ĉi tie. Sed multaj ruslingvanoj ja naskiĝis kaj kreskis ĉi tie, kiel ili povas esti enmigrintoj? Kiel ili respondecas pri tio, ke ili hazarde naskiĝis ĉi tie?

– Tiukaze respondecas iliaj gepatroj. Kaj ankaŭ ili mem, ili ja povas forloĝiĝi se ili ne kontentas. Sed tre multaj ne volas adaptiĝi, ili volas paroli nur ruse, ili plu havas siajn imperiajn revojn. Tiu estas la plej granda problemo de nia ruslingva loĝantaro, ili ne volas esti egalaj, ili volas esti pli gravaj. Ili daŭre suferas de komplekso de la granda frato. Por mi estas pli facile, ĉar mi estas judo, mi neniam havis rusajn imperiajn revojn, kaj mi akceptis, ke mi estas enmigrinto ĉi tie. Sed por multaj tio daŭros generaciojn.

Ajnakaze ne indas verki libron pri la ruslingvanoj en Baltio, ĉar la tuta demando estas elpensita, opinias Jevgenia – tia grupo ne ekzistas.

– Pri kio ni parolas? Ĉi tiuj ruslingvanoj, ili ja ne estas ia unueca biomaso, tio estas nura kliŝo, antaŭjuĝo. La ruslingvanoj estas tre malsamaj inter si. Iuj daŭre ne volas kompreni, ke ili nun loĝas en alia lando, kun alia lingvo, kun alia kulturo. Sed mi ne konas eĉ unu personon kiu havas perfektajn sciojn de la estona, kaj kiu tamen estis barita de io nur pro sia rusa nomo. Estas sensencaĵo aserti tion. Sensencaĵo.

Sed eble tamen indas provi eltrovi, kiajn pensojn la ruslingvanoj havas en sia kapo?

– Ĉu vi do vere kredas, ke vi eksciŏs tion?

Ne, eble ne.

Evidentas ĉiukaze, ke la ruslingvanoj en Baltio efektive ne estas unueca grupo. Iuj sopiras al Sovetio, aliaj tute ne. Iuj adaptiĝis al la novaj realaĵoj, aliaj sentas sin forpuŝataj de la socio. Kaj estas fakto, ke ĝuste la ruslingvanoj grandparte ricevis la rolon de la malheroo en la naciaj rakontoj de Estonio, Latvio kaj Litovio.

Efektive tamen ankaŭ la rusoj estis viktimoj de la sovetia subpremo. Eble ne ĉiam viktimoj en la sama maniero kiel la estonoj, latvoj kaj litovoj, sed la plej multaj rusoj tamen estis pli viktimoj ol subpremantoj. Kaj la subpremantoj estis ne nur rusoj. La sovetia okupacio daŭris kvin jardekojn, ĝi iom post iom iĝis la normala stato de la aferoj, kaj la granda majoritato de la homoj adaptiĝis al la sistemo por travivi. Baltoj faris tion, kaj rusoj faris tion. Sed en la baltiaj naciaj rakontoj,

La buso al la estonteco

kiujn oni bezonis por konstrui la renaskitajn naciajn ŝtatojn, mankis loko por tiaj nuancoj. La ŝtatojn oni volis konstrui ĉirkaŭ la nacio kaj la lingvoj, kiuj tiel longe estis subpremataj. Ĉiuj, kiuj aliĝis al la ideo pri la nacio kaj la lingvo, iĝis la herooj de la rakonto.

Sed neniu volas vidi sin kiel malheroon. Se tiu estis la sola rolo, kiun oni proponis al la rusoj, ili devis trovi alian rakonton. Plej atingebla por multaj estis la malnova sovetia fabelo. Kiam Vladimir Putin ekhavis la potencon en Rusio ĉirkaŭ la ŝanĝo de la jarmilo, li krome eksubtenis la sovetian rakonton per la tuta forto de la ŝtato de Rusio. En lia versio de la realo la disfalo de Sovetio estis katastrofo kaj la tuto de la 1990-aj jaroj estis parentezo de misoj. Kaj se ja la Rusio de Putin estas la posteulo de la bona Sovetio, eble ne estas tute strange, ke multaj el la idoj de la imperio en Baltio elektis identigi sin kun Rusio.

La ruslingvanoj en Baltio longe staris antaŭ malfacila elekto: ĉu ili plu sopiru al la bona Sovetio, kiel la gardisto Filipp en Lasnamäe – aŭ ĉu ili akceptu ke ili estas fremduloj en Baltio, eĉ se ili naskiĝis ĉi tie, kiel diras la televida ĵurnalisto Jevgenia?

Plej malfacilas trovi sian propran vojon, akcepti nek la rolon de malheroo nek la sovetian rakonton, iĝi plenrajta ano de la socio, sed kun siaj propraj elirpunktoj. Ĉar tiam mankas preta modelo, oni devas daŭre ekvilibri inter la du mondoj, kiel diris la televida ĵurnalisto Olga Dragiljova en Rigo.

Spite ĉiujn problemojn tamen ŝajnas, ke ĉiam pli da ruslingvanoj en Baltio elektas la trian vojon. Multaj ja plu sopiras al Sovetio, sed ilia proporcio rapide malkreskis dum la lasta jardeko. En 2014 ja nur kvar el cent ruslingvanoj ĉi tie diris, ke ili unuavice sentas komunecon kun Rusio.

Tamen ĝuste Rusio estas la granda problemo. La agresa agado de Rusio en la regiono kaŭzis, ke ĉiam pli da loĝantoj de la baltiaj landoj ekvidas la ruslingvan minoritaton kiel minacon al la nacia sekureco. Kaj post la okazaĵoj en Ukrainio ne plu eblas simple ignori la riskon de rusia milita agreso en Eŭropo – tia ja okazis jam.

Se la regantoj de Rusio decidus uzi sian militan forton en Baltio – por disigi NATO-n, por fortiri la atenton de internaj problemoj, aŭ pro ajna alia kialo – la sekvoj estus katastrofaj ne nur por Baltio, sed potenciale por la tuta mondo. La probableco de tia evoluo feliĉe estas tra malgranda – sed ĝi ja ne egalas al nulo, kiel atentigis la barposedanto Andrejs Faibuševičs en Daugavpils.

— 183 —

Kaze de rusia milita enmiksiĝo almenaŭ parteto de la ruslingva loĝantaro supozeble aliĝus al la atakanto. Apenaŭ eblas diri kiom ili estus, sed la evoluo en orienta Ukrainio montras, ke eĉ tre malgranda kvanto de kvinakolonanoj povas sufiĉi por regi la majoritaton per teroro. Kaj se montriĝus, ke rusiaj enfiltriĝantoj povas preni eĉ unu solan urbon en la teritorio de Baltia lando de NATO sen ke la alianco rebatu per sia tuta forto, la kredebleco de NATO estus serioze subfosita. Samtempe fakte estas en la interesoj de la nunaj regantoj de Rusio fortigi la suspektojn kontraŭ la ruslingvanoj en Baltio. La plej multaj rusoj en Baltio relative bone integriĝis en la socio en kiu ili vivas, kaj dum ilin ne trafas forta diskriminaciado aŭ rekta subpremo, neniel ŝajnas ke ajna signifa parto de la heterogena ruslingva grupo povus unuiĝi en kunlaboro kun Kremlo. Tial Kremlo supozeble ĝojus pro kreskanta diskriminaciado de la ruslingvanoj en Baltio.

Feliĉe la evoluo ŝajnas iri en la mala direkto – ĉiam pli multaj ruslingvanoj en Baltio ja identigas sin kun la lando en kiu ili loĝas, ĉiam malpli multaj kun Rusio. Se Rusio ne subite decidos miksi la kartojn, oni povas esperi ke la infanoj de la varteja grupo en Lasnamäe unu tagon povos eniri la buson 68 direkte al Estonia, eliri ĉe la finhaltejo kaj ne plu senti sin enmigrintoj en sia propra lando.

Danko

Antaŭ ĉio mi volas danki miajn intervjuitojn en Estonio, Latvio kaj Litovio, ankaŭ tiujn, kies voĉoj fine ne trovis lokon en ĉi tiu rakonto. Sen ili ne ekzistus ĉi tiu libro, kaj sen ili al mi mem mankus multaj gravaj spertoj.

Mi volas danki ankaŭ ĉiujn novajn kaj malnovajn amikojn, kiuj helpis min trovi la protagonistojn de ĉi tiu libro en la tri landoj. La radian ĵurnaliston Jelena Lazarjanc mi bedaŭrinde ne povas esperi renkonti refoje en Rigo – fine de februaro 2016 mi eksciis pri ŝia forpaso.

Rilate la ortografion de rusaj nomoj mi elektis ĉiam eliri de la rusa nomformo kun cirila skribo kaj sekvi la kutimajn rutinojn, sen atento al tio, kiel la nomo oficiale estas skribata en la lando kie loĝas ĝia portanto. Alikaze la sama rusa nomo povus ricevi tri malsamajn formojn. Persono, kiu en Estonio nomiĝus Mihhail Gorbatšov, en Latvio Mihails Gorbačovs kaj en Litovio Michailas Gorbačiovas, ricevas do en ĉi tiu libro la literumon Miĥail Gorbaĉov. Mi tamen faris escepton por Andrejs Faibuševičs, la barposedanto en Daugavpils, ĉar li mem decidis esti latvo – kaj do ne ruso. Estonajn, latvajn kaj litovajn nomojn mi konservis en ilia origina formo, sendepende de la gepatra lingvo de la nomportanto.

Tre bonvena stipendio de la Literatura Funduso de WSOY en Finnlando financis miajn sume tri vojaĝojn al Baltio dum la somero kaj aŭtuno de 2015.

Mi volas aparte danki mian edzinon Maria Sandelin, kiu zorge tralegis ĉion kaj donis valorajn konsilojn. István Ertl denove helpis min elsarki diversspecajn fuŝojn en la Esperanta versio kaj igi la lingvouzon pli konsekvenca. Koran dankon ankaŭ al Ulrich Becker ĉe Mondial, kiu fulmrapide kaj zorge prespretigis la libron.

Ĉiuj eventualaj restantaj eraroj en la libro evidente estas miaj.

Lund, aprilo 2016

www.ingramcontent.com/pod-product-compliance
Lightning Source LLC
Chambersburg PA
CBHW020356170426
43200CB00005B/187